河北省社会科学重要学术著作出版资助项目

胡德仁 著

中国地区间
财政均等化问题研究

ZHONGGUO DIQUJIAN CAIZHENG
JUNDENGHUA WENTI YANJIU

人民出版社

序　言

　　由人民出版社出版的《中国地区间财政均等化问题研究》这本书是胡德仁同志在财政体制研究方面的一部著作，也是作者"十年磨一剑"的作品。作为他的博士生导师，我目睹他自 2001 年以来一直跟踪财政体制的研究，在财政转移支付制度和财政均等化方面的研究尤为系统和深入，该书可以说是他十年来研究成果的总结和提升。胡德仁同志邀请我撰写序言，我欣然应允。

　　基本公共服务均等化已成为当今重要的国家政策。而财政均等化是基本公共服务均等化的财力保证。因此，研究地区间财力不均等的现状和成因，建立健全地区间财力均等化机制，逐步缩小地区间财力差异具有重大的现实意义。该书系统研究了中国地区间财力均等化问题，从地区间财力差异及财政能力差异的度量入手，剖析地区间财力差异的形成机理，分析中国当前财政转移支付制度的影响因素，进而对地区间财政能力差异的适度性作出判断，提出财政转移支付政策应遵循的原则，构建地区间财政能力均等化的模型并模拟应用。

　　该书有以下几个特点：一是理论与实践相结合。胡德仁同志作为省级财政研究机构的职员，对财政运行状况与机理比较了解，但又不局限于事实材料的罗列，而是上升到理论高度来考察分析，提出了不少有价值的见解，如在财政均等化过程中对公共支出成本的考虑。书中提出"在当前中国地区间公共支出成本较大的情况下，地区间财力均等化并不能保证各地区能够提供相同的基本公共服务"，认为地区间财政能力差异是人均财力和公共支出成本的复合函数，并引入了人均财政收入指数、人均财政转移支付指数、人均财力指数的概念对财政能力差异进行度量。又如，作者提出分税制以来中国的财政转移支付政策在公平与效率的权衡上经历了一个由"效率优先"到"效率优先兼顾公平"的演进过程,符合帕累托改进规则。作者针对中国当前地区间财政能力差异较大的现状,在实现基本公共服务均等化成为重要国策的背景下,提出当今的中国财政转移支付政策应遵循"公平优先兼顾效率"的原则。二是定性分析和定量分析相结合。定性分析很重要,但定量分析同样不可缺少,尤其是对财政问题的研究而言更是如此。该书运用计量经济模型,作了大量的计量分析,使研究更加科学与准确。很多计量方法的运用及计量模型的设计,在财政研究领域都属创新。如采用基尼系数和加权变异系数两种方法来测算地区间财政收入和财力差异,并用它们来衡量财政转移支付横向均等化效应;采用分项收入分解方法,分析财政收入构成要素对财政收入不平等指数的影响,进而设计了财政转移支付影响因素模型、地区间财政能力均等化模型,虽然模型设计并不复杂但确实反映了现实问题。三是理论性和操作性相结合。该书既是一项理论成果,对深化当前的财政理论研究具有积极作用,同时也是一项政策研究成果。书中对地区间公共服务成本差异的测算、对地区间财政能力均等化模型的构建等,都为实际的财政工作提供了可以借鉴的思路与方法。

综观全书,选题并不是特别新颖和高深,但难能可贵的是在众人并不陌生的领域进行更准确、科学的分析并实现了研究方法上的突破。当然,该书也存在一些值得推敲的地方,需要进一步完善,但仍不失为一项具有较高水平的研究成果。

齐守印

二〇一一年二月十一日

目　　录

绪　　论

第一节　前　　言

由于历史、自然资源、交通条件、资金和技术等方面的原因,各地经济发展水平和经济结构存在一定差距,加之财政体制等因素的影响,导致各地政府的可支配财力产生一定的差异,因此地区间财力差异的存在是必然的,在一定范围内也有其合理性,但地区间财力差异过大就会影响到政府实现行政职能或满足社会公共物品需要的程度,进而影响到经济发展和社会稳定,此时就需要对地区间财力差异进行适当干预。从干预对象上看,地区间财政均等化不是简单地拉平各地政府财力水平,而是达到适度的地区间财力差异,以实现地区间基本公共服务的均等化,为此需要确保各地政府提供基本公共服务的支出需求;从干预手段看,地区间基本公共服务均等化不是通过地区经济发展水平均衡实现的,资源的稀缺与自然条件的约束决定了地区经济均衡政策的非效率性,而即使非效率的地区经济均衡得以实现,并不能保证地区公共服务的均等。要实现地区间基本公共服务水平的均等化,最理想的手段是规范政府间财政分配关系,主要利用财政转移支付制度等手段来实现地区间财政均等化。

改革开放30多年来,中国经济社会发展取得了巨大的成就,与此同时,中国不断扩大的地区差距问题也日益引起了广泛关注。目前,中国地区间差距呈现出区域上的多层次性和内容上的多侧面性的特征。从区域上来看,地区差距既存在于东、中、西部地区之间,也存在于南、北地区之间,还存在于同一省份内不同的市县之间;不仅存在于发达地区的省份内部,而且存在于欠发达地区的省份内部。从差距的内容上看,地区之间不仅存在着经济发展差距,同时也在教育、医疗、人均期望寿命等社会发展方面存在着明显的差距。

地区差距是一个客观的经济与社会现象,具有一定的普遍性,发达国家和发展中国家概不例外。从国际比较看,中国属于地区差距最显著的国家之一,地区差距如此之大,世界上也不多见。① 根据人文发展指标(由人口平均预期寿命、人口平均受教育程度、成人识字率和实际人均国内生产总值综合计算而得),联合国《1994 年人文发展报告》列出了世界上四个地区差距较大的国家,中国是其中之一。地区间发展的不平衡导致地区间财力差异过大问题更为突出,进而导致地区间基本公共服务水平的巨大差别,如在公共医疗服务的获得性方面,在《2000 年世界卫生报告》中,中国的整体卫生质量排在 191 个国家的第 61 位,但是财政投入的公平性排在第 188 位,这一评估结果表明了中国公民在获得公共医疗服务方面的不平等性,教育也是类似的情况。②

为了缩小不断扩大的地区差距,"推动区域协调发展"已成为当今重要的国家政策。党的十七大报告更明确提出"缩小区域发展差距,必须注重实现基本公共服务均等化"。地区间财政均等化是实现基本公共服务均等化的财力保证。在经济高速增长二十多年后,中国政府确立了科学发展、进一步改革开放和构建和谐社会的基本目标,政府职能也发生了重大转变,随着公共财政基本框架的逐步建立和完善,政府正逐渐从"越位"领域退出,弥补"缺位"领域,如高度关注"三农"问题,农业成为政府支持的重点,全国社会保障体系正在建立健全并逐步纳入公共财政体系,普及九年义务教育受到更大重视,等等。而这一切的实现都需要充足的财力做保证。因此,研究地区间财政不均等化的现状和成因,建立健全地区间财政均等化机制,逐步缩小地区间财力差异已十分迫切。

市场经济国家协调区域发展的政策手段有多种,投资政策、信贷政策以及财政政策等是常用的一些政策工具。其中,财政转移支付政策通过行政力量对政府财力进行直接配置,因而成为市场经济国家协调区域发展中的一项重要政策工具。财政转移支付政策作为现代市场经济国家调节政府间财力横向和纵向不平衡时所普遍采用的一种制度,在国外已有几十年的发展历史。中国系统引入"财政转移支付"这一概念以及着手建立较规范的财政转移支付制度只是近十几年来的事情。1993 年 11 月,中国共产党十四届三中全会通

---

① 参见胡鞍钢:《中国:走向区域协调发展》,《中国经济时报》,2004 年 3 月 22 日。
② 参见黄佩华等:《中国:国家发展与地方财政》,中信出版社 2003 年版,第 65—69 页。

过的《中共中央关于建立社会主义市场经济体制若干问题的决定》正式提出"财政转移支付"这一概念。[①] 自 1994 年分税制改革以来,中国在积极探索和深入推进财政转移支付制度改革方面取得了进展,形成了与中国分税分级财政体制基本适应的具有中国特点的财政转移支付制度。但是,从总体上看,中国现行的财政转移支付制度与实现地区间财政均等化的要求相比还有很大的差距,特别是在不断扩大的地区差距已成为中国社会经济发展的障碍,在"实现基本公共服务均等化"已被明确提出的今天,现行的财政转移支付制度该如何完善? 我们面临着许多有待研究的重大课题:

第一个问题是中国地区间财政不均等的状态。这似乎是个不需要研究的问题。但如何全面、真实、准确地反应中国地区间财政不均等的状态,就不能只是简单的定性描述,而需要采用合适的研究方法、选取合适的角度,构建相应的指标体系来进行研究。

第二个问题是中国地区间财政不均等的原因。从财政的角度,往往一提到财政不均等,就归结为财政转移支付制度不完善,那么财政转移支付政策的不完善在地区间财政均等化的形成中发挥怎样的作用? 各项财政转移支付政策均等化效应如何? 还有其他因素发挥作用吗? 如何消除公共支出成本差异对地区间财力不均等的影响?

第三个问题是如何实现中国地区间财政均等化。基于中国目前地区间财政不均等和地区间公共支出成本存在较大差异的现状,什么样的财政转移支付政策才能实现地区间财政均等化? 这里需要重点研究的是现行财政转移支付制度应遵循的原则以及如何构建地区间财政均等化的分配模型。

以上诸问题都需要我们以严谨和科学的态度加以研究,而不仅仅凭直觉和臆断得出结论。

第二节 文献综述

从论文研究的情况看,根据以"均等化"为关键词,以"篇名,精确"查询方

---

① 参见刘英:《中国财政转移支付的运行情况、问题及建议》,中国财政经济出版社 2002 年版,第 23—44 页。

式对中国期刊网全文数据库的检索,1979—2010 年关于均等化方面的研究共有 847 篇,其中 1979—2002 年共六篇,2003 年五篇,2005 年七篇,2006 年 34 篇,2007 年 111 篇,2008 年 255 篇。2009 年以后的 414 篇,2002 年以前的论文主要是关于收入均等化和财政转移支付均等化问题的,关于公共产品和公共服务均等化的论文,到 2006 年才开始逐步增多。研究主题涉及经济学、管理学、政治学等多个学科,涉及社会保障、义务教育等均等化的内容和客体,涉及城乡、区域、群体等均等化的主体,涉及均等化的内涵等基本理论,涉及公共服务体制等方面。以"财政均等化"为关键词,以"篇名,精确"查询方式对中国期刊网全文数据库的检索,1979—2010 年关于财政均等化方面的研究共有 18 篇。

一、关于地区间财政不均等程度的度量

对财政能力通常有两种不同的衡量方式:财政收入能力或是财政需求——能力差距。财政收入能力即财力是指政府在一定的居民税收负担的前提下能获取的财政收入;财政需求——能力差距则兼顾财政收入和财政支出两个方面,即考虑了财政支出后的财力,因而更为全面和准确,但缺点是操作上比较困难(Ladd,1994)。在目前的相关研究中,财政能力通常以财政收入能力衡量,常用的指标是人均地方财政收入或人均地方财政开支。如刘溶沧、焦国华(2002)对 1988—1999 年间中国地区间财政能力差异进行的定性与定量分析;王佐云(2002)对地区间财力差异适度性的研究;以及曾军平(2000)、陈锡文(2005)、张启春(2005)、刘亮(2005)等人利用全国分省数据对地区间财力差距的研究。在度量指标的选择上,张恒龙(2004)、陈昌盛(2005)、王雍君(2006)、安体富(2007)等采用了变异系数、泰尔指数和基尼系数,其基本结论是区域财政不均衡显著。

但是,上述研究都是在没有考虑地区间基本公共服务成本差异的基础上进行的。地区间财政均等化是实现基本公共服务均等化的前提和保证,对于中国这样一个面积辽阔、各省情况千差万别的国家来说,单纯比较人均财力上的差异缺乏实际意义,因为仅均衡人均财力而不考虑公共支出成本的差异,对公共支出成本高的地区不公平,难以实现地区间基本公共服务均等化。虽然也有学者指出对成本的考虑在财政均等化研究中的重要性,如刘尚希(2008)

提出要实现基本公共服务均等化,必须要考虑地方政府财力、成本和管理制度等问题,但由于其中的关键问题即如何测算考虑了财政支出成本差异后的财力难以解决,这一理念并没有被应用于财政均等的研究中。

二、关于地区间财政不均等的成因分析

经济发展不平衡是造成地方政府间财力差异的主要原因。经济决定财政,地区间经济总量的差距必然带来财政收入的差异(本书中提到的财政收入均指地方一般预算收入)的差距。我们以国内生产总值的 Theil 系数和财政收入的 Theil 系数做出 X—Y 散点图并做两者的相关性分析,可以得出两者的相关系数为 $R = 85.18\%$,说明两者是高度相关的。也就是说财政收入的差异主要是由经济发展的差异造成的。[①]

包干制财政体制造成地区间财政不均等。余小平、吴雪、张文红的研究认为在财政包干体制下,经济发展越快的地区,地方财政收入增长越快,积累和投资的能力越强。这一制度整体上有利于东部地区,促进了东部地区的快速发展。中国从 1980 年开始实行包干制财政体制。虽然在制定包干制财政体制时,也考虑了地区间财力的平衡问题,要求东部收入较多的省市向中央财政多上交一部分收入,中西部地区收入较少的省、自治区少上交一部分或由中央财政适当补助一部分。但财政包干分配机制的确立,还是不可避免地从使收入分配在总体上有利于已经比较发达地东部地区,使中西部地区与东部地区之间财政能力差距扩大。从 1980—1993 年,财政大包干的具体办法可以概括为:定额上解、总额分成和定额补助三种。余小平、吴雪、张文红曾证明这三种不同的体制办法对地方财力的影响是不同的,其原因就在于地方财力增长的基数不同和财政体制不同。[②]

财政转移支付办法造成地区间财政不均等。分税制改革设计"用增量部分进行以公共服务水平均衡化为目标的地区间财力再分配",期望改革后中

---

① 参见胡德仁、刘亮:《中国地区间财力差异的变化趋势及因素分解》,《探索》2007 年第 1 期,第 94—100 页。

② 参见余小平、吴雪、张文红:《地区发展差异及财政转移支付政策取向》,《财政研究》1997 年第 3 期,第 14—20 页。

央财政能够集中到足够的财力,通过建立比较规范的转移支付制度,缩小地区间财力差异,这一意愿是好的。但事实上,每年的税收收入增量只占转移支付总额的很小一部分,对地区间财力差异的调节力度甚微。财政转移支付的构成也证明了这一点,反映地方既得利益的返还性收入和反映部门既得利益的专项转移支付比重超过均等化效应最强的一般性转移支付,必然限制了转移支付均等化作用的实现。① 项中新也认为不触动既得利益,财政均等化将无法实现。②

以往对地区间财力差异的研究侧重从财政转移支付的角度,而忽视地方税体系对地区间财力差异的影响。在中国目前的财税体制中,地方税体系和财政转移支付体系一起决定了各地财政支出量的大小。因此,只有测算出地方税体系各项目和财政转移支付体系各项目对地区间财政支出差异的相对贡献,才能提出有针对性的政策建议,以完善地方税体系及优化转移支付体系的内部结构,实现各地居民享有相对均等公共服务水平的目标。③

三、关于财政转移支付制度均等化效应的分析

曾军平对分税制后1994—1997年间中国政府间转移支付制度的财政平衡效应进行了实证研究。④ 实证表明,与在横向平衡方面,从1994—1996年,中央对地方的转移支付反而加大了地区间人均财政收入的差距。同时,从发展趋势来看,尽管中央对地方转移支付后,1994—1996年间省际间人均财政收入的不公平程度(或离散程度)有所扩大,但变化的幅度是很小的,且呈下降趋势。尤其到1997年,中央对地方的转移支付对于财政的横向平衡开始产生正面影响。

陈秀山、张启春对转轨期间财政转移支付制度的区域均衡效应进了分析。

---

① 参见胡德仁、刘亮:《既得利益与财政转移支付的均等化效应分析》,《软科学》2009年第12期,第50—56页。

② 参见项中新:《中国地区间财力差异及其调节的对策建议》,《中国软科学》1999年第1期,第21—30页。

③ 参见胡怡建、张伦伦:《我国地区间的财力差异——基于地方税体系与转移支付体系的比较分析》,《山西财经大学学报》2007年第7期,第17—22页。

④ 参见曾军平:《政府间转移支付制度的财政平衡效应研究》,《经济研究》2000年第6期,第27—32页。

也认为中国现行政府间转移支付制度,总体而言在矫正区域间的横向均衡方面缺乏成效,没能有效地控制区域间财政能力差距的进一步扩大。[1]

张阳、雷良海对中国地区间财政能力差距进行了统计分析,认为现行的转移支付体制没能很好地体现地区间再分配的功能,然后提出自己的分配方案并进行实证检验。[2]

刘溶沧、焦国华在全面、系统描述中国地区经济社会发展差距的基础上,重点对1988—1999年间中国地区间的财政能力差异进行了定性与定量分析,并对现行的财政转移支付制度在平衡地区间财政能力差异方面的调节效应进行了实证性评估。[3] 他们认为,地区间公共财政能力的均等化是纵向平衡与横向平衡的有机统一。纵向平衡是基础,横向平衡是目标。现行的转移支付制度在实现纵向平衡方面发挥了重要作用,特别是1994年分税制财政体制改革后,转移支付制度在弥补中央与地方财政之间的纵向失衡方面发挥着显著作用。但是,1994年分税制财政体制改革后的转移支付制度没有有效发挥平衡地区间公共财政能力差距的作用。同时,由于中央加大了对地方相对规范的过渡期转移支付的规模与力度,中央对地方财政补助的横向平衡效应在逐步加大。

李齐云、刘小勇认为财政转移支付整体的确缩小了地区间总财力差距。[4] 从财政转移支付的各分项来看,虽然两税返还是总财力差异促增因素,但是由于其占总财力的比重不断下降,并且在集中指数下降共同作用下,反而具有拉动总财力不平等下降的动力,所以其对总财力不平等的变动效应表现为负。这表明即使某项因素是差异促增的,也完全可以通过降低其比重,并且通过一定的政策促使那些低收入地区的该项收入相应增长,从而促使集中指数下降,以此来共同推动总收入不平等的下降。大部分年份一般性转移支付和专项转

①　参见陈秀山、张启春:《我国转轨时期财政转移支付制度的目标体系及其分层问题》,《中央财经大学学报》2004年第12期,第6—10页。

②　参见张阳、雷良海:《如何用转移支付调节我国地区间财力差异》,《工业技术经济》2003年第2期,第75—77页。

③　参见刘溶沧、焦国华:《地区间财政能力差异与转移支付制度创新》,《财贸经济》2002年第6期,第5—12页。

④　参见李齐云、刘小勇:《分税制、转移支付与地区财政差距研究》,《财贸经济》2009年第12期,第69—76页。

移支付是差异促减因素,并且其对总财力不平等的变动效应为负,因而拉动了总财力不平等的下降。

现有关于财政转移支付的研究中侧重于考虑其均等化效应,但对转移支付缺乏均等化效应背后的体制原因研究较少,研究大部分是从转移支付的结构数据出发,偏离财政转移支付的实际运行状态和运行环境。首先,这些文献在考察政府间财政转移支付影响因素时,都没有考虑上年财政转移支付规模对当年财政转移支付政策的影响。事实上,考虑上年财政转移支付规模意味着财政转移支付分配中的"基数法",这是当前转移支付政策的一个重要特征,也意味着转移支付政策对地方既得利益的考虑。而且保证既得利益是一直贯穿财政体制改革的主线,忽视了这一点,研究必然不全面和贴合实际,进而也不能反映出财政转移支付实际的政策取向。其次,关于财政转移支付均等化的研究都是在没有考虑公共支出成本差异的状态下进行的,这不符合中国地区间自然条件、经济社会水平差异较大的现状。

四、关于地区间财政均等化的路径选择

胡怡建、张伦伦的研究认为:现行财政转移支付体系中没有一个项目显示出程度很高(对支出差异的相对贡献为负且绝对值较大)、持续稳定的均等化效应,动态地看,现行的转移支付制度并不能够阻止省区间财政支出差异的逐年扩大。因此,降低中国地区间财力差异程度、实现各地居民享有公共服务水平相对均等化的目标,仅仅依靠增大转移支付资金在中央财政支出中的比重是不够的,优化转移支付体系结构是完善转移支付制度的当务之急。[1] 由世界其他国家实现地区财力均等化的经验可知,一般性转移支付项目应在提高转移支付制度均等化程度的过程中承担最主要责任。这一目标的实现依赖于一般性转移支付项目设计、分配规范化程度的提高及其在转移支付总额中所占比重的增加。资金来源可以从以下几个方面考虑:中央政府从两税增长中所得的增量资金;其他项目中反映均等化效应的要素,如专项转移支付中用于地区平衡的支出及原体制补助和上解等。转移支付体系均等化程度的提高过

---

① 参见胡怡建、张伦伦:《我国地区间的财力差异——基于地方税体系与转移支付体系的比较分析》,《山西财经大学学报》2007 年第 7 期,第 17—22 页。

程也是各项目此消彼长的转化过程,如何把握转化的力度,还需要我们依据相关数据做进一步的实证研究。

马骏以中国的数据建立一个示范性的均等化转移支付模型,试图说明如何用不多的变量对地区财政能力和支出需求进行测量,并以此估算中央向地方的均等化转移支付额。同时他还强调,将现行体制在短期内改造成完全均等化的体制是几乎不可能的。比较现实的方法是,在一个较长的阶段内逐步增加以均等化公式分配的转移支付在全部转移支付中的份额,以此减小改革在政治上的阻力。①

王佐云认为地区间财力差异有一个适度性问题,如果发达地区无论怎么去努力实现财政增收,但其人均财政支出水平却总要与落后地区相等,那么其财政增收的努力必然会显著弱化,甚至完全放弃。② 换言之,财政体制正常运行的动力机制将被损坏,这种动力机制恰恰是财政转移支付的资源基础。因此,一方面要消除人均财政支出水平的显著差距,另一方面也要注意均等化的适度性,确认存在适度差距的合理性。

孙红玲主张政府间适度的财政均衡,③以免破坏效率与财政增收的动力机制。判断均等化分配模型促进效率与否,关键就看它对地方发展的积极性是正效应还是负效应,以及这种积极性对经济发展以及整个宏观经济环境是正效应还是负效应。

严剑峰运用主成分分析方法对中国各个地区的经济社会发展和公共服务水平进行综合评价,然后建立了一个横向均等化财政转移支付的分配公式,提出了一个如何分配横向均等化财政转移支付的解决思路。为了缩小地区间的经济社会发展差距,实现各个地区间的财政均等化,中央政府会运用横向均等化财政转移支付的手段。但如何分配横向均等化财政转移支付的数额呢? 运用主成分分析方法对各个地区的经济社会发展和公共服务水平进行综合评

① 参见马骏:《中央向地方的财政转移支付——一个均等化公式和模拟结果》,《经济研究》1997年第3期,第11—20页。
② 参见王佐云:《政府间财政转移支付:政策功能和适度性问题》,《上海财经大学学报》2002年第12期,第12—16页。
③ 参见孙红玲:《中国区域财政横向均衡与均等化分配模型》,《中国工业经济》2007年第12期,第61—68页。

价,在此基础上建立横向均等化财政转移支付的分配公式,提出了一个如何分配横向均等化财政转移支付的解决思路。并强调要注意对转移支付资金的使用情况进行监督,以防止"粘蝇纸效应"的发生。①

谷成认为均等化转移支付应遵循两个基本原则:一是将地方政府能力均等化到一定的水平上,使它们受到大致相当的激励;二是供给充足的资源,使最贫困的地方政府也有能力提供一定水平的基本服务。根据这两个原则建立以地区财政能力和支出需求为基础的公式化转移支付,公式中需要考虑的因素包括支出需求、财政能力和税收努力。支出需求即公共服务需求,通常用人口和地方政府的职责来表示;财政能力指的是各地方政府的潜在收入能力,而不是实际收入。但在实践中,如果不能在辖区间合理分配税基或者准确计量税负输出,就将使估算出来的财政能力失去应有的价值;此外,一个在主观上不努力征税的地区,财政能力也会被低估,结果可能导致努力征税的地区在均等化转移支付资金的分配中处于相对不利的地位。因此,尽管税收努力的测定相对复杂,均等化转移支付也必须考虑税收努力的因素。②

王善迈等人认为政府间转移支付应保证各地财力基本均等,使各地能够提供大致同等水平的公共服务。但缩小差距并不等于搞平均主义,富裕地区和贫困地区在财力上应略有差距。因为适当的差距能产生激励作用,避免因富裕地区不满和贫困地区安于现状而造成的效率损失。公平与效率是有矛盾的,过分偏重公平,必然会损失效率。同样,过分偏重效率,也会损失公平。这两种情况都不利于经济发展和社会稳定。对于中国这样一个人口众多、地区间自然条件和经济发展水平差距较大的发展中国家来说,公平与效率的矛盾更突出。中国现行的转移支付制度从一定意义上讲,应该是效率优先,兼顾公平。但它起不到保证各地区具有大致相同的财力的作用,造成地区间矛盾加深,地方保护主义愈演愈烈。因此,新的政府间转移支付制度的目标应以公平

---

① 参见严剑峰:《横向均等化财政转移支付数额分配的一种方法——主成分分析方法的一个应用》,《财贸经济》2003 年第 8 期,第 48—53 页。

② 参见谷成:《财政均等化:理论分析与政策引申》,《经济理论与经济管理》2007 年第 10 期,第 55—59 页。

为主,兼顾效率,否则转移支付制度无法完成其应有的使命。①

国外有一些学者对财政转移支付在缩小地区差距中的作用也做过一些实证研究。Cashin 和 Sahay(1996)利用 1961—1991 年印度 20 个州的数据研究了印度的财政转移支付政策。他们把每个州的人均可支配收入分解为地方人均产出和中央对地方的人均转移支付两个部分,发现越贫穷的地区得到的人均转移支付越多,该项研究得到的结论是印度的转移支付促进了地区人均可支配收入收敛。该项研究的主要不足之处是简单地把财政转移支付看成一种收入来源直接加到了接受地区的人均收入中,而没有考虑财政转移支付对接受地区社会经济发展的全面影响。

项中新提出了超额累进的分配方案,类似个人所得税超额累进的办法,具有较好的操作性。均衡性转移支付办法已经粗略测算出各地方政府的标准财政收支,可考虑以标准收支为基础,对于标准财力(=标准收入+税收返还+体制补助—体制上解)大于标准支出的地区,分档确定财力调节力度(超额累进)。基本设想是:(1)标准财力达不到标准支出的为财力补助对象,根据可调整财力规模,分档确定补助标准;(2)(标准支出—标准财力)/标准财力≤10%的地区,既不贡献财力,也不享受补助;(3) 10% <(标准支出—标准财力)/标准财力≤20%的地区,超出 10%部分按 R1 计算财力调整额;(4) 20% <(标准支出—标准财力)/标准财力≤30%的地区,除按(3)式计算贡献财力外,超过 20%的部分,按 R2 计算财力调整额;(5)(标准支出—标准财力)/标准财力 > 30%的地区,除按(4)式计算贡献财力外;超出 30%的部分。按 R3 计算调整财力。式中:R1、R2、R3 为财力调整率。②

以往研究地区间财政均等化的文献很多,但大部分偏重于对原理和现状的定性分析上,较少利用数学工具将有关理论形式化、准确化,特别是缺乏关于完善当前财政转移支付政策的经济计量分析。

---

① 参见王善迈、杜育红、张晓红:《建立政府间转移支付制度的理论与制度分析》,《北京师范大学学报(社会科学版)》1998 年第 3 期,第 73—81 页。

② 参见项中新:《中国地区间财力差异及其调节的对策建议》,《中国软科学》1999 年第 1 期,第 21—30 页。

第三节 研究内容、研究方法与研究框架

一、研究内容

本研究建立在两个基本判断上：一是地区间财政均等化是历史发展的产物。具体来说，它是中国基本公共服务平均导向和差异导向阶段后的一个新的发展阶段；二是地区间财政均等化是一个过程，是政治、经济、社会文化因素合力作用的结果，从而具有内在逻辑。本书在上述两个基本判断上形成如下研究思路：

本书按照"实证研究—理论分析"的逻辑思路展开，即遵循"地区间财政均等化状况的现状分析——成因分析——结论与政策建议"的研究思路，其逻辑结构如下：

本书绪论主要界定本书的研究对象，介绍本书的研究背景，阐述本书的研究目的和意义，相关研究文献综述、研究方法、研究思路进行归纳和评述，阐述相关概念界定、结构安排以及创新和不足之处等。

第二章为地区间财政均等化理论分析，包括地区间财政均等化的内涵、影响因素及实现地区间财政均等化的路径，是中国地区间财政均等化研究的理论基础。

本书第三、四、五、六章为中国地区间财政均等化的现状研究，对中国地区间财政均等化的现状分析包括中国地区间财力差异和中国地区间财政能力差异两个方面。对中国地区间财力差异的现状分析可从两个层面展开，一是从财力的空间层面进行的地区分解，二是从财力的构成层面进行的结构分解。从统计上说，前者是对样本进行分组，将总体差异纵向分解为地带内差异和地带间差异，并计算它们对总体差异的贡献。后者则是对变量进行分组，将总体差异横向分解为各分变量差异，并计算各分变量差异对总体差异的贡献。第三章即是从空间层面探讨中国地区间财政均等化，主要使用 Theil 系数从空间层面对地区间财力差异状态作出描述，并从税收政策、财政体制的角度探讨中国地区间财力差异的形成原因。第四章和第五章则是从财力的构成层面进行的结构分解，将财力分解为财政收入和财政转移支付，分析财政收入和财政转移支付的主要项目对地区间财力差异的影响。其中：第四章主要从财力的构

成层面,从税收政策和财政体制的角度分析地区间财政收入差异的原因。重点是定量分析各项财政收入对地区间财政收入差异的贡献率。第五章侧重应用计量经济学的方法,定量分析现行财政转移支付的均等化效应,重点是定量分析各项转移支付横向均等化效应,以揭示转移支付制度对缩小地区财力差异所起的作用,并为进一步完善财政转移支付政策提供依据。第六章提出财政能力的概念,认为财政能力是人均财力和公共支出成本的符合函数。地区间财政能力均等化是实现基本公共服务均等化的前提和保证,对于中国这样一个地区间公共支出成本差异较大的国家来说,单纯比较人均财力上的差异会与实际产生较大偏差,因为仅均衡人均财力而不考虑公共支出成本的差异,难以实现地区间财政均等化。为此,本章把人均公共支出成本的变量引入到地区间财政能力差异的度量中,从财政需求—能力的角度来度量中国地区间的财政能力差异,即在考虑公共支出成本差异的情况下度量中国地区间的财政能力差异。

第七章主要关注的是现行财政转移支付的影响因素问题。转移支付制度是实现地区间财政均等化的首要手段,但是现实中的财政转移支付政策往往受到多种力量的左右,没有将地区间财政均等化当做主要目标,试图通过对2004—2008年有关数据的实证分析来探究中国现行财政转移支付政策的主要影响因素和价值取向。

第一章为地区间财政均等化的国际比较和借鉴。

第八章首先对地区间财政能力差异的适度性进行了评价,并根据第六章中国地区间财政能力度量的结果,针对当前中国地区间财政能力差异较大,提出当前的财政转移支付政策应遵循公平优先兼顾效率的原则。构建了中国地区间财政均等化的数学模型,从而实现在同时考虑各地区公共支出成本差异并促进效率的前提下确保各地区基本公共服务均等化。

第九章为地区间财政能力均等化的政策引申,探讨了地区间财政能力均等化与地区间基本公共服务均等化两者的相关性。大家一提到基本公共服务不足,都认为是地方政府财力不足,都提到要加大对地方政府财政转移支付的力度,地方政府财力增加了,基本公共服务的投入水平就能提高吗?前者是后者的必要条件,但不是充分条件。造成地区间基本公共服务(本书以小学教育为例)投入差异的原因很多,从客观角度看,主要有生均教育成本上的差异和财力上的差异,从主观角度看,主要是许多地方政府未能真正认识到小学教育投入的重要性,导致对教育的投入不足。在承认上述两者都是影响因素的前提下,主要研究地区间教育投入的主观因素,也就是要研究地方政府对教育投入的努力程度,依据当前各地区对小学教育经费投入现实,运用计量经济学的研究方法对各地区小学教育投入的努力程度予以评估,以期对政府间教育财政转移支付政策的制定有一定的参考和借鉴价值。

第十章通过对2007年和2008年有关数据的实证分析来探究河北省现行财政转移支付政策的主要影响因素和政策取向,认为对地方既得利益的考虑是影响河北省财政转移支付政策的决定性因素。在此基础上,财政转移支付政策对人口密度低的地区、标准财政供养人口比例高的地区和民族自治县有所照顾,具有一定的均等化效应。但同时也对人均财政收入高的地区倾斜,存在非均等效应。整体呈现渐进性的改革特征,政策取向仍是维护地方既得利益,而不是均等化。此外,由于过度地考虑既得利益,财政转移支付对地方政府财政努力产生了反向激励作用。

第十一章为河北省地区间财政均等化的度量及政策取向。测算出没有考虑公共支出成本的地区间财力差异的加权变异系数,将其与考虑了公共支出成本的地区间财政能力差异的加权变异系数做比较,综合考虑了财力和公共支出成本后的地区间财政能力差异整体水平低于地区间财力差异,两者相差6—8个百分点。现阶段河北省财政转移支付政策应该体现"公平优先兼顾效率"的原则,①因为目前河北省地区间财政能力和地区间基本公共服务差异较大。

第十二章为河北省地区间财政均等化的政策引申。第一节主要分析河北省地区间对小学教育投入努力程度上的差异,这一节为后面的研究做铺垫。第二节探讨地区间小学教育投入差异的影响因素。认为影响地方政府对小学教育投入的因素主要有两个供给和需求两个方面,得出的结论是现行的河北省义务教育财政转移支付对样本县小学教育的投入造成了"挤出效应",因此安排专项转移支付时不仅要考虑注意地方政府的人均财政收支指标,最重要

---

① 参见胡德仁:《公平与效率:财政转移支付的政策取向》,《中国财政》2007年第10期,第68—69页。

的是必须考虑各地区基本公共服务的投入和供给水平。而现行河北省的一些专项转移支付只考虑地方政府的财力水平,而没有考虑地方政府对基本公共服务的投入和供给,造成了"挤出效应",因此有必要改革义务教育专项转移支付资金分配办法。第三节教育专项转移支付挤出效应的实证评估。采用面板数据设计了可以用于衡量教育专项转移支付的挤出效应的模型,证明教育专项转移支付确实对样本县的教育投入产生了挤出效应,其原因来自两个方面,即上级政府的教育专项转移支付资金的分配政策不合理及县级政府自身缺乏对教育投入的积极性。第四节依据公平和效率的原则,根据各地区财政能力和财政需求探讨如何构建地区间基本公共服务投入均等化的财政转移支付政策。

二、研究方法

本书试图深入和全面研究财政转移支付政策与中国地区间财政均等化问题。为避免只有理论而没有计量,或只有统计分析而没有理论基础,本书将以理论模型分析和计量研究相结合为特色,并尽量吸收国内近期的相关文献,以突出理论研究的前沿性。在研究方法上具有以下特点:

1. 研究方法采取规范分析与实证分析相结合,以实证分析为主。实证分析中主要采用统计分析和计量经济模型分析方法。实证分析运用于地区间财政均等化,就是要描述地区间财政均等化的现状,揭示其形成机理。除了"是什么"的问题之外,地区间财政均等化还试图回答"应当是什么"的问题,即从一定的社会价值判断标准出发,根据这些标准,对地区间财政均等化问题进行评价,并进一步说明地区间财政均等化程度在什么范围内是适度的,怎样的财政转移支付制度才能实现适度的地区财力差异。

2. 定性分析与定量分析相结合。本书首创性地采用基尼系数和加权变异系数两种方法来测算地区间财政收入和财力差异,并用它们来衡量财政转移支付横向均等化效应;以及采用 Shorrrocks 方法分析各项财政收入对财政收入不平等指数的影响,等等。

此外,本书还采用了制度分析和比较研究等方法,多视角地研究中国地区间财政均等化问题。

三、研究框架

本书的研究框架如下：

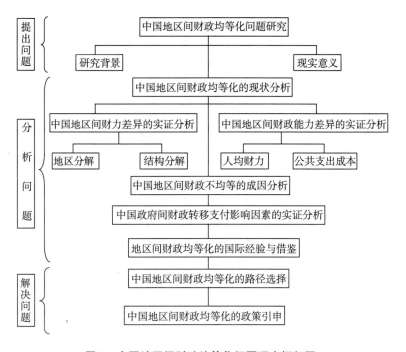

图 1　中国地区间财政均等化问题研究框架图

第四节　相关概念界定

一、财政均等化的内涵

　　财政均等化的根本目标是实现地区间基本公共服务水平均等化，即在一个国家内，不同地区的居民能享受到大体相同的公共服务。[①] 按照布坎南的观点，所谓财政均等（Fiscal Equity）是指具有相似状况的个人能够获得相等的财政剩余，即每个人从公共产品获得的回报与其所承担的税负之差都相等。这种基本公共服务水平的均等化，完全可以通过各辖区间人口与要素的流动

---

　　① 参见张恒龙、陈宪:《我国财政均等化现状研究:1994—2004》,《中央财经大学学报》2006 年第 12 期,第 12—20 页。

来实现,所以并不需要政府采取任何财政均等化的措施。显然,这种财政平等观是建立在个人平等基础上的。但是,布坎南的理论是针对美国这样的人口和要素可以自由流动,而且地区间经济差别并不悬殊的联邦制国家提出的,世界上许多国家尚不完全具备这些条件。另外,由于公共产品的地域性特征以及人们对公共产品偏好的差异,完全实现地区间基本公共服务水平均等化是不切实际的,即便是在财政均等化制度较完备,基本公共服务水平均等化程度相当高的国家,均等化也只是一个相对概念。基本公共服务水平均等化也不能单纯地用不同地区居民所获取的公共产品数量或者质量来衡量,还要考虑其所承担的税负。类似中国这样的发展中国家,地区差异大、人口和要素不能完全自由流动、人们无法通过自由流动实现基本公共服务水平均等化。中央政府往往通过财政转移支付弥补地区间的差异,实现地区间财政均等化,上级政府帮助下级政府实现财政均等化。

同时,"均等化"是要将差距控制在可以接受的范围之内,而不是绝对意义上的"平均化",因为,对于不同偏好选择的自由个人来说,平均分配的公共服务并不可能保证他们的福利都能增进。另外,由于公共产品的地域性特征,完全实现公共服务水平均等化也是不切实际的,即便是在财政均等化制度较完备,公共服务水平均等化程度相当高的国家,均等化也只是一个相对概念。①

二、财力与财政能力

财力(Financial Capacity)是指在一定时期内可供某一利益分配主体所拥有的、可自主支配和使用的、以价值形态体现的经济资源的总称。财力就其范围和占有的主体性质,有社会财力、政府财力、集体财力、个人财力等。政府财力(Government Financial Capacity)有广义政府财力和狭义政府财力。广义政府财力即为在一定时期内某一政府所拥有的、可以自主支配和使用的、以价值形态体现的经济资源的总称,包括政府的预算内外财力;狭义的政府财力即为政府拥有的预算内财力。本书所研究的财力即专指狭义的政府财力,具体是

---

① 参见孙勇:《我国财政均等化现状及形成机理分析》,《财经问题研究》2009 年第 8 期,第 96—100 页。

指一般预算收入和中央转移支付,中央转移支付的口径是指各地区一般预算收支决算总表中的中央补助收入,包括消费税和增值税税收返还、所得税基数返还、原体制补助、专项补助、一般性转移支付补助、民族地区转移支付补助、农村税费改革转移支付、增发国债补助、调整工资转移支付、结算补助、调整收入任务增加或减少补助、其他补助、艰苦边远地区津贴补助等,不包括原体制上解和专项上解。

国内对于政府财政能力的研究始见于王绍光与胡鞍钢的《中国国家能力报告》,该报告将财政汲取能力,即政府从社会经济中动员财力的能力,作为衡量国家能力的重要指标,[1]并将其界定为预算收入占国民收入的比重,这一结论为后来的研究提供了借鉴。刘汉屏认为,一个地区的财政能力应包括财政自给能力、公共支出的基本保障能力和财政政策能力,将经济发展、资金供求、职能绩效和制度安排的影响纳入了分析框架。[2]李文星和蒋瑛认为,地方政府财政能力是地方政府以公共权利为基础而筹集财力、提供公共品以满足地带内公民的公共需要、稳定地方公共经济、合理进行再分配的能力的总和,是地方政府合法性和稳固性的根基所在,[3]它是一个系统集群结构,并指出财政资源汲取能力、地方性公共品提供能力是地方政府财政能力的核心所在。李学军和刘尚希认为,地方政府财政能力是政府在财政资源方面的运筹能力,包括财政资源的汲取、分配、使用及其在整个过程中的组织、管理、协调能力。[4]卢洪友和贾智莲认为,对于地方政府财政能力的评价至少应包括两个层面:财政汲取能力和公共品供给能力。它基本上涵盖了地方政府所有的财政活动,能够比较全面地反映地方政府的财政能力。从一个完整的过程来考虑,财政汲取能力说明的是地方政府集中财力的过程和结果,具体到财力转化为支出的有效性如何,却是在汲取环节中不能体现的。一个地区财政汲取能力很强,但是如果公共支出不能做到合理有效,支出的结果未能有效地提供符

---

① 参见王绍光、胡鞍钢:《中国国家能力报告》,辽宁人民出版社1993年版,第6—13页。
② 参见刘汉屏:《地方政府财政能力研究》,中国财政经济出版社2002年版,第15—18页。
③ 参见李文星、蒋瑛:《地方政府财政能力的理论建构》,《南开经济研究》2002年第2期,第74—76页。
④ 参见李学军、刘尚希:《地方政府财政能力问题研究———以新疆维吾尔自治区为例》,中国财政经济出版社2007年版,第3—6页。

合辖区居民公共需要的"一揽子"公共品,很难说这一地区地方政府的财政能力是强的。从另一角度看,两个财政汲取能力相同的地区,由于政府在资源配置能力方面的差异,两个地区之间的经济社会发展水平可能就存在很大差异。因此对地方政府财政能力的评价应全面考察地方政府的财政汲取能力和公共品供给能力。①

现有的很多研究将财力等同于财政能力,这一类的研究以王雍君、刘溶沧、焦国华、吴湘玲和邓晓婴等的文献为代表。王雍君通过对地方政府财政自给能力系数的纵向比较,指出地方财政自给能力与地方政府承担的支出责任极不对称,过低的财政自给能力扭曲了地方财政的决策行为。② 刘溶沧和焦国华选择各地区人均财政收入、人均财政总收入、人均财政支出、人均财政总支出及各地区征税的努力程度、财政支出成本差异等指标对地区间财政能力差异进行了定性和定量分析,将收入能力、支出能力纳入财政能力的评价体系。③ 吴湘玲和邓晓婴选择预算收入占国内生产总值的比重、政府财政自给率两个指标,分析了中国地方政府财政能力的地区差异,得出中国地方政府财政能力呈现地区非均衡状态的结论。④

这些研究都基于同样的一个假设,即人均财政收入(或支出)较高的省份有较强的财政能力,因而较高的散布值(如基尼系数)就表明财政能力的不均衡。然而,数据表明,全国最为边远贫困的几个省份,包括西藏、青海和内蒙古,都有远远超过平均值的人均地方财政支出(PCEXP)。事实上,这些省份是财政相对困难的,较高的人均地方财政支出并不能表明它们有较高的财政能力。此问题的出现除了没有包括预算外资金这一缺陷,很可能是因为在这些低密度地域提供公共服务的人均成本远高于其他地区。因此,在这个衡量指标基础上的基尼系数(或任何其他不平等系数)都不能准确反映财政能力

---

① 参见卢洪友、贾智莲:《中国地方政府财政能力的检验与评价——基于因子分析法的省际数据比较》,《财经问题研究》2009 年第 5 期,第 82—88 页。

② 参见王雍君:《地方政府财政自给能力的比较分析》,《中央财经大学学报》2000 年第 5 期,第 21—25 页。

③ 参见刘溶沧、焦国华:《地区间财政能力差异与转移支付制度创新》,《财贸经济》2002 年第 6 期,第 5—12 页。

④ 参见吴湘玲、邓晓婴:《我国地方政府财政能力的地区非均衡性分析》,《统计与决策》2006 年第 16 期,第 83—85 页。

的散布。

有很少一部分学者在这一问题上进行了有益的探索,如刘尚希、赵志荣等。刘尚希认为财政能力是财力、单位成本和制度及管理因素的复合函数,仅看财力的多与少是片面的。① 赵志荣指出目前的研究重点是如何用量化手段考量各省公共服务的成本函数(cost-function),并以此为基础结合各省的财政收支指标,计算出成本折算后(cost-adjusted)的财政能力。② 他通过实证分析发现,人口密度和人均地方支出有明显的负面弹性关系(negative elasticity)。在同等条件下,人口密度上升的比例和人均地方支出的下降比例直接相关。这说明人口密度是各省公共服务成本函数中的一个重要因子。基于此发现,利用人口密度对财政支出的弹性系数来折算人均地方财政支出,获得了比人均地方财政支出更为准确的财政能力指标。不过,为了更好地衡量各省之间公共服务的成本区别,还有待于我们估算出更为全面准确的成本函数。本书把财政能力的界定为人均财力和公共支出成本的复合函数。③ 并构建人均财力指数来表示各地区财政能力,即某地区财政能力 = 该地区财力指数 = 该地区人均财力/该地区公共支出成本。④

三、地区间基本公共服务均等化

很多学者将地区间财政能力均等化等同于地区间基本公共服务均等化,但事实上实现了地区间财政能力均等化并不意味着就能实现地区间基本公共服务均等化。地区间基本公共服务均等化包含了地区间财政能力均等化、基本公共服务投入均等化、基本公共服务供给均等化和基本公共服务消费均等化。这四项内容层层递进,互相联系成为一个整体。

从财政的角度看,地区间财力差异是造成地区间基本公共服务差异的主

---

① 参见刘尚希:《基本公共服务如何实现均等化》,http://rcc. zjnu. net. cn/Article/TypeArticle. asp? ModeID = 1&ID = 1361,2008 年 4 月 17 日。

② 参见赵志荣:《中国财政改革与各省财政能力不均衡:回顾、分析和建议》,《公共行政评论》2009 年第 2 期,第 73—100 页。

③ 参见胡德仁、刘亮:《中国地区间财政能力差异及财政转移支付政策取向》,《审计与经济研究》2010 年第 2 期,第 87—94 页。

④ 参见胡德仁:《财政转移支付与中国地区间财力均等化分配模型》,《公共行政评论》2008 年第 5 期,第 81—99 页。

要原因,因为基本公共服务的提供政府要承担主要责任,所以政府财政能力的状况将很大程度上决定其提供基本公共服务的能力。地区间财政能力的均等化程度,将直接影响基本公共服务供给的均等化程度,是一国推进基本公共服务均等化进程中最为重要的途径。这也是当前国内许多学者将基本公共服务不足和巨大差异归咎于财政转移支付制度不完善的原因所在。但地区间财政能力的均等化并不能保证地区间基本公共服务投入的均等化。前者只是后者的必要条件,但不是充分条件。地区间基本公共服务投入的均等化不但需要地区间财政能力的均等化,还需要地方政府对基本公共服务投入有很大的积极性。

地区间基本公共服务投入的均等化也不能保证地区间基本公共服务供给的均等化。地区间基本公共服务供给的均等化不但需要地区间基本公共服务投入的均等化,还需要完善的供给制度。即便各地区基本公共服务投入相当,如果没有制度保证各地区基本公共服务的生产部门按最低成本提供基本公共服务的最适水平和结构的基本公共服务,就难以保障地区间基本公共服务供给的均等化。这里面有一个地区间基本公共服务支出效率的差异问题。

实现地区间基本公共服务均等化最终要以全国公众对于基本公共服务消费的均等化程度来衡量。由于地区间居民收入上的差异导致地区间居民对于基本公共服务消费差距不断拉大,将使整个社会的公共风险呈现扩散之态势。因此政府除了要保证基本公共服务供给的均等化,还有必要通过制度设计来减少居民对基本公共服务消费的不确定性,分担消费风险,以促进基本公共服务消费的均等化。[①]

第五节　可能的创新与不足

一、可能的创新

本书构建了完整的地区间财政均等化的理论与政策的研究体系,并创新性地引入了多种计量方法,填补了理论界在相关研究领域的空白。

---

① 参见刘尚希:《基本公共服务均等化:目标及政策路径(下)》,《中国经济时报》2007年6月15日第5版。

（一）概念的创新

创新性地将地区间财政均等化的内涵界定为地区间财政能力均等化，而财政能力是人均财力和公共支出成本的复合函数。并引入人均财政收入指数（人均财政收入/公共支出成本）、人均财政转移支付指数、人均财力指数等变量，以指数消除公共支出成本差异的影响，准确量化地区间财政均等化程度。① 即：

人均财政收入指数＝人均财政收入/公共支出成本

人均财政转移支付指数＝人均财政转移支付/公共支出成本

人均财力指数＝人均财力/公共支出成本

（二）构建地区间财政能力均等化的数学模型

模型建立在综合考虑各地区公共支出成本差异以及公平优先兼顾效率原则的基础上。通过模型的模拟应用指出，只有发达地区拿出一部分财力对不发达地区实行横向转移支付，中国才有可能实现基本公共服务均等化的目标。这一研究弥补了以往相关研究局限于定性分析的不足，对于现实中财政转移支付制度的完善和区域协调发展具有实际指导和借鉴意义。

（三）利用基尼系数的可分解性质来衡量各项财政转移支付横向均等化效应

率先利用基尼系数的可分解的性质，分析了各项财政转移支付的均等化效应。弥补了以往的研究局限于分析财政转移支付制度整体的均等化效应，很少分析各项转移支付制度均等化效应的不足，有利于更准确地评估各项财政转移支付的均等化，并为完善财政转移支付制度提供理论依据。

（四）地区间财政转移支付影响因素的数学模型

在对财政转移支付影响因素的研究中从没有考虑地方既得利益（上年财政转移支付），而保证地方既得利益恰恰是分税制改革的重要特征，因此研究不够全面且贴合实际，进而也不能反映出财政转移支付实际的政策取向。本书以中国省际间和河北省县域间为例，通过对有关数据的实证分析来探究现行财政转移支付政策的影响因素和各影响因素的主次关系。对地方既得利益

---

① 参见胡德仁：《财政转移支付与中国地区间财力均等化分配模型》，《公共行政评论》2008年第5期，第81—99页。

的考虑是影响财政转移支付政策的决定性因素,在此基础上,财政转移支付政策对人口密度低的地区有所照顾,具有一定的均等化效应。不触动地方既得利益,财政均等化的目标将难以实现。

（五）中国和河北省地区间小学教育投入均等化模型

创新性地构建了中国和河北省地区间小学教育投入均等化模型,认为一些地区的小学教育投入不足是由于地方政府对教育投入努力程度不够造成的,而不是财力不足。同时也对河北省教育专项转移支付的"挤出效应"进行了实证检验。进而提出建立一般性教育转移支付为主、激励性教育转移支付为辅的教育财政转移支付制度。

二、本书的不足

1. 在地区间财政能力均等化的模型构建上,对各地公共支出成本的测算是直接根据财政部预算司一般预算转移支付办法中各地区标准财政支出和总人口得出的,这与各地实际的公共支出成本还有很大的差异。其次,由于目前中国地区之间人口流动较大,该模型是依据户籍人口测算的,有必要按照常住人口进行测算,这样更能符合实际,这些不足有待于在以后的研究中进一步深入。

2. 财政转移支付制度对地区间财力差异的影响还可能通过对地区经济发展的影响来实现,由于能力所限,本书对此没有进行深入分析,这有待于在以后的研究中完成。

3. 所用统计资料可能不系统,不完整。记得费正清先生曾经说过,中国是"记者的乐园,统计学家的地狱"。的确,在本书写作过程中,资料的可信性问题始终是困扰笔者的一大难题。由于系统完整的第一手资料既不望,更不可求,笔者只好在能够收集到的资料范围内选材来证明自己的理论观点,尽管这些材料并不一定非常的合适,但也只有如此了。希望在今后的研究工作中,笔者能有机会获取到更多更全面的统计资料来进一步强化本书的观点。

第一章　地区间财政均等化的国际借鉴

第一节　德国地区间财政均等化

一、德国的财政转移支付政策

横向财政转移支付制度是在各州之间进行财政转移支付,即财力强的州拿出部分财政收入"捐给"财力弱的州。其资金来源有两种:一种是扣除了划归各州销售税的 25% 后,把余下的 75% 按各州居民人数直接分配给各州;另一种是财力强的州按横向平衡机制将部分税金直接划给财力弱的州。横向财政转移支付的具体操作分为以下三个步骤:

1. 先测定各州居民人数。联邦统计局规定,居民人数应是 6 月 30 日这一天的州居住人员数。加权人口数根据居民人头数及密度和规模系数计算得出。

2. 然后由联邦和州财政部门分别测算出"全国居民平均税收额"和"本州居民平均税收额"。如果某州的"居民平均税收额"大于"全国居民平均税收额"的 2% 以上,这个州就属于富裕州,有义务向贫困州转移资金;若某州的"居民平均税收额"只相当于"全国居民平均税收额"的 95% 以下,那么该州就被列为贫困州,可以得到来自富裕州的转移支付:"居民平均税收额"相当于全国平均数 95%—102% 的州则既不上缴也不能得到转移支付。

3. 最后是实行横向平衡的资金划拨。若富裕州的"居民平均税收额"大于"全国居民平均税收额"的 2%—10% 之间,则将其超出部分乘以州的实际人口,得到的数额 30% 留用,70% 上缴作为转移支付之用。超过幅度在 10% 以上的,则超出部分全部上缴用作平衡捐款。若贫困州的"居民平均税收额"低于"全国居民平均税收额"的 92%,则首先将其收入额补足到 92%,在92%—100% 之间的差额再乘以系数 37.5%,两部分相加就是可以得到的转移补助额。也就是说,贫困州最多只能补助到全国平均财政收入的 95%(92% +8%×37.5%),对比之下,富裕州的人均财政支出最多不超过"全国居民平衡税收额"的 104.4% (102% +8% ×30%),最高与最低之间相差 9.4 个百分点。整个财政平衡的操作以划拨方式通过各州和联邦的财政结算中心完成。另外,在计算时对于有特殊需要的地区还采用一些特殊政策,如汉堡和不来梅两个重要大城市所在的州,在测算州居民平衡税收额时,居民数可以乘上135% 的系数。海港城市(汉堡、不来梅、埃姆登)在测算税收总额时可以扣除海港维护费。

州际财政均衡具体分配包括四个环节:第一个环节是计算各州的财政收入能力指数。其公式为:

财政收入能力指数 = 该州政府税收总额 + 该州所属各地方政府税收总额×50%

州下属的地方政府税收总额只按 50% 计入州的财政收入能力指数,是因为这种平衡是州政府之间的,而各州还要对所属地方政府进行财政平衡。

第二个环节是计算财政平衡指数。其公式是:

财政平衡指数 = 全国各州人均税收额×该州加权人口数

人口权数按人口规模和密度依正相关关系确定,即人口越多、密度越大,则该州人口加权值越大。

第三个环节是把财政收入能力指数(代表财力供给)与财政平衡指数(代表财力需求)相比较,分档确定接受平衡基金的州及应得数额、自求平衡的州和付出平衡基金的州及支付数额。具体情况是:财政收入能力指数相当于财政平衡指数的比例在 92% 以下的州,可从平衡基金中得到补助,以达到 92%的水平;财政收入能力指数相当于财政平衡指数的比例在 92%—100% 之间的州,可从平衡基金中得到其不足 100% 部分的 37.5%;财政收入能力指数相当于财政平衡指数的比例在 100%—102% 之间的州,财政上自求平衡;财政收入能力指数相当于财政平衡指数的比例在 102%—110% 之间的州,要从其超过 102% 的部分中拿出 70% 的财力转移支付给财政困难的州;财政收入能力指数相当于财政平衡指数的比例在 110% 以上的州,则要将其收入超过110% 的部分全部用于转移支付。

第四个环节是在年度执行中,联邦和应付出平衡基金的州按上述计算结果在每季度末按进度向应接受转移支付的财政困难州划拨平衡基金,年终汇总清算。年末,联邦与各州计算确定下一年度州际间财政平衡数额。[①]

二、德国财政转移支付政策的评价

实践表明,德国的政府间财政转移支付力度之大、均等化程度之高都是全球罕见的,以 1996 年原东德地区与原西德地区为例,调整前,东德的人均税收是 2030 马克,西德为 3705 马克,前者是后者的55%。在经过各种转移支付调整后,东德为 5190 马克,西德为 5510 马克,前者是后者的94%,转移支付在均等化地方财力、弥补财政缺口、为公民提供大致相当的公共服务、促进了国家整体经济的发展等多方面均取得了十分明显的政策绩效。从借鉴的角度分析,德国的转移支付制度作为一种成功模式,有其显著的特点。

第一,政府间转移支付的体系完备、法制化水平较高。与世界其他发达国家相比,德国以其较为规范的州与州之间横向的转移支付制度而独具特色。德国遵循公民生存条件一致的原则,建立并不断完善了横向平衡与纵向平衡相结合,一般均衡拨款与补充拨款、专项拨款、共同任务拨款等多种形式并举的政府间财政转移支付体系。另外,作为具有较高法治水平的社会法制国家,不但德国政府间转移支付的目的、范围等被明确写进法律,而且据以计算均等化拨款的税收能力和标准税收需求等技术性参数也用法律的形式加以明确规定。这不仅使得德国的转移支付制度更为规范、透明,也使转移支付的数量规模具有了必要的法律保障。

第二,按照理论上通常的划分,转移支付可以分为纵向的转移支付与横向的转移支付,但实际运行的结果表明,这种纵向转移支付在德国整个均等化过程中的比重并不大,德国的转移支付制度实际上是以横向转移支付为主的统一体,即使在纵向转移中也较多地蕴涵了横向因素,其直接以增值税的共享来实现州与州之间一定程度的财政均等化便是明证。

第三,德国均等化拨款的计算方法较为简便,州际之间计算均等化拨款的主要和关键因素是居民人口与实际税收。由于德国的州情差别不大,在确定

[①] 参见郑涌、赵云飞、韩文:《聚焦德国政府间财政关系靠什么实现均等化》,《中国财经报》2007 年 3 月 15 日。

对某地区转移支付数额时,不考虑支出及其成本差异方面的问题,而是采用将税收能力与全国平均的标准税收需求进行比较来确定转移支付数额。同时,由于德国税收法制程度较高,州政府没有改变自己税率的权力,所以在测算标准税收需求时也不考虑各地的税收努力程度。

第四,创建"统一基金",作为过渡办法,妥善解决了原东德地区与西德地区向全国统一的财政均等化的过渡问题,显示了该国转移支付制度的灵活性。

第二节 加拿大地区间财政均等化

一、加拿大的财政转移支付政策

加拿大联邦政府对省和地区的转移支付主要有三类:卫生和社会转移支付,均等化项目转移支付和地区公式化补助。2002—2003 年度联邦政府向省和地区提供的转移支付合计 476 亿加元。联邦政府转移支付占各省财政收入的比重,最低的埃尔伯塔省为 18%,最高的纽努瓦特地区为 89%。以上三类转移支付的具体内容是:

1. 卫生和社会转移支付(Canada Health and Social Transfer 或 CHST)

该转移支付是联邦政府最大的一项转移支付,主要用于支持卫生健康、高等教育、社会援助和社会服务项目,包括儿童早期发展等。该项转移支付所有省份都有。地方政府对联邦政府提供的健康和社会转移支付资金可以根据其特点在各项社会项目间自主安排支配,但要遵循加拿大卫生法的有关原则,同时要保证对接受社会援助的人不设居住地条件。卫生和社会转移支付有现金转移和税点转移两种形式。2002—2003 年度,联邦政府卫生和社会转移支付共 357 亿加元,其中现金转移支付为 191 亿加元,税点转移支付为 166 亿加元。

1996 年,加拿大联邦政府取消了原有的计划资助项目对各省的拨款,建立了卫生和社会转移支付。1996 年以来,加拿大联邦政府已经四次增加了卫生和社会转移支付。包括 1996 年建立卫生和社会年度现金转移支付基数 110 亿加元;1998 年将基数提高到 125 亿加元;1999 年提出五年内增加 115 亿加元;2000 年进一步增加基数 25 亿加元,将基数增加至每年 155 亿加元。

2000 年 9 月,加拿大部长会议通过了一项对卫生进行更新和投资儿童早期发展的执行计划。按照该项计划,联邦政府承诺在五年内再增加健康和社会转移支付 211 亿加元,其中包括 22 亿加元用于早期儿童发展。该项法案 2000 年 10 月 20 日获得通过,在 2001 年联邦预算中已安排相应资金。

这样,全部的卫生和社会现金转移支付在 2001—2002 年度为 183 亿加元,2002—2003 年度达到 191 亿加元,2005—2006 年度将达到 210 亿加元。到 2005—2006 财政年度,卫生和社会现金转移支付将比 2000—2001 年度的水平增长 35%。加上税收转移支付增加 188 亿加元,到 2005—2006 年度联邦对省和地区卫生和社会转移支付总计将达 398 亿加元。到 2003—2004 年度末,联邦政府将提出 2006—2007 年度和 2007—2008 年度卫生和社会现金转移支付的具体数额。

在联邦卫生和社会转移支付中,税点转移形式是联邦政府将其一部分税收空间转移至省级政府。具体地说,是指在联邦政府降低税率的同时,省级政府相应提高同等的税率。税点转移支付是加拿大卫生和社会转移支付的一个组成部分,该项转移支付始于 1977 年。联邦政府将其个人所得税税率的 13.5 个百分点和公司所得税税率的 1 个百分点转移给省和地区政府。实行税收转移支付,对纳税人的税收负担不产生任何影响,只是原来属于联邦政府的部分收入改为归省级政府所有。税点转移支付对联邦和省级预算起到的作用与现金转移支付是一样的。但对各省来说,与现金转移支付形式相比,税点转移支付具有能够保持持续增长,同时受联邦政府的控制要小的优点。

纽芬兰省财政部门认为,卫生和社会转移支付优点是省里能自主安排使用,有助于提高其提供公共服务的水平。缺点是投入不够,而且由于资金是按人均进行分配,对地方的需求考虑不够。

2. 均等化项目(The Equalization Program)

均等化项目是联邦政府用来减小地区财政不均衡的重要转移支付项目。该项目保证欠发达省份在保持同等税率水平的情况下,能够为其居民提供同等水平的政府服务。均等化转移支付是无条件的,各省可以自行安排使用。2002—2003 财政年度,联邦政府向八个省提供了 103 亿加元的均等化转移支付。这八个省是:纽芬兰(10.19 亿加元)、爱德华王子岛(2.48 亿加元)、新斯科舍(12.6 亿加元)、新不伦瑞克(11.74 亿加元)、魁北克(46.78 亿加元)、马尼托巴(11.58 亿加元)、萨斯喀彻温(3.25 亿加元)、不列颠哥伦比亚(4.88

亿加元）。该项目保证每个加拿大居民平均享受的公共服务水平不低于5863加元。

均等化转移支付额的计算，是根据联邦法律规定的公式进行的。凡是收入能力或财力低于一定标准的省，联邦政府都将提供均等化转移支付，以使其收入能力达到标准水平，该标准采用的是魁北克、安大略、马尼托巴、萨斯喀彻温和不列颠哥伦比亚等五个中等收入省的平均财力。2002—2003财政年度以上五个省的平均财力为人均5863加元。

均等化转移支付具有"下限"和"上限"。下限的作用是防止得到的转移支付在某一年度比上年下降较多；上限是为每年的均等化转移支付总额规定一个最高值，以使其保持与宏观经济同步增长。

纽芬兰省财政部门认为，均等化转移支付在向落后地区提供财政支持方面发挥了重要作用。但同时认为其存在一些缺点，如希望能够提高均等化转移支付的标准，用十个省的平均财力作为标准而不是用五个省；该项转移支付的目的是使各省财力达到均等化，而在刺激各省的经济发展方面未能发挥积极作用等。

3. 对北部地区的公式化补助（Territorial Formula Financing，或TFF）

对北部地区的公式化转移支付是加拿大联邦政府每年向其北部地区政府（Territorial government）提供的一种无条件转移支付。该转移支付是根据联邦政府和北部地区政府间达成的协议进行的，目的是保证北部地区政府在支出成本较高的情况下向其居民提供与其他省份相当水平的服务。虽然北部地区政府具有通过提高税率、出租、销售产品和服务来提高其收入的权力，其财力的相当一部分仍来自联邦政府提供的地区公式化转移支付。在2002—2003财政年度，该项转移支付额为13亿加元。

地区公式化转移支付的确定是根据"差距弥补"原则进行的。即对北部地区政府收入能力和支出需求存在的差距，按照公式进行现金转移支付。目前联邦政府与纽努瓦特地区、西北地区、育空地区执行的协议是1999年4月1日开始实施的。2002—2003年度联邦政府提供的13亿加元地区公式化转移支付中，纽努瓦特地区为6.4亿加元，西北地区为2.97亿加元、育空地区为3.58亿加元。

二、加拿大财政转移支付政策的评价

1. 财政转移支付体系具有以一般性转移支付为主的特征

加拿大联邦政府的三种形式的转移支付中,均等化项目和对北部地区的转移支付都是无条件转移支付,地方政府可以自主安排使用;而规模最大的卫生和社会转移支付,虽然是规定了用途,但范围较宽,包括用于支持卫生健康、高等教育、社会援助和社会服务项目等,地方政府在资金使用上有很大的自主权,因此也接近于一般性的转移支付。目前中国中央对省的转移支付体系中,尽管一般性转移支付所占比例在不断提高,但规模仍然偏小,而各种形式的专项转移支付仍然占相当大的比例。我们认为,在明确政府间事权的基础上,简化转移支付形式,建立以一般性转移支付为主的转移支付体系,是今后转移支付制度改革应遵循的一项原则。在这方面,加拿大联邦转移支付体系值得借鉴。

2. 均等化转移支付标准的确定方法简便易行且透明度高

加拿大联邦政府对省级政府的均等化转移支付的标准,采用的是魁北克等五个中等收入水平省的人均财力的平均水平。该方式有一些不足之处,如因素过于简单,没有考虑各地区经济发展水平差异,但优点是在计算补助标准时剔除了经济比较发达地区和比较落后地区的影响,使标准财力的确定更客观,政策透明度高。中国不同地区经济发展水平不同,加上自然环境的差异,发达省份和落后省份人均财力差距很大,尽管在制定转移支付政策时考虑了地区差距问题,但在制定具体标准时更倾向于采用全国平均值,再对各省规定一系列的分配系数。这种做法的一个弊端是分配方法过于复杂,不利于提高政策的透明度。可以考虑借鉴加拿大的做法,在设计转移支付公式时,剔除最发达和最落后省份的影响,选择一些中等水平的省份作为依据。

第三节 印度地区间财政均等化

一、印度的财政转移支付政策

印度中央对各邦进行的确定性财政援助,又可分为预算援助和非预算援助。前者主要通过财政委员会、计划委员会及中央政府各部等执行。后者主要通过中央所属金融机构实施。主要探讨财政委员会的预算援助。

据宪法规定设立,由总统任命,每届任期五年,自 1951 年第一届财政委员会成立以来,现已组成第十一届财政委员会。[①] 其主要职能是,就共享税在中央与各邦之间分配,各邦从中央所得税收在各邦之间分配及中央向各邦提供贷款援助的原则等,向总统提出建议。因此其建议分为四类:(1)所得税分配;(2)其他税收分配;(3)中央对各邦的赠款;(4)中央对各邦的贷款。据财政委员会建议,各邦在中央所得税中的份额已从第一届财政委员会裁决的 55% 上升到第十届财政委员会裁决的 85%;其在各邦之间的分配,据第一届财政委员会建议,80% 按各邦人口,20% 按各邦征收所得税情况在各邦之间分配。第二届财政委员会更把人口在所得税分配中的比例提高到 90%,这对人口较多的邦有利。第八届财政委员会对按人口在各邦之间分配的 90% 的可分所得税的分配方式作了调整:25% 按人口分配;25% 按各邦人均收入之倒数乘以其人口总数之积为据分配;50% 按各邦人均收入与最高邦人均收入之差距乘以各邦人口之积为据进行分配,其目的是使分配在各邦之间更加平等。第十届财政委员会对此又作了某些调整:45% 按边远因素分配;22.5% 按人口因素分配;10% 按征税情况分配;11.25% 按落后程度分配;11.25% 按人均收入分配。边远因素主要指是否为边疆地区及其战略地位。落后程度主要指各邦表列部族及表列种姓的人口和农业劳动力人数。就各邦在中央货物税中的比重,其已从第一届财政委员会裁决的 40% 升为第四届财政委员会裁决的 45%,且纳入中央与各邦分配的中央货物税商品种类已从第一届财政委员会时的三种增为目前的全部。现在,所有商品的中央货物税都要在中央与各邦分配。对其在各邦之间的分配,财政委员会最初采用了两个标准,即人口与落后程度。第七届财政委员会采用了四因素分配方式,即人口、各邦人均收入增长、各邦贫困人口比例、各邦间收入平均化等各占 25%。第十届财政委员会又采用了五因素分配方式:人口占 25%,调整后的收入占 12.5%,边远因素占 33.5%,贫困因素占 12.5%,非计划税入赤字邦占 16.5%。

---

① 参见文富德:《印度财政分税制的运行机制》,《南亚研究季刊》2000 年第 1 期,第 6—9 页。

表1-1 税收让与的标准:第十一届财政委员会(2000—2005)

分配标准	份额
人口	10.0%
收入(距离方法)	62.5%
地区	7.5%
基础设施指数	7.5%
税收课征效率	5.0%
财政纪律	7.5%

资料来源:[印度]班加洛尔:《印度财政转移支付制度》,《中外专家论财政转移支付》,中国财政经济
出版社2003年版,第413—438页。距离公式 $= (Y_h - Y_i)P_i / \sum (Y_h - Y_i)P_i$,其中 Y_i 和 Y_h
代表第 i 个邦和最富的邦的人均生产总值(SDP), P_i 代表第 i 个邦的人口,当计算 h 邦时,
$(Y_h - Y_i)$ 取 i 为人均邦生产总值(SDP)次大邦的值。

表1-2 邦政府计划性援助分配的公式

变量	权重
人口(1971)	60.0%
人均邦生产总值(SDP),其中:	25.0%
低于人均邦生产总值的邦的平均值与均值得差	20.0%
距离公式	5.0%
财政的执行,其中:	7.5%
税收课征效率	2.5%
财政管理	2.5%
国家目标	2.5%
特殊问题	7.5%

资料来源:[印度]班加洛尔:《印度财政转移支付制度》,《中外专家论财政转移支付》,中国财政经济
出版社2003年版,第413—438页。距离公式 $= (Y_h - Y_i)P_i / \sum (Y_h - Y_i)P_i$,其中 Y_i 和 Y_h
代表第 i 个邦和最富的邦的人均生产总值(SDP), P_i 代表第 i 个邦的人口,当计算 h 邦时,
$(Y_h - Y_i)$ 取 i 为人均邦生产总值(SDP)次大邦的值。

二、印度财政转移支付政策的评价

印度财政划拨体制的效率与公平一直受到大量的批评和严格审查,但是
问题仍然存在。[1] 多个划拨机构的存在,而且目的经常交叉,使得目标的实现

---

① 参见[印度]班加洛尔:《印度财政转移支付制度》,《中外专家论财政转移支付》,中国财
政经济出版社2003年版,第413—438页。

非常困难。其次,尽管划拨是依据公式的,但是并不以抵消邦政府财政赤字为目的。财政委员会税收让与的公式主要依据综合经济指数,对于邦政府的计划性援助也是以综合机构及指数为依据的,而不是以抵消财政赤字为目的。而且,通常计划和财政委员会的工作目的是交叉的。印度划拨体制的问题阻扰了邦政府的财政管理。财政委员会推荐的补助金以目前邦政府非计划性预算中估计的税收后的空缺为依据。这种"财政牙医术"一年年使得"预算空洞"越来越大。因此,划拨制度是以抵消财政赤字为目的的,它对邦政府的回报就是逐渐恶化的财政管理。特殊目的的划拨和推行也受到批评,目前,平民主义者的事业在扩大,有180—190个计划在实行当中。计划实施中资源的极少量划拨很好地说明了能否达到特殊目的划拨目标的能力。大多数计划虽然达到了政治目的但并不是依据客观情况决定的。

第四节　澳大利亚地区间财政均等化

一、澳大利亚的财政转移支付

1. 澳大利亚财政转移支付的类型

澳大利亚转移支付的类型也可以分为有条件和无条件两大类。联邦政府中管理转移支付最重要的机构有两个:一个是联邦国库部,负责确定每年转移支付的总规模,两类转移支付的比例,以及有条件转移支付的分配方案等;另一个是联邦拨款委员会,负责研究转移支付的方法,提供无条件转移支付的分配方案。然后再由财政部和有关主管部门负责预算的具体执行。

无条件的转移支付总额由联邦国库部根据每年联邦财政收入和各州收支情况在预算中确定。然后,联邦拨款委员会负责制定在已经确定的规模之内,向各州拨款的分配方案。有条件在转移支付一般都先由各州和地方政府向联邦有关部门提出具体要求,双方达成协议后再交由联邦国库部审核,最后作为联邦预算的组成部分交议会审议。联邦拨款委员会不对有条件的转移支付分配发表意见,但其提供的方法及对各州与转移支付有关的各种指标的评价,是联邦国库部制定分配方案的重要依据。

2. 确定转移支付的方法及依据

为了使各州政府所提供的社会公共服务都能基本达到全国平均水平,澳大利亚转移支付的确定大致分为如下三步:第一,以全国的总人口、财政总收入、土地面积、公共设施等现有资源总量为基础,建立标准预算,即一个以全国平均水平为标准,包括平均税收能力和平均公共服务水平的理想模型。第二,用每一个州的实际状况与理想模型相比较,得出各州与全国平均水平的差异。第三,对各州弥补与全国平均水平差距所需要耗费的成本进行具体的分析,据此确定对各州不同的拨款数额。

建立标准模型及确定拨款额所依据的数据都是近五年的实际值,这些指标涵盖了包括各州相关人口数量与结构、管理规模、投入—产出成本、经济环境、城市化程度、运送服务规模、跨境服务等多个方面。

二、澳大利亚政府间转移支付制度的评价

澳大利亚转移支付制度的政策绩效是非常显著的:一方面,联邦政府通过无条件拨款来保证地区之间社会服务水平基本一致;另一方面,通过有条件拨款来解决各州的具体问题,强化中央政府的宏观调控。从借鉴的角度看,该国财政转移支付制度有如下两点值得关注:

第一,联邦与州之间没有共享税,联邦掌握了全国约70%的财力,在转移支付过程中处于绝对支配地位。联邦政府以基数和因素相结合的方法来核定转移支付数额,从而兼顾了效率与公平两者。

第二,拨款委员会在整个转移支付过程中发挥着重要作用,是澳大利亚在解决该问题上的独特创举。作为一个专门为联邦总理提供有关转移支付意见的独立咨询机构,该委员会主席由联邦总理任命,成员由联邦国库部提名,各州投票选举产生,这使得由它提出的方法、评价意见和分配方案,具有了各方都认可的中立性,同时也缓和了各方的矛盾。

第五节　日本地区间财政均等化

一、日本的财政转移支付政策

日本的大部分财政收入由中央组织,而大部分财政支出由地方财政管理实现。鉴于此,政府为了解决地区间经济发展不平衡而造成的各地方政府之间财力上的悬殊,确保地方经济的顺利发展,采取了以下三种方式实现中央财政对地方财政的补助。

1. 国家下拨税。它是指中央政府为了平衡各地区的经济发展,把国税中的所得税、法人税和资源税按一定的比例(目前比例为32%)拨给地方的一种款项,其目的是为了保证地方政府都有一定的财力做基础,独立地行使其职能,从而起到调节地区间差别的作用。它首先是作为国税的一部分由中央统一征收,然后根据各地方政府的财力充裕程度,从保证地方政府的财力均衡出发,拨付给地方政府。国家下拨税,不指定专门用途,也不附加其他条件,相当于无条件补助。它又分为普通下拨税(占总额的94%)和特别下拨税(占总额的6%),两者在弥补地方财源不足上的目的是一致的,但后者是对普通下拨税确定以后发生的灾害、欠收等情况和个别特殊情况提供的补充性财源。

2. 国家让与税。它是把作为国税征收的特定税种的收入按一定的客观标准转让给地方政府的一种税。目前共有五个税种,即地方公路让与税、液化石油气让与税、汽油吨位税、航空燃料税和特别吨位税。这五种税数量较少,专门用于公路和航空交通。前三种是作为道路修筑和维修经费的财源而转让给地方政府的,转让金额完全根据道路的总长度和面积等客观标准来确定,与征收地方无关。航空燃料让与税是为了维修机场和有关设施,防止飞机噪音等而转让给机场等有关地方政府的一部分财源。特别吨位让与税转让给征税地点,即港口所在地的市叮村,不指定专门用途。

3. 国库支出金。它是根据一定目的、条件由国库拨付给地方政府,用于特定支出的一种财政资金。按支出的性质和目的,它可分为三大类:国库负担金、国库委托金和国库补助金。在地方政府应办的事务中,有些关系到整个国家的利益,需要国家制定统一标准,由国家负担其全部或部分经费,国家为此而拨付的资金称为国库负担金,如义务教育中的教员工资等;有些事务本应由国家负担,但发生在地方,委托给地方办理,国家为弥补地方公共团体支出中用于这部分事务的支出,拨付给地方的国库支出金就是国库委托金,如国会议员当选费、自卫队驻扎费等;在地方兴办的事务中,有些事务国家认为需要通过补助的形式加以鼓励,这种国家出于行政上的需要,根据自身的判断而拨给地方的国库支出金就是国库补助金,如那些国家认为有利于工业均衡分布的地方开发工业用地等。

二、日本财政转移支付政策的评价

通过以上对日本政府间转移支付制度的介绍,可以看到,转移支付制度作为一项基本的宏观财政政策,在很大程度上平衡了各级政府间的财政能力,促进了国民经济的整体发展。它的特点具体表现为如下三个方面。

1. 财政转移支付分配的规范性。地方交付税根据地方交付税法管理。该法规定地方交付税应基于统一的公式;批准分配方案的最终权力属于国家议会。根据该法,总务省负责这种转移支付的操作和确定修正系数。不给予总务省批准公式和单位成本的最终权力,防止任何操纵分配的腐败行为。由于具有决定可以或多或少影响地方交付税的分配修正系数的权力,总务省也得到了一定程度的灵活性。

另外,总务省还负责搜集用于地方交付税计算的数据并对它们进行处理。每个地方长官都有责任向总务省提交这些数据,而每个市町村长则有责任向地方长官提交这些数据。地方政府在地方交付税的操作中发挥着什么样的作用呢?对于分配给县政府的地方交付税,所有人员能够做的只有搜集数据并把它们提交给总务省和地方自治信息中心。实际上,只有总务省在计算地方交付税。这种法律框架确保了没有哪个地方或高级官员可以在不影响其他许多地区的条件下有效地使地方交付税的分配有利于某个特别的地区。[①]

2. 因素量化的科学性。量化是科学合理的客观标志,转移支付制度作为协调中央财政与地方财政关系的杠杆,其转移支付量的测算是十分关键的,它直接关系到地方利益,也关系到中央补助额的大小及配置效率。日本对转移支付量的测算采用的是"因素法",如地方公路让与税、液化石油气让与税和汽油吨位税这三种让与税的转让金额便是根据道路的总长度和面积等客观标准来确定,做到了测算前的因素量化。

3. 调节力度的灵活性。日本的国家下拨税就是根据各地方财力充裕程度来确定其分配比例,实际上形成一种有效的分配管理机制。如对贫困地区下拨比例可占其财政支出的30%,而对财政收入充裕的东京则为零。

此外,日本的转移支付制度还具有法制化、透明度强的特点,这是西方许

---

① *Nobuki Mochida.* :《地方政府间的税收和政府间转移支付》,《政府间财政关系比较研究》,中国财政经济出版社 2004 年版,第 74 页。

多国家转移支付制度的共性。

第六节　国际比较的结论与启示

一、对财政转移支付政策的法律地位的分析(比照各国)

中国:转移支付制度只是形成了一些条例、办法、规定,不具有法的性质和地位。

法制化是财政转移支付制度的重要基础,健全的法规是规范财政转移支付制度的有力保证。德国通过《基本法》、《税收分配法令》和《联邦与州间财政平衡法令》对财政转移支付作了明确的规定。日本是实行地方自治基础上的财政转移支付,在《地方自治法》、《地方预算法》和《地方税法》中对财政转移支付的内容和方式作了严格而明确的规定。在加拿大,联邦政府对省和地方的转移支付,一部分是根据宪法修正案来加以实施的,另一部分则是按照联邦与省之间的协议来实施的。在澳大利亚、英国、意大利等国家的转移支付制度中,也无不体现着法制化的特点。

德国:转移支付制度编入《基本法》(宪法)

加拿大:《宪法》

澳大利亚:联邦政府与各州达成的协议

美国:联邦国会法案

英国:白皮书

俄罗斯:政策性法规

印度:财政委员会改革议案

从以上国家可看出,随着财政转移支付制度在国家法律中地位的递减,转移支付效果也随之递减。可以证明,财政转移支付制度的实施需要法律的强有力保证。因此,在中国应该尽快加速转移支付制度的法制化进程,明确转移支付制度的法律地位,以确保制度的效果。

二、对税收返还政策的分析(比照日本)

在世界上实行税收返还的国家,代表性的是日本和印度。日本的转移支付体系较典型的是税收返还。主要以公式计算为基础,首先,分别测算各地方公共团体(政府)的标准收入和标准支出需求,然后,对标准支出需求大于标准收入的地方政府进行分配税补助。这实际上是一种二次分配。

与中国不同的是,日本的税收是建立在精确计算基础上的,而并非如中国的简单的公式。并且中国地区间贫富差距比较大,税收返还很难达到均衡各地区财力的效果。

地方分摊税的计算公式如下:①

$$LAT_i = N_i - C_i$$

其中:LAT_i 代表分配给某个地区的地方分摊税,N_i 是该地区的基本财政需要,而 C_i 是该地区的基本财政能力。地方分摊税每年都要分配给财政需要超出财政能力的地方政府。

地方政府的基本财政需要根据下列公式计算:

$$N_i = P_{ik} \times U_{ik} \times M_{ik}$$

其中:P_{ik} 代表某个地区的服务系数,U_{ik} 代表该地区服务系数的单项成本,M_{ik} 代表该地区服务系数的调节系数。

地方基本财政收入的计算公式如下

$$C_i = G(B_{ij} \times t_j) + LTT_i$$

其中:G 是 0.75(城市)和 0.80(地区),B_{ij} 是某个地区的税基,t_j 是针对该税基的标准税率,而 LTT_i 是从地方转移税种获得的收入。

而中国的税收返还是建立在保护地方原有利益的基础上的,税收返还只能带来地区间不均等程度的加剧。这与我们实施转移支付制度的最初目标是相违背的。因此,在中国转移支付制度的不断完善过程中,不应该以税收返还作为转移支付的主流,必须使税收返还的程度不断地减少,以保证均衡目标的实现。

三、对专项拨款的分析(比照美国)

中国:专项转移支付的立项审批不规范,缺乏一套客观标准的事后监督指标体系,资金使用效益得不到有效监督。专项拨款的项目繁多复杂,有上百种

---

① 参见全国人民代表大会预算工作委员会:《中外专家论财政转移支付》,中国财政经济出版社 2003 年版,第 409—410 页。

之多。

美国:美国的专项转移支付具有比较完善的核定标准,按国会通过的公式,参照接受州或地方政府的人均收入、城市人口规模、税收征收状况等因素进行确定。举美国的均等受教育机会目标与教育补助为例。纽约州自 1812年即开始致力于提供均等的受教育机会,颁布了若干保证教育资金的法案以及按公式计算的州对地方的均衡性学校补助。1978—1979 年又实行按均衡公式计算的学校营运补助,即以每一个学生应享有学校财产价值总额的比例为基础进行补助。同时,对学校的专项补助也不断增加,以补助特别需要帮助的学生。20 世纪 80 年代中期开始,学校营运补助开始将地区之间的富裕程度考虑进公式,以期实现更进一步的均衡。

对于中国的专项转移支付制度,首先,建立规范的审批制度,严格审批程序,确立标准的核定办法,参照各种相关因素,按照公式计算拨款的数量和方向。其次,对于项目拨款,不但事前要考核其配套资金,事后也要有监督和反馈的机制,来检验专项拨款的使用效率。再次,专项转移支付与分类转移支付相协调,以减少繁多的具体项目,增加地方政府的自主性和资金使用效率。

四、对于一般性转移支付的分析(比照澳大利亚)

中国:中国的一般性转移支付制度收支计算的衡量标准采用的是基数法,这种方法存在分配的区域不均、目标模糊、效率低下等问题。

制度完善的国家:世界上大部分转移支付制度比较完善的国家,其一般性转移支付制度收支计算所采取的衡量标准都是因素法。

澳大利亚采取的衡量标准都是因素法,考虑了如地区的经济发展水平、税负高低、城市化程度、人均国内生产总值、人口教育状况、农业产值份额等因素,增强了转移支付制度的科学性与透明度。计算方法:选定影响收入和文出的若干因素→算出人均收支定额→各项人均收入和与各项人均支出和除以人数得出人均需要拨款额→按实际需要拨款总额进行调整。将影响政府间财政能力的因素和一些影响收入和支出的不可控因素(如偏远地区等)进行量化计算,使均衡支付更合理,更客观。对各州级政府实际发生的年度总财政收入与总财政支出取人口前五年的平均值也使计算更透明,相对稳定,相应减少了非经济因素如政治因素等对均衡分配过程的影响。

因素法需要数据完整、全面,而发展中国家往往数据、制度还不完善,中国应先选择几个基本的少量的、数据统计完全的因素,同时加强数据的统计工作,由简单向复杂逐渐过渡。

五、关于财政转移支付模式选择的分析(比照德国)

中国:在中国转移支付的形式是纵向转移支付,目前还没有横向转移支付模式。

德国:德国政府间转移支付是横向转移支付为主,纵向转移支付为辅的模式。德国联邦拥有主要的立法权,而州拥有主要的行政权,其收入、行政权力和支出权力高度分散的格局,为德国的横向转移支付提供了条件,同时联邦的法律规范保证了这种非州际自愿的横向均衡。其实施模式为:75%的州增值税按人均分配给各州,25%的州增值税分配给低于全国平均水平92%的州,州际之间直接转移支付使低收入州达到全国平均水平的95%,纵向转移支付使低收入州达到全国平均水平的99.5%。中国是中央集权制的国家,中央财政收入占财政总收入的大部分比重,而对于事权来说,地方政府的事权较多,政府部门是由中央、省、市、县、乡五级政府组成,这与德国的地方政府财权事权比较一致和政府组织形式是有所区别的。这就从根本上决定了,中国的转移支付制度只能采取以纵向转移支付为主,辅之以适当的横向转移支付,以促进地区间合作。

在对上述六国政府间转移支付制度进行简单评介之后,我们发现,尽管各国具体制度规定并没有一个固定的模式,而是呈现出多样化的特点,依客观国情而各具特色,然而,各国之间仍然存在一些原则性的特征。对这些要点的理解与掌握正是我们进行比较研究的重要目的。

第一,各国转移支付的规模都相当大,力度都相当强。同时,中央财政收入在国家总收入中占据主导地位,这是保证强有力的转移支付制度顺利实施的前提条件。从各国具体情况来看,美国联邦政府财政收入约占总收入的2/3,澳大利亚联邦政府每年用于转移支付的资金约占联邦年度预算支出的30%,日本的中央财政向地方财政转移支付占总支出的40%左右。

第二,转移支付制度相当规范,基本上实现了法律化和公式化,为该拨款体系的顺利运转提供了法律和制度保证。从前文评介中看出,尽管各国财政拨款的数目、种类都非常庞杂,但在具体的操作中都是有章可循、有法可依的,可以说是杂而不乱。这点非常值得我们借鉴。如德国在国家宪法《基本法》中对财政体制及政府间的转移支付都作了较详细的规定,日本政府的拨款依据和补助办法在《地方预算法》中有明确规定等。在德国,各级政府之间的事权都是由宪法明确规定的,据此而划分的财政收入和财政支出范围也由法律形式确定下来。一般来说,政府间转移支付制度的基本原则由法律形式确定,不能轻易改动,但对具体的计算公式或补助标准,财政部或专门的工作委员会有权根据实际情况作出修改,这体现了法制性和灵活性的很好结合。转移支付制度的法律化,对于中国建立科学、公平的转移支付制度至关重要,这是正确处理中央和地方政府财政关系、有效贯彻中央政府政策意图的充分保证,也是分税制改革成功与否的关键。

中国自1994年开始实行的分税制,虽然对各级政府事权作了规定,但还不够明晰和规范,存在一些不合理交叉。在安排地方经济与社会发展的项目时,中央部门投资或补助缺乏标准,而且在实施分税制后,短时期内下达了一系列补充规定,影响了分税制的法律性。因此,我们可以借鉴国外的先进经验,尽快建立和健全与财政转移支付制度相关的法律制度,形成转移支付制度的监督约束机制。各级政府的事权、支出范围和财政的划分,转移支付的具体方式、计算依据、公式及数量,转移支付的监管办法、预算和决算等内容的确定,都应以法律形式固定下来,并建立起相应的配套措施,例如必要的司法和审计举措,以保证转移支付制度在立法、司法和审计诸方面的互相配合与协调,从而确保转移支付制度的有效实施。

第三,各国都以因素法作为确定拨款额的主要依据,整个拨款过程较为客观、公正。从各国拨款所依据的公式构成来看,尽管在具体因素的选择上有所不同,比如加拿大衡量财政能力的指标是人均财政收入,而美国是人均收入,但都是选择一些能够反映各地财政能力和福利状况的因素作为确定拨款额的客观依据。这些客观性因素大都是地方政府难以控制的,由此使财政转移支付更容易实现其初衷。中国和德国相似,增值税都为共享税,但在增值税如何分享的具体做法上有较大的区别:他们在分配增值税时按各州人口数来分配,确实起到了均等化的作用;中国采用的税收返还办法实质上仍然保留了旧体制下收入分配不均的不合理因素,并把地区之间的收入差距加以保留且正当化。显然,这对于增强中央财政的实力,实行地区间的横向财政平衡是不利的,在这点上,我们不妨借鉴一下德国的做法,可以按照各个省、自治区或直辖市的人口数来确定具体的增值税分配比例,在分税的一开始就有意识地兼顾公平目标,逐步缩小税收返还的规模,最终彻底摒弃"基数法",实行"因素法"(考虑影响地方人均财政支出和收入的各项因素来确定对某地区的财政转移支付额)。

第四,在制度化的前提下,追求适度的弹性,以提高转移支付的效率。各国转移支付制度执行过程中,除了根据自身的特殊国情有所创举外,还就不断发展的社会经济形势进行微调,如加拿大一般每五年就会对具体的拨款公式进行调整,德国每年会对均等化拨款公式中的某些参数进行修正等。另外,在保持中央宏观调控前提下,适当增加地方政府对款项支配的决定权,以调动地方政府的积极性,提高拨款的效率,似乎已经成为近20年来各国转移支付制度改革的方向。如美国分类拨款在整个拨款体系中的重要性就在不断上升。

第五,从转移支付的方向来看,有横向转移支付与纵向转移支付之分。根据中国实际情况,我们可以借鉴德国的成功经验,实行纵向转移支付为主、横向转移支付为辅、纵横交错的转移支付制度。首先,中国中央政府财力比较紧张,具有横向转移支付的要求。改革开放以来,由于财政体制原因,中央政府的财务非常窘迫,已连续多年出现高额财政赤字,不得不靠发行国债维持,国债依存度高达50%以上,造成中央财政的沉重债务负担。在这种情况下,如果再单纯依靠中央财政的纵向转移支付来平衡地区间的财政差额,则会更加剧中央财政的财力紧张状况,从而影响中央政府行使宏观调控职能。因此,需要通过地方政府间的横向转移支付作为补充,既可均衡地区间的财力,又可减轻中央财政的负担。其次,地区财力差异很大,具有横向转移支付的能力。由于受自然、历史、现实条件所限,各地区经济发展极不平衡,地区财力极不均衡且差额较大。这表明,中国各地区财力差距大,涉及范围广,具备横向转移支付的条件,富裕地区有可能也有能力向贫困地区转移财力。再次,在中国实行横向转移支付具有一定的基础。过去中国虽然没有直接的横向转移支付方式。但是各地区之间的人才、物力方面的交流,对受灾地区的支援,发达地区对欠发达地区的对口扶持等形式(虽不规范、明确、固定),其实质是地区之间的横向转移支付,并且取得了一定的成效。这表明,在中国实行地区间的财政横向转移支付是完全有可能的。最后,纵横交错的转移支付方式除能综合单向转移支付方式的优点外,其最大的特别之处是:能够充分发挥中央与地方政府、财务转出地区和财力转入地区两个方面的积极性与主动性。中央政府的纵向转移支付,既体现了中央政府的宏观政策与权威,又调动了地方政府积极配合、有效使用转移支付资金的积极性。地方政府间的横向转移支付,既能在一定程度上减轻中央政府的压力(包括财政方面的压力和为减少支出而与地方财政讨价还价的精神压力),又使财力转出地区与财力转入地区直接见面,形成明确的授受关系,有利于增强转移支付的透明度,提高资金的使用效率。

　　当然,各国在转移支付制度执行的过程中也暴露出一些普遍的问题,这主要表现在中央政府财政压力加大和受补政府财政对拨款依赖性增加两个方面。由此看来,有关效率和公平的权衡也是各国财政转移支付领域的永恒话题。

第二章　中国地区间财政均等化的理论分析

第一节　在中国建立地区间财政均等化的必要性

庄乾志认为在中国建立财政均等化的必要性有以下四点：

1. 经济发展和公共服务水平差距的存在，造成人口的逆向流动，即人力资本从落后地区移向发达地区，使地区发展水平的差距拉大。落后地区希望中央安排一些大型投资项目，但因其公共服务差，投资项目的配套服务资金相对较多，投资回报率要低，效益也差。

2. 中国是一个多民族的单一制国家，各地经济、文化、社会条件差别很大，而且地区差距有继续扩大的趋势。如果中央政府不能保证各地区居民享有大体均等的公共服务水平，就会影响民族团结、国家安全和社会稳定。

3. 适应建立市场经济新体制的要求，政府职能也要相应转变。中国经济体制改革的目标是要建立社会主义市场经济。在这种体制下，国家财政的一个重要职能就是向社会公共服务活动和公共商品生产提供资金支持。为了保证各地区居民都能享受到最低的公共服务水平，需要通过财政均等化制度来实现财政资金的合理配置。

4. 财政均等化制度是适应市场经济要求的财政体制的重要组成部分，理顺财政体制是企业体制、投资体制改革的先决条件。[1]

陈宪、张恒龙的研究认为能否实现财政均等化，使辖区内居民都能享受到大体相同的公共服务，将对社会经济和政治产生重要影响。[2] 首先，实现财政

---

① 参见庄乾志：《中国财政均等化问题研究》，《财政研究》1995 年第 8 期，第 23—26 页。

② 参见陈宪、张恒龙：《分税制改革、财政均等化与政府间转移支付》，《学术月刊》2008 年第 5 期，第 56—61 页。

均等化有利于提高资源配置的效率。一方面,根据边际效用递减规律,分别向财力不足地区和财力充裕地区提供相同财力,以增加公共产品供给,前者所产生的效用比后者要大。增加对财力不足地区的补助,将提高该地区公共产品的供给能力,减轻财力充足地区的长期负担。在不改变财力充足地区公共服务供给水平的前提下,改善财力不足地区的供给状况,将出现帕累托改进,从而实现社会福利最大化。

另一方面,公共服务均等化有助于提高有限财政资源的使用效率。无论是长期处于财力充裕、满足基本公共服务需求后仍有大量财力剩余的政府,还是长期处于收不抵支困境的政府,都有可能缺乏提高公共支出效率的动力。前者可能因为预算约束较松而放松支出管理,后者则可能因为看不到改善的希望而放弃了改进的努力。因此,实现公共服务水平均等化,有助于改变这种不均等的局面,提高资源的使用效率。

最后,实现财政均等化有助于维护社会政治稳定。如果一些地区的财政收入难以提供基本的公共服务,如社会治安、行政服务等,社会局势将难以控制,经济增长及效率必然受到破坏。实现公共服务均等化,可以形成社会公正的独立价值观念,有利于增强国家的凝聚力,促进经济与社会健康发展。世界许多国家经验都表明,落后地区长期得不到中央政府的强有力财政支持,难以改善经济与公共服务状况,会使这些地区产生离心倾向。例如,英国的苏格兰、比利时的沃伦斯和前南斯拉夫的科索沃地区等。对于财力相对充裕的地区而言,利益刚性心理的持续时间越长,利益格局调整的难度就越大,当长期不断拉大的公共服务水平差距危害到国家长治久安时,就必然迫使中央政府采取措施予以矫正,但是,此时中央政府的均等化措施将受到较大的阻力。

刘黎明、刘玲玲、王宁的研究认为在地区贫富差距较大时,财政转移支付制度,首要考虑的因素是公平。这可以用反证法来证明。假设只注重效率,由于发达地区所产生效率高于落后地区所产生的效率,那么转移支付应尽可能多地转向发达地区,这样产生的经济效率会更高。但是,这将拉大发达地区与落后地区的贫富差距,导致落后地区更加贫困,大量失业、消费水平降低、犯罪率上升、落后地区向发达地区大规模的人口单向迁移,造成社会经济的不稳定。对于发达地区来说,由于外来人口的大量涌入,原有的资源配置被破坏,使投资环境变得更加恶劣,再加之社会经济的不稳定和落后地区潜在市场不能开发,必然最终影响到经济效率,导致全社会经济效率下降。因此,在地区贫富差距较大时,公平目标是政府首要考虑的因素。当然,转移支付在注重公平目标的情况下也要考虑效率。这是因为单纯地考虑公平,就意味着将转移支付的绝大部分转向落后地区,以缩小地区间的贫富差距。而这样又会产生一种负面效应,即发达地区扩大再生产的能力可能被降低,同时也使发达地区失去发展经济的积极性,使整体的经济效益和增长速度下降。如果转移支付单纯考虑公平,从短期看,财政转移支付的再分配会降低发达地区的经济增长速度,同时也不一定会促进落后地区经济的明显增长,反而使落后地区增加较多的依赖思想。[1]

第二节　地区间财政不均等的形成机理

影响地区间财政不均等的因素是多方面的,有主观的和客观的,有自然的和历史的,有体制的和政策的,有社会的和经济的,有投入的和产出的等等。各个方面的因素共同作用并决定着地区间的财力分配格局,进而形成相应的地区间财政不均等的现实。以下着重研究地区间财政不均等的形成机理,主要探讨经济管理体制、经济发展水平、财政管理体制以及人口密度与财政供养系数等因素对地区间财政不均等化的影响,并以此寻找出一般性的作用规律。

一般地说,地区间资源禀赋及其资源利用能力、利用效率与财力呈正相关关系。在其他条件既定的情况下,地区间资源禀赋的均衡程度与资源利用能力、利用效率的差异程度,决定着地区间财力差异的程度;经济管理体制决定着一定时期内的国民经济的运作方式、资源的配置方式和生产力的地区布局,决定着地区间经济发展水平差异和经济结构的差异;地区间现实的经济结构和生产力发展水平差异决定着地区间经济的财力产出能力差异;财政管理体制是国家管理、规范财政分配关系,合理划分各级政府之间财政管理权限及确立预算组织原则的基本制度,财政管理体制对地区间财力差异起着直接的决定性作用,财政管理体制确定的规范和合理与否,直接决定着地区间财力差异

---

① 参见刘黎明、刘玲玲、王宁:《转移支付中的公平与效率》,《预算管理与会计》2000年第2期,第16—18页。

的大小。财政管理体制的核心问题是财权的划分,财权划分的适度与否及其效果,同级政府之间的财政资源的多少以及它们在使用这些财政资源时的自主程度对地区间财力差异具有重要的影响。一般情况下,规范性体制下的地区间财力差异相对小于非规范性体制;体制调控能力强,则地区间财力差异小;反之,则地区间财力差异大。此外,人口密度、人口构成与地区间财力差异亦存在着一定的相关关系。

一、经济发展差距、收入分配体制与地区间财政不均等

经济决定财政,财政反作用于经济。财力源于一定时期国民经济所创造出来的社会产品。也就是说,在不存在财力横向调节机制的情况下,地区间经济发展差距决定着地区间的财力差异,这从两个方面体现出来。

一是生产力发展水平。生产力是国民经济发展的基础,也是社会生产发展的根本动力。一个地区或国家的生产力发展水平决定着该地区或国家国民经济的发展水平,有什么样的生产力水平,就会有什么样的经济发展水平。在同等投入的情况下,国民经济所创造的社会产品在生产力发展水平高的地区比在生产力发展水平低的地区多。在地区间国民收入分配政策相同的情况下,生产力发展水平高的地方,政府来源于辖区内社会产品并通过税收等手段积聚的政府财力就大;反之,生产力发展水平低的地方政府,其源于辖区内社会产品并通过税收等手段积聚的财力就小。也就是说,地区间生产力发展水平差距越大,地区间财力差异就越大;地区间生产力发展水平差距越小,则地区间财力差异就越小。

二是经济结构差距。经济结构差距是指地区间国民经济在结构上的差异。经济结构差距对地区间财力差异的影响主要体现在不同的产业、产品结构所能提供的税收收入能力不同。有的行业和产品提供的税收较多,有的行业和产品提供的税收相对较少。因此,经济结构对政府财力具有重大影响,不同的经济结构会形成不同的财力来源,进而形成不同的财力规模。

从国民经济三大产业看,每一产业的劳动生产率与财政贡献率是不同的。从历史和现实的经验知道,在三大产业中,第一产业在市场经济中的劳动生产率相对低于第二和第三产业,属脆弱经济,受国家专门保护,各国对第一产业均采取低赋税政策,以及采取保护价、价格补贴等政策来支持第一产业的发展。一般而言,同等规模的第一产业经济所形成的社会投资利润相对小于第二产业或第三产业经济,其所能提供的税收收入也小于第二和第三产业。因此,一个地区三大产业的结构如何,对所在地区政府财力的多寡具有举足轻重的作用。如某地区的经济属农业主导经济,或者说第一产业在国民经济中占据着较大的比重,那么,该地区国民经济的宏观税负率就相对较低,反之,某地区的经济已实现工业化或商业化,或者说第二产业与第三产业在该地区国民经济中占据着主导地位,那么该地区国民经济的宏观税负能力就较高,或者说该地区政府所拥有的财力就大。

二、经济管理体制与地区间财政不均等

经济管理体制是指国民经济的管理方式、管理机构和管理方法构成的整个体系。其内容主要是如何组织社会的生产、分配、交换和消费,如何划分经济管理中各经济利益主体的权限和责任以及有关机构的设置等。因此,经济管理体制决定着国民经济的运作方式、资源的配置方式和生产力的地区布局以及收入的分配格局,并在一定程度上决定着地区间的经济结构和经济发展水平,影响着地区间利益主体的财力分配格局和财力差异状态。从经济管理体制的构成要素看,对地区间财力分配和地区间财力差异影响最大的是经济发展规划、资源的配置方式、投资管理体制与收入分配制度。

资源配置方式主要有两种类型:集权型的计划配置方式和分权型的市场配置方式。在集权型的计划配置方式下,资源配置的权利绝大部分集中在中央政府及地方各级政府的手中。其最大优点是中央政府对经济发展具有强大的推动和决定作用,但由于这种资源配置方式不反映供求关系,不计成本和利润,造成资源配置效率低下,整体国民经济效益低。分权型的市场配置方式是社会主义市场经济条件下资源配置的基本方式。在这种配置方式下,市场对资源配置起着基础性的作用,政府对市场配置失效的地方进行必要的干预。其对地区间的财力分配格局及其地区间财力差异的影响是重大的。从其正面效应看,分权型市场资源配置方式,由于它注重市场的供求关系,讲求成本,追求利润等,使得国民经济的创造力增强,国民经济的整体效益提高,由此使直接来源于国民经济的政府财力相应增加。从其负面效应看,由于分权型市场配置的基本动力是追求利润的最大化,这必然会使资源配置流向可获取最大

市场利益的地区或产业,使得地区间经济发展的非均衡性加大,在政府调节不力的情况下,会造成地区间经济发展的马太效应。与经济发展非均衡倾向相对应,地区间财力差异也会加剧。

收入分配体制是指确定社会各利益分配主体在参与国民经济所创造的社会产品分配中所占比例的制度。在社会主义市场经济条件下,私有财产和劳动者个人合法所得受国家法律保护,政府、企业、个人三者在社会产品分配中的份额是通过规范的制度与市场调节机制来确定的。在这一制度下,国家按公平与效率兼顾的原则,对企业与个人实行按劳分配和按要素分配相结合的方式进行,国家或政府参与社会产品的分配必须按严格的制度规定进行。在国民经济发展水平既定的情况下,分配制度的分配取向及其变化,决定着各方面的财力分配关系及各利益分配主体的财力状况。在社会主义市场经济条件下,尽管在分配制度的改革和设计上,必须体现公平与效率相兼顾的原则,但在公平与效率矛盾突出或尖锐的地方,则以效率为优先原则来制定相关的分配制度和政策。如中国改革开放以来一直执行的"让一部分人和一部分地区先富起来"的政策,就是效率优先政策的最好例证。而党的十七大明确提出"缩小区域发展差距,必须注重实现基本公共服务均等化",则表明随着经济的发展,对公平的注重程度越来越高。

三、财政管理体制与地区间财政不均等

财政管理体制是国家规范财政分配关系,合理划分各级政府之间、国家与行政事业单位之间财政管理方面的职责、权力、财政收支范围、利益以及确立预算组织原则的基本制度。财政管理体制对各财政分配主体,特别是对各级政府的财权、财力划分,既要以它们各自的事权范围或其承担的财政责任为基础,又要以履行政府职能所需的财力保障的落实作为体制规范的目的与归宿。财政管理体制在规范、处理各级政府间的财权划分和相应的财力分配关系时,尽管在不同经济发展阶段和不同的经济运行模式下存在着不同的情况,但充分考虑其履行政府职能的基本需要,努力做到事权和财权的统一,对履行政府职能提供基本的财力保障,则是财政管理体制需要优先和侧重考虑的一个重要方面。财政管理体制是影响地区间财力差异的最基本因素之一。

在财政管理体制的各个组成部分中,对政府财力影响较大的是国家预算

管理体制和国家税收管理体制。国家预算管理体制是财政管理体制的核心内容或核心环节,是中央政府同地方政府以及地方各级政府之间规定预算收支范围和预算管理职权的根本制度。在国家财力既定的情况下,预算管理体制确定着各级政府所拥有的财力占整个国家财力的比重,即规定着整个国家财力在各级政府间的分配格局以及同一级序的不同政府所拥有的财力的大小。因而也就确定了各地区间的财力差异程度。在预算管理体制中,财政转移支付制度是调节地区间财力差异的最根本的方法和措施。

财政转移支付制度是指中央政府与地方政府之间以及各级地方政府之间的一种财力资源转移。它是由于中央政府与地方政府之间财力分配的纵向不平衡和各地区之间的财力分配横向不平衡而产生的,是国家为了实现区域间经济社会协调发展而采取的一项财政政策。财政转移支付的根本目标是要实现中央政府与地方政府之间的财力纵向平衡和各地区之间的财力横向平衡。因此,财政转移支付制度是调节上下级政府之间财力纵向不平衡和各地区之间财力横向不平衡的一个重要工具。目前,财政转移支付在西方发达国家的整个财政支出中占有相当大的比例,财政转移支付制度已成为这些国家处理中央与地方政府以及各级地方政府之间财政分配关系的惯常做法和基本手段。

税收管理体制是指国家凭借其政治权力,在参与社会产品分配的过程中,为了体现国家的意志和保证税收分配活动的实现,通过建立一定的税收法律、制度、政策措施,对税收活动自觉地进行计划、组织、协调和控制,使整个税收分配活动按照国家意志顺利运转的一系列组织工作。税收管理体制的内容主要包括:税收政策的制定和调整,税法的颁布、实施和解释,税种的开征、合并和停征,税目的增减和税率调整,税收减免等。从税收管理体制的内容构成看,每一项内容都涉及政府的税收收入,而税收收入是政府财力的主要来源。也就是说,税收管理体制的每一项内容的变动或者在各级政府之间的不同分工和划分,都会直接影响甚至改变整个财力在各级政府之间的分配格局,并在一定程度上影响和决定地区间财力差异状况。税收管理体制对地区间财力差异的影响集中体现在两个方面:第一,中央政府在行使税收管理权力时实行地区倾斜。即中央政府为了达到某一特定的财政目标而对某些特定的地区实施相对宽松的税收政策,如低税率、减免税等。第二,中央政府在行使税收管理权力时,通过产业差别税率或差异税收政策产业倾斜。即中央政府为了达到特定的财政目标而对特定的产业实施特殊的税收政策和制度性倾斜。

事实上,在一个国家内部,国民经济中各产业的地区分布是不均衡的,或者说地区间的产业结构是不同的,即使三大产业在国民经济中所占的比重基本相同,但各产业内部的行业、产品结构也存在着较大的差异。在这种情况下,中央政府通过产业差别税率或差异税收政策实行产业倾斜扶持,将会扩大地区间财力差异。因为对于产业结构不同的地区来说,尽管国家对同一产业实行相同的税收倾斜,但对于同一产业在某一地区可能属于经济强势产业或主导产业,而在另一地区可能属于经济弱势产业或幼稚产业,从而构成地区间获取或享受中央政府税式支出的差异。

四、其他因素

影响地区间财力差异的因素,除前面论述的与政府行为高度相关的因素外,还存在着一系列非完全政府行为的因素。如自然条件与地理环境、民族构成与民族风俗、人口密度与人口素质等方面的地区间差异,都会不同程度地对地区间财力差异产生影响。

自然条件与地理环境差异对地区间的财力差异从两个方面产生影响:一是地区间自然条件与地理环境的差异会形成地区间经济发展差异,进而导致地区间的财力差异;二是地区间自然条件与地理环境的差异会形成财政职能运作成本差异,进而导致地区间财政职能运作对财力需求规模产生差异。这其实是同一矛盾的两个方面,即地区间财力供给能力的差异与地区间财力需求规模的差异。自然和地理环境差的地区,财政供给能力低而提供单位公共服务所需的财力需求规模大;而自然条件和地理环境优越的地区,财力供给能力强而提供单位公共服务所需的财力需求规模相对较少。这一矛盾的协调过程即是政府调节地区间财力差异的过程。

就民族构成与民族风俗对地区财力差异的影响而言,单一民族地区政府对辖区内公民所提供的社会公共品是同一的,因而其所提供的社会公共品的社会和经济的规模效益是较大的,其财政职能运作的成本相对较低。而多民族地区,由于各民族的语言文字不同、社会经济习俗不同、物质文化需要不同,进而形成各民族特定的社会共同需要,这就要求多民族地区政府必须根据不同民族的共同需要提供社会公共品,以满足各民族不同的共同需要。如多民族地区政府要用多种文字印刷公文、以多种语言文字行政、以多种语言文字教学甚至设立各民族专门学校、设立各种民族医院等。所有这些,均使得多民族地区政府的财政职能运作成本增加,形成比单一民族地区大的财力需求。进而形成地区间因民族构成和民族习俗差异而造成的财力需求规模差异,并在一定程度上影响地区间的财力差异。此外,出于对国家统一的政治考虑,民族地区往往成为中央政府财力倾斜的对象。

第三节　地区间财政均等化分配的目标模式

综观各国财政均衡制度,均衡目标的选择和制度设计是两个最重要的部分。而均衡目标的选择是制度的重要基础,它指导和规定着制度设计的方方面面,包括具体目标的设计、实现目标的具体技术方式、制度的实施和评价、制度的进一步改进等。① 现代财政均衡制度的目标是保证各级政府有较均衡或均等的财政能力以提供全国范围内较均等的基本公共服务。由于公共服务的提供者是政府,因此,在实践中,许多国家将此目标量化为如何界定政府间提供均等的公共服务的财政能力,由此而衍生出不同的财政均衡的具体目标。从本研究报告所选择的几个国家来看,主要包括以下几种具体目标:

一、目标选择一:均衡政府间人均财政收入

选择此目标的国家包括加拿大和德国。此目标的主要特点是使各地区(一般为省或州政府)获得均等的人均财政收入,其优劣势比较见表 2 - 1。

加拿大的财政均衡目标被写入了宪法。根据宪法第 36 条,加拿大联邦政府需对省级政府提供"均衡性补助"(Equalization Payment),"以使各省级政府在征收合理的可比水平的税收的情况下,有足够的收入提供合理的可比水平的公共服务"。在此,财政均衡的目标实际上被定义为使各省级政府有足够的可"提供合理的可比水平的公共服务"的"收入"能力,条件是"在征收合理

---

① 参见贾康等:《国外财政均衡制度的考察与借鉴》,《经济研究参考》2006 年第 10 期,第 15—28 页。

的可比水平的税收的情况下"。根据此定义,均衡目标包括两方面:一是均衡
税收负担,二是均衡财政收入。但实质上两者都可以理解为财政收入的均衡,
即省级政府均衡的财政收入应基于均等的税负。加拿大宪法设定的均衡财政
收入目标在实践中被具体化为均衡政府间人均财政收入的目标。

表 2 - 1 均衡政府间财政收入的财政转移支付模式的优缺点

优　点	缺　点
·目标相对合理:根据加拿大的观点,一般来说,地区间基本均衡的人均财政收入,能保证基本均等的公共服务的提供,因为地区间公共服务的成本差异在一定程度上被差异本身所抵消。 ·除特殊地区外,人口少的地方提供某些公共服务的成本也降低。 ·人均国内生产总值低的省份人均工资低,住房成本等也低,提供某些公共服务的成本也相应降低。 ·目标相对单一:一般来说,目标越单一,越容易实现。其他目标如对一些特别地区的特别支出或服务成本偏高的项目,可通过特别补助进行弥补。 ·制度相对简化:与澳大利亚的既考虑收入能力又考虑支出需求和公共支出成本从而导致复杂制度的均衡目标相比,人均财政收入目标使制度相对简化。	·目标尚欠公平:地区间差异导致公共服务的支出需求和公共成本差异,这些差异有的能被抵消,但不可能完全抵消。仅均衡人均收入而不考虑支出需求和成本差异,对需求多而成本高的地区不公平。 ·数据获取问题:在制度设计时如果以历史数据为依据,则不适应动态的要求;如果以预测数据为依据,则对数据的要求较高。但选择其他目标也存在类似的问题。

资料来源:贾康等:《国外财政均衡制度的考察与借鉴》,《经济研究参考》2006 年第 10 期,第 15—
28 页。

二、目标选择二:均衡政府间标准财政收入与标准财政支出的差异

选择此目标的国家包括澳大利亚、日本和俄罗斯。其中澳大利亚和日本
均以标准收入和标准支出为基础,使标准收入与标准支出的差额达到均衡。
俄罗斯稍有不同,只是在计算均衡补助时考虑收入因素和支出因素。该目标
的主要优劣势比较见表 2—2。

1977 年澳大利亚联邦政府与各州达成协议,将联邦政府对各州进行财政
均衡性补助的原则确定如下:"每州都应能使州政府在不提高税率的基础上,
提供与其他州相同的所有现有项目的政府服务。为此,在计算均衡性补助时
各州收入能力的差别和提供可比的政府服务的相对成本差别都应被考虑
在内。"

财政均衡的目标在此被定义为各州政府在"不提高税率的基础上",考虑

"各州收入能力的差别和提供可比的政府服务的相对成本差别"的基础上,有财政能力"提供与其他州相同的所有现有项目的政府服务"。虽然 1999 年对该原则作了重新表述,但核心内容未变。

表 2-2　均衡政府间标准财政收入与标准财政支出
差异的财政转移支付模式的优缺点

优　点	缺　点
·目标比较合理:因综合考虑提供公共服务的财政能力,包括收入能力和支出需求,兼顾了地区间收入能力的差异和支出水平的差异,比较合理。 ·制度基础相对客观:因考虑的因素众多,避免了单一因素或过于主观,使制度建立在相对客观的基础之上。	·制度复杂:因影响收支的因素较多,容易导致制度设计复杂化。如澳大利亚的30 多项收入因素和 60 多项支出因素,使其均衡拨款的计算非常复杂。 ·对数据要求高:因涉及因素多,而且以预测数据为主,因此,实现该目标对数据的要求较高,数据体系不完善的发展中国家受到制约。

资料来源:贾康等:《国外财政均衡制度的考察与借鉴》,《经济研究参考》2006 年第 10 期,第15—28 页。

三、目标选择三:均衡人均财政支出

选择此目标的国家包括英国。在收入高度集中的体制下(如英国近年来的集中程度达 95% 以上),均衡人均财政支出更有意义,因为各级政府的注意力并不在于如何保护本级收入权利并获得更多的自有收入上,而更关注地区间政府能否有均等的公共支出水平。其优劣势比较见表 2-3。

1978 年之前,英国一直根据高森公式按各地区人口比例均衡财政收入(补助),20 世纪 70 年代中后期迫于各方压力,英国财政部与各地区进行了一次财政需求评估(Needs Assessment),得出的结论是苏格兰与北爱尔兰的财政支出水平超过其实际支出需求。

1978 年以后采用巴勒特公式(Barnett Formula),改为以英格兰的人均财政支出为基准,对各地区进行增量调整,即当英格兰调整某项人均财政支出时,其他各州也须进行相应调整。随着英格兰各项支出水平的逐渐调整,其他各地区的人均财政支出水平将逐渐接近或达到英格兰的水平,最终达到各地区人均公共支出趋同。

表 2 - 3 均衡政府间人均财政支出的财政转移支付模式的优缺点

优 点	缺 点
·对数据要求相对较低:因人口是均衡的主要因素,对其他数据要求相对较低。 ·使制度相对简化:因主要考虑支出因素,使制度相对简化。	·比较适合收入高度集中的体制。 ·考虑因素较少,欠公平:人口因素不能代表所有的支出需求差距,某些地区性差异不能体现在均衡目标中,目标尚欠公平。

资料来源:贾康等:《国外财政均衡制度的考察与借鉴》,《经济研究参考》2006 年第 10 期,第 15—28 页。

四、目标选择四:均衡某些公共服务项目

一些国家通过专项转移支付的方式(包括美国的一些专项转移支付项目)均衡某些公共服务项目。最典型的例子是教育。均衡公共服务项目的优劣势比较见表 2 - 4。

表 2 - 4 均衡政府间某些公共项目服务的财政转移支付模式的优缺点

优 点	缺 点
·直接使公共服务均等化:与一般性均衡各级政府提供公共服务的财政能力不同,该目标直接针对某项公共服务,使该项服务均等化。 ·有利于实现均等化目标:因直接使某公共服务均等化,利于制定该服务项目较统一的均衡标准,并通过专项资金实现均等化目标。	·仅适用于某些公共服务项目:并不是所有的公共服务项目都适用这种直接的均等。 ·补助项目繁多:有时同一项目领域有多种不同目的的专项补助,并可能由多个部门分管,可能造成项目繁多,程序复杂。

资料来源:贾康等:《国外财政均衡制度的考察与借鉴》,《经济研究参考》2006 年第 10 期,第 15—28 页。

第四节 中国地区间财政均等化的路径选择

中国是个人口众多的多民族国家,地域广阔,各地区之间自然条件差异很大,经济发展水平很不平衡,公共支出成本的差异也较大,仅仅通过对人均财政收入和影响人均财政收入因素的测算,很难反映各地公共支出成本方面的差异,无法在中国实现有效的均衡,因此采用财政能力均等化模式可能更有利于为地方政府提供足够的资金,从而使公共支出成本高的地区也有机会享受

国家最低标准的公共服务。建立以地区财政能力和财政需求为基础的财政转移支付,必须在辖区间合理分配税基和准确计量税负输出,并考虑财政努力的因素。

第三章　中国地区间财力差异的地区分解

对地区间财力差异的研究可以从两个层面展开,一是从财力的空间层面进行的地区分解,二是从财力的构成层面进行的结构分解,从统计上说,前者是对样本进行分组,将总体差异纵向分解为地带内差异和地带间差异,并计算它们对总体差异的贡献。后者则是对变量进行分组,将总体差异横向分解为各分变量差异,并计算各分变量差异对总体差异的贡献。第四章和第五章是从财力的构成层面进行的结构分解,将财力分解为财政转移支付和财政收入,分析财政转移支付和财政收入的主要项目对地区间财力差异的影响。本章使用 Theil 系数从空间层面对地区间财力差异状态作出描述,并从税收政策、财政体制的角度探讨中国地区间财力差异的形成原因。

第一节　研究方法

许多方法可以用来衡量和分解经济的空间不平等性,如标准差、变异系数、加权变异系数、基尼系数、Theil 系数等。其中 Theil 系数有以下几个优点:(1)可以将地区间差异按地区结构进行多层次分解;(2)采用经济规模加权;(3)如果所有区域的平均收入和人口规模变动相同的比例, Theil 系数不变;(4) Theil 系数不受考察的空间单元个数的限制,从而可以用来比较不同区域系统内的经济差异。[①] 下面我们根据财力和人口数据从两个层面分解 Theil 系数。

如果以财力比重加权,以省(包括直辖市、自治区,下同)为单位的中国地

---

①　参见贺灿飞、梁进社:《中国区域经济差异的时空变化:市场化,全球化与城市化》,《管理世界》2004 年第 8 期,第 8—17 页。

区间财力差异程度的 *Theil* 系数可以定义如下：

$$T_P = \sum_i \sum_j \frac{R_{ij}}{R} Ln\left(\frac{R_{ij}/R}{N_{ij}/N}\right) \quad \cdots\cdots\cdots\cdots\cdots\cdots (3-1)$$

其中：R_{ij} 是 i 地带中 j 省的财力，R 为全国的财力，N_{ij} 是 i 地带中 j 省的人口数，N 为全国人口数。

如果定义 T_{pi} 为 i 地带内省际间的差异

$$T_{pi} = \sum_j \frac{R_{ij}}{R_i} Ln\left(\frac{R_{ij}/R_i}{N_{ij}/N_i}\right) \quad \cdots\cdots\cdots\cdots\cdots\cdots (3-2)$$

其中：R_i 和 N_i 分别为 i 地带的财力和人口；同时定义

$$T_{BR} = \sum_i \frac{R_i}{R} Ln\left(\frac{R_i/R}{N_i/N}\right) \quad \cdots\cdots\cdots\cdots\cdots\cdots (3-3)$$

那么，中国省际间的财力差异可以分解为地带内差异和地带间差异之和：

$$T_P = \sum_i \sum_j \frac{R_{ij}}{R} Ln\left(\frac{R_{ij}/R}{N_{ij}/N}\right) = \sum_i \frac{R_i}{R} T_{pi} + T_{BR} = T_{WR} + T_{BR} \quad \cdots\cdots (3-4)$$

如果以人口比重加权，以省（包括直辖市、自治区，下同）为单位的中国地区间财力差异程度的 *Theil* 系数（T_p）可以定义如下：

$$T_P = \sum_i \sum_j \frac{N_{ij}}{N} Ln\left(\frac{N_{ij}/N}{R_{ij}/R}\right) \quad \cdots\cdots\cdots\cdots\cdots\cdots (3-5)$$

其中：R_{ij} 是 i 地带中 j 省的财力，R 为全国的财力，N_{ij} 是 i 地带中 j 省的人口数，N 为全国人口数。

如果定义 T_{pi} 为 i 地带内省际间的差异

$$T_{pi} = \sum_j \frac{N_{ij}}{N_i} Ln\left(\frac{N_{ij}/N_i}{R_{ij}/R_i}\right) \quad \cdots\cdots\cdots\cdots\cdots\cdots (3-6)$$

其中：R_i 和 N_i 分别为 i 地带的财力和人口，同时定义

$$T_{BR} = \sum_i \frac{N_i}{N} Ln\left(\frac{N_i/N}{R_i/R}\right) \quad \cdots\cdots\cdots\cdots\cdots\cdots (3-7)$$

那么，中国省际间的财力差异可以分解为地带内差异和地带间差异之和：

$$T_P = \sum_i \sum_j \frac{N_{ij}}{N} Ln\left(\frac{N_{ij}/N}{R_{ij}/R}\right) = \sum_i \frac{N_i}{N} T_{pi} + T_{BR} = T_{WR} + T_{BR} \quad \cdots\cdots (3-8)$$

财政部曾对东中西部地区覆盖范围作了明确划分，既然是研究财政问题，

所以本章依据财政部的《关于明确划分东中西部地区区域划分的意见》(财办预〔2005〕5号)对东中西部地区进行划分。东部地区包括北京、天津、辽宁、上海、浙江、福建、江苏、广东、山东九省;中部地区包括河北、山西、吉林、黑龙江、安徽、江西、河南、湖北、湖南、海南十省;西部地区包括内蒙古、广西、重庆、四川、贵州、云南、西藏、陕西、甘肃、青海、宁夏、新疆12省。本章中各地区地方一般预算收入和各地区财力的数据来源于相应年份的《地方财政运行分析》,各地区总人口的数据来源于相应年份的《中国统计年鉴》。

第二节 中国地区间财力差异的地区分解

一、以财力比重加权的计算结果

根据公式(3-1)、(3-2)、(3-3)、(3-4)计算得出1997—2009年中国地区间财力差异的 *Theil* 系数。

表3-1 1997—2009年中国地区间财力差异的 *Theil* 系数(财力加权)

年份	总差距	地带内差距	地带间差距	东部地区	中部地区	西部地区
1997	0.1541	0.0861	0.0680	0.0878	−0.0159	0.0142
1998	0.1451	0.0841	0.0609	0.0844	−0.0142	0.0139
1999	0.1403	0.0849	0.0554	0.0818	−0.0112	0.0143
2000	0.1165	0.0706	0.0459	0.0678	−0.0099	0.0127
2001	0.1243	0.0751	0.0492	0.0686	−0.0097	0.0162
2002	0.1242	0.0757	0.0484	0.0693	−0.0110	0.0174
2003	0.1287	0.0748	0.0538	0.0711	−0.0115	0.0152
2004	0.1219	0.0761	0.0458	0.0713	−0.0100	0.0148
2005	0.1124	0.0738	0.0385	0.0688	−0.0097	0.0147
2006	0.0934	0.0622	0.0311	0.0576	−0.0087	0.0133
2007	0.1029	0.0756	0.0273	0.0572	0.0051	0.0133
2008	0.0886	0.0679	0.0206	0.0506	0.0056	0.0117
2009	0.0775	0.0614	0.0162	0.0427	0.0051	0.0136

资料来源:根据相应年份《中国统计年鉴》和《地方财政运行分析》有关数据计得出。

表3-2 1997—2009年中国地区间财力差异的贡献率(财力加权)

年份	地带内差距	地带间差距	东部地区	中部地区	西部地区
1997	55.89%	44.11%	56.95%	-10.29%	9.23%
1998	57.99%	42.01%	58.20%	-9.79%	9.58%
1999	60.55%	39.46%	58.33%	-7.98%	10.20%
2000	60.62%	39.38%	58.23%	-8.53%	10.92%
2001	60.44%	39.55%	55.21%	-7.82%	13.05%
2002	61.05%	38.95%	55.83%	-8.82%	14.04%
2003	58.18%	41.82%	55.26%	-8.90%	11.82%
2004	62.42%	37.58%	58.52%	-8.23%	12.13%
2005	65.72%	34.28%	61.23%	-8.60%	13.09%
2006	66.65%	33.35%	61.71%	-9.27%	14.21%
2007	73.45%	26.55%	55.58%	4.97%	12.90%
2008	76.72%	23.28%	57.09%	6.37%	13.26%
2009	79.15%	20.85%	55.08%	6.53%	17.54%

资料来源:根据相应年份《中国统计年鉴》和《地方财政运行分析》有关数据计得出。

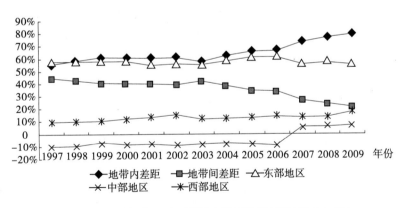

图3-1 1997—2009年中国地区间财力差异的贡献率(财力加权)

根据表3-1和表3-2我们可以看出:

1. 地区间财力差异的 *Theil* 系数由1997年的0.1541下降到2009年的0.0775,说明地区间财力差异呈现越来越小的态势,反映财政转移支付政策的调节作用增强。

2. 地带间差异对地区间财力差异的贡献率呈现逐年缩小的态势,由1997年的44.11%下降到2009年的20.85%。地带内差异对地区间财力差异的贡献率呈现逐年扩大的态势,由1997年的55.89%上升到2009年的79.15%。

3. 从1997—2009年,在地区间财力差异的构成中,东部地区内部的差异对整体差异的贡献率一直在55.08%和61.71%之间波动,始终是影响总体差异的决定因素,远远超过其他地区内部的差异。这一方面是因为东部地区内部的山东、辽宁等省份的财力水平与东部其他发达地区的差异较大;另一方面是由于东部地区在全国的经济地位最为突出(即财力权重最大,1997—2009年东部地区财力占全国地方财力的比重一直在40%以上),故其内部差异也必然会对全国总体差异构成更大的影响。因此,我们在关注地区间差异的同时一定要重视东部地区内部的巨大差异,认真思考区域优势相差不大的东部地区内部财力差异巨大的原因。

表3-3　1997—2009年中国财力的地区分布

年　份	东部地区	中部地区	西部地区
1997	49.15%	28.39%	22.46%
1998	48.16%	29.06%	22.78%
1999	47.34%	29.56%	23.10%
2000	47.38%	28.66%	23.96%
2001	46.52%	28.18%	25.30%
2002	46.39%	28.15%	25.46%
2003	47.52%	28.22%	24.26%
2004	46.46%	28.81%	24.73%
2005	46.60%	28.83%	24.57%
2006	45.51%	29.86%	24.63%
2007	44.74%	29.61%	25.66%
2008	42.82%	29.75%	27.43%
2009	41.51%	30.24%	28.25%

资料来源:根据相应年份《地方财政运行分析》有关数据计得出。

4. 从1997—2009年,在地区间财力差异的构成中,中部地区内部的差异对整体差异的贡献率在-10.29%和6.53%之间波动;西部地区内部的差异对整体差异的贡献率在9.23%和17.54%之间波动。相对于东部地区内部以及地带间的差异而言,中、西部地区内部的差异是比较小的,形成了所谓的"贫穷俱乐部"。

二、以人口比重加权的计算结果

根据公式(3-5)、(3-6)、(3-7)、(3-8)计算得出1997—2009年中国地区间财力差异的 *Theil* 系数。

表3-4 1997—2009年中国地区间财力差异的 *Theil* 系数(人口加权)

年份	总差距	地带内差距	地带间差距	东部地区	中部地区	西部地区
1997	0.1358	0.0708	0.0649	0.0448	0.0097	0.0164
1998	0.1271	0.0689	0.0582	0.0440	0.0090	0.0159
1999	0.1239	0.0711	0.0529	0.0439	0.0114	0.0157
2000	0.1073	0.0628	0.0445	0.0385	0.0109	0.0134
2001	0.1158	0.0679	0.0479	0.0397	0.0126	0.0156
2002	0.1149	0.0677	0.0472	0.0401	0.0116	0.0161
2003	0.1184	0.0657	0.0527	0.0394	0.0113	0.0150
2004	0.1105	0.0662	0.0443	0.0401	0.0111	0.0149
2005	0.0999	0.0623	0.0376	0.0393	0.0091	0.0139
2006	0.0856	0.0553	0.0303	0.0341	0.0083	0.0129
2007	0.0801	0.0533	0.0269	0.0349	0.0063	0.0121
2008	0.0706	0.0500	0.0207	0.0328	0.0069	0.0103
2009	0.0630	0.0467	0.0164	0.0293	0.0061	0.0113

资料来源:根据相应年份《中国统计年鉴》和《地方财政运行分析》有关数据计得出。

表3-5 1997—2009年中国地区间财力差异的贡献率(人口加权)

年份	地带内差距	地带间差距	东部地区	中部地区	西部地区
1997	52.18%	47.82%	32.96%	7.11%	12.11%
1998	54.22%	45.78%	34.61%	7.07%	12.53%
1999	57.35%	42.65%	35.43%	9.23%	12.68%
2000	58.54%	41.46%	35.85%	10.15%	12.54%
2001	58.66%	41.34%	34.32%	10.90%	13.45%

续表

年份	地带内差距	地带间差距	东部地区	中部地区	西部地区
2002	58.94%	41.06%	34.88%	10.09%	13.98%
2003	55.47%	44.53%	33.26%	9.57%	12.65%
2004	59.87%	40.13%	36.32%	10.07%	13.48%
2005	62.39%	37.61%	39.32%	9.12%	13.95%
2006	64.59%	35.41%	39.85%	9.67%	15.08%
2007	66.47%	33.53%	43.51%	7.82%	15.14%
2008	70.72%	29.28%	46.47%	9.71%	14.54%
2009	74.04%	25.96%	46.44%	9.60%	18.00%

资料来源:根据相应年份《中国统计年鉴》、《中国财政年鉴》和《地方财政运行分析》有关数据统计得出。

表 3－6 1997—2009 年中国人口的地区分布

年 份	东部地区	中部地区	西部地区
1997	31.47%	39.77%	28.77%
1998	31.43%	39.75%	28.82%
1999	31.41%	39.73%	28.86%
2000	32.96%	38.89%	28.15%
2001	31.89%	39.37%	28.75%
2002	31.91%	39.32%	28.77%
2003	31.97%	39.27%	28.76%
2004	32.16%	39.15%	28.69%
2005	33.45%	38.51%	28.04%
2006	33.64%	38.36%	28.00%
2007	33.86%	38.20%	27.94%
2008	33.97%	38.11%	27.92%
2009	34.08%	38.03%	27.90%

资料来源:相应年份的《中国统计年鉴》计算得出。

根据表 3－4 和表 3－5 我们可以看出:

1. 地区间财力差异的 $Theil$ 系数由 1997 年的 0.1358 下降到 2009 年的 0.0630,说明地区间财力差异呈现越来越小的态势,反映财政转移支付政策的调节作用增强。

2. 地带间差异对地区间财力差异的贡献率呈现逐年缩小的态势,由1997年的47.82%下降到2009年的25.96%。地带内差异对地区间财力差异的贡献率呈现逐年扩大的态势,由1997年的52.18%上升到2009年的74.04%。

3. 从1997—2009年,在地区间财力差异的构成中,东部地区内部的差异对整体差异的贡献率一直在32.96%和46.47%之间,对总体差异的贡献率要小于财力比重加权计算的结果,原因在于东部地区人口比重不高(即人口权重不高,1997—2009年东部地区人口占全国的比重一直在33%左右)。

4. 从1997—2009年,中部地区内部的差异对整体差异的贡献率在10%左右。相对于东部地区内部、西部地区内部以及地带间的差异而言,中部地区内部的差异是比较小的。西部地区内部的差异对整体差异的贡献率在12%和18%之间。

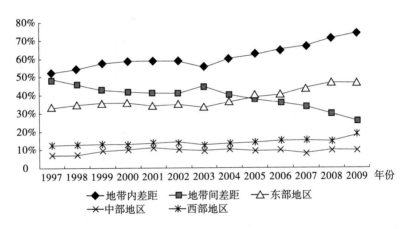

图3-2 1997—2009年中国地区间财力差异的地区分解(人口加权)

结论:按照财力比重加权,东部地区内部的差异和东中西部地带间的差异是构成中国地区间财力差异的主要因素。按照人口比重加权,东部地区内部的差异和东中西部地带间的差异是构成中国地区间财力差异的主要因素。

第三节 原因分析

综观改革开放以来的宏观经济政策,主要有资源配置与财税体制两个方面:一是实施东、中、西梯度推移的非均衡发展战略,在资源配置上对东部沿海地区全面倾斜;二是改革国家财政统收统支的"大锅饭"体制,实行以省级为主的财政大包干后又在此基础上改为分税制。这两方面的政策鲜明体现出"效率优先"的特点,在促进经济快速增长的同时也带来地区差距拉大及由此产生的一系列社会公平问题。①

一、税收优惠政策对中国地区间财力差异的影响

党的十一届三中全会以来,中国开始实行允许一部分地区先富裕起来的政策,并从 20 世纪 80 年代开始,在东部沿海地区先后形成了经济特区、经济技术开发区、沿海开发开放地区等这样一个开放体系,及与此相适应的一整套特殊政策。其中,税收优惠政策是沿海地区扩大对外开放、吸引外资、引进国外先进技术和管理经验的主要手段之一。这种税收优惠政策主要是在沿海地区实行,不仅使沿海与内地、内资企业和外资企业之间的税负不均,不利于公平竞争,也在客观上加剧了地区间经济发展的差距。具体地说有两种情况。

其一是只在沿海经济特区、沿海开放城市、经济技术开发区等地实行的税收优惠政策。如在所得税方面就有以下规定:(1)在深州、珠海、汕头的内资企业,不论其经济性质和隶属关系,一律按 15% 的比例税率缴纳所得税。是否开征地方税附加由当地政府决定;(2)在厦门经济特区成立前已经实行"利改税"的中央企业,仍按原办法缴纳所得税。特区办的企业,不论经济性质和隶属关系,一律按比例 5% 的税率缴纳所得税;(3)在海南省的内资企业,均按比例 5% 的税率缴纳所得税,另附征 10% 的地方所得税;(4)在经济特区设立的机构、场所从事生产经营的外商独资企业的所得税,均按 15% 的税率征收;(5)对设在经济技术开发区、高新技术开发区、保税区的外商投资企业,和在沿海港口城市的老市区、沿海经济开放区兴办的技术密集、知识密集,或属于能源、交通、港口建设项目的外商投资企业,均按 15% 的税率征收;(6)对设在经济特区、沿海经济开放区、沿海经济技术开发区所在城市的老市区的生产性外商投资企业,和设在对外开放的沿江、沿边城市、省会城市的外商投资企业,

① 参见孙红玲:《中国区域财政横向均衡与均等化分配模型》,《中国工业经济》2007 年第 12 期,第 61—68 页。

按24%的比例征收。①

在流转税方面,有如下规定:(1)在特区的三资企业,进口生产所必需的机器设备、原材料、零部件、交通工具和其他生产资料,免征工商统一税;进口矿物油、酒和其他生活必需品,减半征收;特区企业生产的在特区销售的产品,除了矿物油、烟、酒减半征收外,其他产品均免税;(2)在经济技术开发区的生产性"三资企业",进口自用的建筑材料、生产设备、原材料、零配件、元器件、交通工具和办公用品免征工商统一税。在经济开放区和沿海14个港口城市,以及在汕头、珠海、厦门的老市区开办的"三资企业",作为投资或追加投资进口本企业生产用设备、建筑材料、自用的交通工具、办公用品及进口原材料、零配件、元器件、包装物等,用于生产出口的部分免征工商统一税;(3)在经济特区、经济技术开发区的企业所生产的出口产品,除了国家另有规定的少数产品外,一律免征工商统一税。

其二是在全国统一但在东部地区得到了充分利用的税收优惠政策。如对乡镇企业的税收优惠政策就是一视同仁的。1978年前后,国家产业政策由注重重工业发展调整为鼓励轻工业发展。乡镇企业是被鼓励的对象。东部地区对中央制定的鼓励乡镇企业发展的所有优惠政策均加以运用。中西部地区特别是西部地区受财力有限和改革开放滞后的制约,对这些政策没有加以充分地利用。②

国家审计署2005年的审计报告也表明,现行的财政优惠政策不利于区域经济协调发展。在国家级开发区中,东部地区的开发区占了绝大多数,而且设立时间早、发展程度高;中西部地区的开发区起步晚、基础差、底子薄。这使得在享受基本相同的税收优惠政策情况下,东部地区得到的政策扶持力度远远大于中西部地区,不利于区域经济协调发展。审计调查的六个省(市)开发区,2003年以来共减免税款183.56亿元,其中东部四个省(市)减免178.14亿元,平均每个省(市)44.54亿元,最多的达75.27亿元,而中西部两个省共减免5.42亿元。

---

① 参见《区域税收政策》课题组:《促进区域经济协调发展的税收政策》,《改革》1998年第4期,第36—48页。

② 参见《区域税收政策》课题组:《促进区域经济协调发展的税收政策》,《改革》1998年第4期,第36—48页。

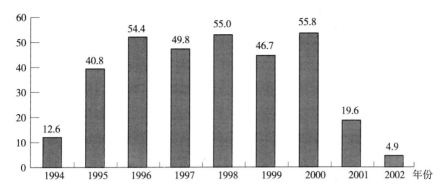

图 3-3　1994—2002 年开发区增量返还

　　长期区域性的税收优惠政策不利于资源在地区间的优化配置和缩小地区差距,应当逐步向全国统一的国民待遇靠拢。如果说在贯彻"鼓励一部分地区先富起来"的方针时,税收优惠政策起到了一定作用,那么,还应该从"带动其他地区共同富裕"的角度,完善现行的税收优惠政策。考虑将目前的以企业经济性质、资金来源和地区特性为主的税收优惠政策转变为产业倾斜、配合国家产业政策、优化全国产业结构的税收优惠政策,推动中西部地区的经济增长。中国产业政策的重心在于基础设施、交通运输、邮电通信、能源和原材料工业等,为鼓励其发展应给予所得税和行为税优惠。这些行业正是中西部地区比较薄弱的或是资源优势产业,产业倾斜在这种意义上实际上也是地区倾斜。这种改革有利于中西部地区的经济增长,可以在一定程度上抵消东部地区交通、地域、人口素质等投资环境上的优势,从而促进资源丰富的中西部和民族地区加快发展,消除当前形式上不公平、客观效果上更不公平的税收政策对区域经济差距的逆向调节。针对目前区域性财税优惠政策执行中面临的新情况、新问题,下一步有必要在规范各类开发区名目繁多的税收优惠政策的基础上,将现行的区域性税收优惠政策,转变为以"产业优惠为主,区域优惠为辅"的税收优惠政策。

　　总之,改革开放以来国家所实行的税收优惠以区域性为主,相对有利于东部发达地区。目前,随着《企业所得税法》的实施,外资企业所享受的大部分税收优惠已被取消,新的税收优惠也由区域优惠转向产业优惠,新的税收优惠政策也体现出向西部地区的倾斜。

二、财政体制变迁与地区间财力差异

不同的财政体制具有不同的地区间财力分配取向,进而形成不同的财力分配关系和财力分配格局。财政体制的改革和调整直接影响乃至决定着整个地区间财力的分配关系和分配格局。虽然本章只测算了1997年后的数据,但必须指出20世纪90年代中期以前的财政包干体制也是造成地区间财力差异的重要因素。

(一)包干财政体制的地区间财力分配取向

分析财政体制对地区间的财力差异的影响我们不能单纯按东中西的地理位置进行分组,我们将按财政体制的情况进行分组,中国的财政体制与东中西部的地理划分有着惊人的相似之处。在财政包干体制下,经济发展越快的地区,地方财政收入增长越快,积累和投资的能力越强。这一制度整体上有利于东部地区,促进了东部地区的快速发展。中国从1980年开始实行包干制财政体制。虽然在制定包干制财政体制时,也考虑了地区间地方财力的平衡问题,要求东部收入较多的省市向中央财政多上交一部分收入,中西部地区收入较少的省、自治区少上交一部分或由中央财政适当补助一部分。但财政包干分配机制的确立,还是不可避免地从几个方面使收入分配在总体上有利于已经比较发达的东部地区,使中西部地区与东部地区之间的财力差距扩大。[①]

首先,包干制财政体制中基数的确定原则有利于增长潜力较大的东部地区。确定基数和超基数的收入分享比例,主要是以一年或前几年的地方财政收支平均数为基础,不仅难以做到公平和合理,而且有利于支出规模较大的东部地区,不利于支出规模较小的中西部地区。在确定收入基数后,超基数的收入部分通常按能刺激地方增加收入积极性的比例,在中央与地方之间进行分配,超基数越多,地方可得的财力也越多。由于自然和经济基础条件差别较大,东部地区的经济增长潜力大,能从超基数的收入分配中得到更多的财力,而中西部地区经济增长的潜力相对较小,财力增长的可能性也较小。因此,随着时间的推移,中西部地区和东部地区财力水平的差距不断扩大。

最后,不同的包干办法也对地方财力造成影响。从1980—1993年,财政

---

① 参见吴知音:《财政政策与区域经济协调发展》,东北财经大学出版社2002年版,第35—38页。

大包干的具体办法可以概括为:定额上解、总额分成和定额补助三种。我们证明这三种不同的体制办法对地方财力的影响是不同的。

我们假设定额上解地区每年上解财力为 t,每年地方财政收入增长速度为 p,定额补助地区每年补助财力也为 t,总额分成的地区的上解比例为 q,基期的财力均为 a,基期年定额上解地区的财政收入为 $a+t$,基期年总额分成地区的财政收入为 $a/(1-q)$,基期年定额补助地区的财政收入为 $a-t$,我们可以证明,当经济增长速度相同时,实行定额上解的地区,地方可用财力的增长速度大于地方财政收入的增长速度;实行总额分成的地区,地方可用财力的增长速度等于地方财政收入的增长速度;实行定额补助的地区,地方可用财力的增长速度小于地方财政收入的增长速度。如果实行定额上解和总额分成的地区是经济增长较快的地区,而实行定额补助的地区是经济增长较慢的地区,不同的包干办法对各地区地方财力增长速度产生的影响将扩大化。中国在财政大包干中正是对经济增长潜力较大的东部沿海地区实行的多是有利的定额上解或总额分成,如广东;而对经济增长潜力较小的西部地区实行的多是不利的定额补助。

1. 证明实行定额上解的地区,地方可用财力的增长速度大于地方财政收入的增长速度,实行定额上解的地区 n 年后可用财力增长速度为

$$\sqrt[n]{\frac{(a+t)\times(1+p)^n-t}{a}}-1,$$ 就是要证明 $\sqrt[n]{\frac{(a+t)\times(1+p)^n-t}{a}}-1>p$。

由于 $t[(1+p)^n-1]>0$

$\Rightarrow t\times(1+p)^n-t>0$

$\Rightarrow (a+t)\times(1+p)^n-t>a(1+p)^n$

$\Rightarrow \sqrt[n]{\frac{(a+t)\times(1+p)^n-t}{a}}>1+p$

$\rightarrow \sqrt[n]{\frac{(a+t)\times(1+p)^n-t}{a}}-1>p$

2. 证明实行总额分成的地区,地方可用财力的增长速度等于地方财政收入的增长速度,实行总额分成的地区 n 年后可用财力增长速度为

$$\sqrt[n]{\frac{\frac{a}{1-q}\times(1+p)^n\times(1-q)}{a}}-1,$$ 就是要证明 $\sqrt[n]{\frac{\frac{a}{1-q}\times(1+p)^n\times(1-q)}{a}}-$

$1 = p$。

由于 $\sqrt[n]{\dfrac{a(1+p)^n}{a}} = 1 + p$

$\Rightarrow \sqrt[n]{\dfrac{a(1+p)^n}{a}} - 1 = p$

$\Rightarrow \sqrt[n]{\dfrac{\dfrac{a}{1-q} \times (1+p)^n \times (1-q)}{a}} - 1 = p$

3. 证明实行定额补助的地区,地方可用财力的增长速度小于地方财政收入的增长速度,实行定额补助的地区 n 年后可用财力增长速度为 $\sqrt[n]{\dfrac{(a-t) \times (1+p)^n + t}{a}} - 1$,就是要证明 $\sqrt[n]{\dfrac{(a-t) \times (1+p)^n + t}{a}} - 1 < p$。

由于 $t[1 - (1+p)^n] < 0$

$\Rightarrow t - t \times (1+p)^n < 0$

$\Rightarrow (a-t) \times (1+p)^n + t < a(1+p)^n$

$\Rightarrow \sqrt[n]{\dfrac{(a-t) \times (1+p)^n + t}{a}} < 1 + p$

$\Rightarrow \sqrt[n]{\dfrac{(a-t) \times (1+p)^n + t}{a}} - 1 < p$

余小平、吴雪、张文红曾经分析了不同的财政体制对地区间财力的影响。这三种不同的体制办法对地方财力的影响是不同的,[1]其原因就在于地方财力增长的基数不同和财政体制不同。为了分析体制效应,对这三种不同的典型进行一下数学模拟,以观察不同的财政体制对地方财力的不同影响。第一种情况是定额上解的模式,假设该地区基年的财政收入为 120 亿元,定额上解 20 亿元,实际地方财力为 100 亿元;第二种是总额分成模式,假设该地区基年的财政收入是 125 亿元,分成 80%,实际财力也是 100 亿元;第二种是定额补助模式,假设该地区基年的财政收入为 70 亿元,每年定额补助 30 亿元,实际财力还是 100 亿元。这三种模式在第 n 年的地方财力可以用以下公式表示:

---

① 参见余小平、吴雪、张文红:《地区发展差异及财政转移支付政策取向》,《财政研究》1997 年第 3 期,第 14—20 页。

定额上解地区：$(B + 20) \times (1 + S)^n - 20$

总额分成地区：$(B + 25) \times (1 + S)^n \times 80\%$

定额补助地区：$(B - 30) \times (1 + S)^n + 30$

其中，B 为基年的地方财力，这里都是 100 亿元；S 为财政收入年平均增长速度。

比较一下这几个公式就会看出，这三种模式即使增长速度完全一样，但由于增长的基数不一样，第一种模式是以 $(B + 20)$ 为基数增长的，第二种模式是以 B 为基数增长的，而第三种模式是以 $(B - 30)$ 为基数增长。在这三种不同的体制模式下，虽然它们基年的财力是一样的，但财政体制对以后年份的财力影响却是大不一样的。在各地地方财政收入增长速度都是每年递增 10% 情况下，这三种体制模式的财力变化情况如下：

表 3 - 7　三种不同的财政体制对地区间财力差异的影响

（单位：亿元）

体制办法	基期年	第一年	第二年	第八年	第一年	第二年	第八年
定额上解	100	112.00	125.20	237.23	12.00%	11.89%	11.40%
总额分成	100	110.00	121.00	214.36	10.00%	10.00%	10.00%
定额补助	100	107.00	114.70	180.05	7.00%	7.10%	7.63%

资料来源：余小平、吴雪、张文红：《地区发展差异及财政转移支付政策取向》，《财政研究》1997 年第 3 期，第 14—20 页。

从表 3 - 7 中可以看出，在基期年财力一样，财政收入增长速度也一样的情况下，只因为采用了不同的体制办法，会造成较大的地区间财力差异。从绝对数上看，到第八年定额上解和总额分成地区的财力分别比定额补助地区多 57.18 亿元和 34.31 亿元，从相对数上看，到第八年定额上解和总额分成地区的财力分别比定额补助地区多 31.76% 和 19.05%。

这是因为定额上解地区的增长基数大于其本身的财力，而定额补助地区的增长基数却小于其本身的财力，虽然两者都包含了给中央上解或补助的部分，但如上例，它们分别在 120 亿元和 70 亿元的基础上每年增长 10%，若干年后财力自然会出现很大的差距。这些体制办法持续的时间越长，地区间的财力差距也就越大。可以说穷的越穷，富的越富。从 1991 年开始出现了东、西部的地方财力及经济发展水平绝对差距和相对差距都进一步扩大的势头，这与财政体制的效应恐怕不能说只是巧合。

从中央政府的角度看，中央政府虽然在税种和税率的决定方面和对地方政府财政收入的分配方面有重要的决策权，它可以通过调整税种、税率，以及改变与地方政府的分配方案和分配比例来促进中央政府的收入增长，但其财政收入的多少还要取决于地方政府征税积极性的高低，因此，中央政府在包干制财政体制的改革中要在很大程度上受制于地方政府，为地方政府留有与它讨价还价更大的余地。

从地方政府的角度看，由于地方政府掌握着中央税收的征收权，因此它具有与中央政府讨价还价的资本，尤其在一些富裕省份。一方面，地方政府可以要求中央政府采取更为有利的税收分配方案和留成比例，以争取更有利于地方的分配关系，这是积极的对策。另一方面，地方政府可以通过自己所掌握的对当地企业税收减免的权力，实行藏富于地方财政\藏富于企业的变通办法来增加地方财政收入或增强地方经济增长的实力，这是一种消极对策。

富裕地区由于自身的经济实力强，财力基础雄厚，在与中央政府的讨价还价中，在所采取的消极对策中，有较大的回旋余地。而落后地区由于经济实力较弱，财力有限，各种消极对策的效果并不十分明显。这样就加重了财政再分配前省际间的人均预算内财政收入的均等化趋势。另外，承包制财政体制使中央财政在财政总收入中所占的比重不断下降，中央财政平衡各地区财力水平的能力减弱。包干制财政体制使财政收入的增量分配在总体上向地方财政倾斜，中央财政收入在财政总量中所占的比重不断下降，从 1980 年的 60% 左右，下降到 1993 年的 37%，1980 年开始实行的包干制财政体制，作为经济体制转轨时期的一种过渡的财政体制形式，到 1993 年已被分税制财政体制所替代，但它对财政体制、中央与地方关系、地方宏观经济与经济发展程度关系等方面的影响却没有因此而消失。由它引起的国家财政两个比重的下降，中央财政再分配功能弱化，以及中央政府与地方政府利益冲突明显化等问题，在 1993 年以后还继续影响着中国地区间财力差异，只不过作用越来越小。

总的来说，包干财政体制在纵向财力分配关系上，以放权让利为基本取向，大幅度给地方政府下放财力和财权，使财力分配由统收统支体制下的"条条"为主改为"块块"为主，地方政府财力不断增强。在统收统支财政体制下,各项财政支出原则上都是由"条条"分配,地方很难统筹安排和调剂使用。包干财政体制实行"分灶吃饭",对应当由地方安排的支出,中央各部不再归口安排支出、下达指标,而是由地方根据中央的方针、国家计划和地方的财力统筹安排,这就大大地增加了地方的财政权限,扩大了地方财政的自主权。

在横向财力分配关系上,以效率为主兼顾公平为基本取向。在统收统支财政体制下,地区间横向财力分配基本上是以达到纯粹的公平为目标的,在一定程度上体现出平均主义分配的倾向,对分配的效率问题往往被忽视或重视不够,财力分配缺乏必要的激励机制,不利于促进地方经济的发展。包干财政体制把地方财力的增长与地方经济的发展密切挂钩,使地方财力随着经济的发展而增长,充分调动了地方各级政府增收节支、当家理财的积极性,使地方财政由原来的被动地安排收支变为主动地参与经济管理,开源节流的责任心也不断增强。在包干财政体制下,整个财政经济实现了快速发展。同时,为了兼顾地区间财力分配的公平性,国家对财力不足的地区实行了低水平的转移支付,如对一般落后地区实行固定补助,对民族自治地区实行了短时期的递增补助;而对部分经济发达地区或经济相对发达地区实行定额上解或递增上解,使包干财政体制适度兼顾了地区间财力分配的公平性。

(二)分税制财政体制与地区间财力分配取向

财政体制规定了政府间的财政分配关系,对政府间的财政资源进行重新配置。因此,财政体制的改革,实质上是权力和利益的调整和再分配的过程。在这个过程中,或者是中央(或地方)财政收入的增加要以地方(或中央)财政收入的损失为代价,或者是部分省(市)财力的增加要以其他省(市)财力的减少为代价。即使通过财政体制改革最终能够使中央与每一个地方政府从中受益,但各方获益多少是不一样的,这就可能引起地方政府财力位次的升降,位次下降者也会感到自己受到了损失。改革的设计者一般运用"补偿"的手段来减缓阻力推进改革。

分税制财政体制改革的初衷除了要规范财政体制,以适应社会主义市场经济体制要求外,其根本目标之一是期望通过改革,实现财力集中和地区间财力均衡分配。然而,分税制财政体制在地区间财力分配上的现实取向,与改革的初始预期存在着较大的偏差。

在纵向财力分配上,以实现中央财力集中为基本取向。十多年的包干财政体制,使中央与地方的财力分配关系出现了根本性的变化。由于包干财政体制包死了中央财政收入,地方财力增长较快,加之财政职能被肢解,以致造成了财力过于分散的局面。至20世纪90年代初,中央在整个财力分配总额中所占的比重已由包干前统收统支财政体制下的70%左右下降到40%左右。为此,在设计分税制财政体制时,中央适当集中财力也就成为分税制财政体制改革的基本取向,而且这一目标在分税制财政体制改革后已基本得到了实现,中央财政收入占全国财政收入的比重已由包干财政体制下40%左右上升到近60%。但尽管如此,由于分税制是在保地方既得利益基础上进行的,中央集中的财力中,相当一部分要通过税收返还与税收增量返还的形式返还给地方。因此,实际上中央可完全自主运用的财力占整个财力的比重并没有达到预期目标,这就促使中央进一步采取集中措施,扩大增值税与消费税的税基,适当提高部分税种税率,并把金融保险营业税因提高税率增收部分全部作为中央财政收入等,从而对财力作进一步的集中。

在横向财力分配上,仍然是以效率为主适当兼顾公平为基本取向。分税制财政体制在处理地区间横向财力分配这个问题上,主要是通过三个方面进行的:一是统一财政体制。在全国实行统一的分税制财政体制,统一规范中央与省级地方政府财力分配关系,减少地区间因实施不同体制而产生的短期寻租行为和获取级差收入,进而达到规范地方政府的财政经济行为,提高财政经济增长的综合素质和整体效率。二是保地方既得利益。通过保地方既得利益,以保持地方发展经济的积极性和换取改革的顺利进行,减少改革对经济的不应有震荡,缩短新旧财政体制的磨合期。也就是说分税制财政体制并没有从根本上触动地方的既得利益,包干财政体制下不合理的地区间财力分配格局在分税制财政体制中被沿袭了下来。三是合理缩小地区间财力差异。期望改革后中央财政能够集中到足够的财力,通过建立比较规范的转移支付制度,对各地进行科学的转移支付来达到调节地区间横向财力分配格局,缩小地区间财力差异,实现地区间财力分配的基本均等。但由于中央财政在分税制改革后所集中到的可用财力没能达到预期的目的,加之中央财政外贸出口退税负担加重对其集中财力的抵冲作用,使得中央财政难以拿出足够的财力用于建立比较规范的转移支付制度,地区间财力分配均等化取向目标无法兑现,财政管理体制的效率取向被强化,而公平取向则被弱化。①

特别要指出的是,在统收统支财政体制下,由于财政收入不管是存量还是增量,都主要集中在上级财政特别是中央财政手中,中央财政根据统一的标准对各地核拨支出。在这种情况下,中央财政对地区间财力分配不仅牢牢地掌握着财政收入的增量,而且也牢牢地掌握着财政收入的存量,使中央财政对地区间的财力分配可以进行有效的调节。但随着包干财政体制的全面推广实施,基数法的长久应用,地方既得利益刚性的不断增强,国家为了确保财政体制改革得以顺利实施;同时,为体现鼓励先进、鞭策后进的效率原则,在财政体制改革中采取保地方既得利益的做法。也就是说,包干财政体制的调整及分税制财政体制的改革,基本上未触动或很少触动地方财力存量,而着重在财力增量上做文章,这实际上就是中央财政自动地放弃了运用财力存量调节地区间财力分配的办法,而只运用增量调节手段,造成在中央对地区间财力分配的调节力度不断弱化,地区间财力分配格局的不合理程度进一步加剧。

因此,事实上1994年的财政体制改革没能对各个地区的支出基数进行调整,而是采取"存量不动,增量调整"的方针,同时并存存量调节与增量调节两条支付系统,这两种调节方式并存体现了中国在转移支付目标模式转变上的过渡性和渐进性,一方面要维持地方既得利益的转移支付,另一方面又要慢慢过渡到按客观因素测定标准收入和标准支出的转移支付制度,显然在这种转变过程中,我们是要付出代价的。

由于采取的是渐进性改革,制定明确的目标模式似乎并不是很重要。当然大致的具有方向性的目标是有的,包括不断提高中央财政收入占全部财政收入的比重,增强中央政府的宏观调控能力,以科学、公平、规范的方法逐步取代不规范的转移支付办法等。但是具体明确的目标是模糊的,这起码会带来两方面的问题:一是由于目标的不清晰,转移支付制度的改革容易被其他改革措施推着走。由于大部分转移支付项目都是出于配合中央宏观调控政策而设立的,随着各项新政策的出台,转移支付项目逐年增多,由此带来财力转移支

---

① 参见佘国信、陈秋华:《地区间财力差异与调节》,中国财政经济出版社1999年版,第48—56页。

付专项化、专项转移支付财力化的倾向。[①] 相关人士指出,尽管转移支付整体规模在日益增大,单个转移支付的资金分配也日趋规范,但由于转移支付体系总体设计不尽规范,监管力度不足,难免出现异化的倾向。二是由于目标的不明确,在实际的财政运行中,面对公平与效率的权衡时,往往是效率优先,结果是在包干制下已经形成的较大的地区财力差异不仅没有得到有效控制反而在不断扩大。"用增量部分进行以公共服务水平均衡化为目标的地区间财力再分配",意愿是好的。但每年的增量只占转移支付总额的很小一部分,对地区间财力差异的调节力度甚微。税收返还办法的存在一方面使得中央集中的增量太少,另一方面由于以来源地为依据又在进一步加大地区间的财力差异。专项拨款、结算补助和老体制上解或补助在内的其他转移支付要么不符合均等化目标,要么分配方法不合理,从而产生了逆向均等效果。

由于现行分税制财政体制继续沿袭原有包干财政体制的分配格局,致使原已存在的地区间财力差距得以固化。不仅如此,新出台的一些措施还在自觉与不自觉地拉大地区间财力差距;同时,保既得利益的做法强化了地方的本位观念,使中央财政集中的财力受到限制,逐步加大转移支付力度,实行比较规范化的转移支付制度的时间被推迟,经济欠发达地区对中央实施均等化转移支付的期望值与现实值形成较大反差。此外,由于地区间经济发展水平的不同,财源、税源、税基的差异性较大,在分税制财政体制改革抬高基数的潜能上也存在较大差异,基数的差异又直接形成了地区间可用财力存量的差异。而且,由于地区间经济发展的基础、起点的不同,经济发展及经济增长的质量、效率也不同,经济发展快、经济增长质量好、效率高的东部沿海地区,其财力及财力增量必然相应增长较快;而经济基础薄弱的中西部贫困落后地区,经济发展的速度相对较慢,经济增长的质量、效率也就相对较低,单位国内生产总值所能提供的财政收入也就相对较少,其财力及财力增量必然相应增长缓慢。因而,在财力及财力增量上与经济发达地区的差异也在不断扩大。

---

① 一方面,专项转移支付规模较大,覆盖面广,在地方财政财力吃紧的情况下,执行中被挤占、挪用的现象十分严重,部分资金成了地方政府的"吃饭"钱,出现了专项转移支付财力化的倾向。另一方面,现行财力转移支付中,大多数具有专项用途。这些转移支付资金下达地方后,不仅不能增加地方政府的可支配财力,地方政府还需要额外配套资金。这种财力性转移支付专项化的倾向,不利于地方政府统筹安排资金,切实缓解县乡财政困难。

三、小结

本章从空间层面探讨中国地区间财力差异问题,主要使用 $Theil$ 系数从空间层面对地区间财力差异状态作出描述,并从税收政策、财政体制的角度探讨中国地区间财力差异的形成原因。根据对地区间财力差异的地区分解结果,按照财力比重加权,东部地区内部的差异和东中西部地带间的差异是构成中国地区间财力差异的主要因素;按照人口比重加权,中部地区内部的差异和东中西部地带间的差异是构成中国地区间财力差异的主要因素。其形成原因包括改革开放以来长期实行的区域性税收优惠政策以及包干制和分税制效率优先的地区间财力分配取向。

第四章　中国地区间财力差异的结构分解(一)

——各项财政收入对地区间财政收入差异的贡献

第四章和第五章从财力的构成层面对中国地区间财力差异进行结构分解,将财力分解为财政收入和财政转移支付,分析财政收入和财政转移支付的主要项目对中国地区间财力差异的影响。

各地的财政收入取决于经济发展水平、税收政策和财政体制。根据各地区的人口、国内生产总值、地方一般预算收入和公式(3-1)、(3-2)、(3-3)、(3-4)计算得出 1997—2009 年反映中国地区间国内生产总值和财政收入差异的 *Theil* 系数(*Theil* 系数的具体计算方法见本书第三章),我们以国内生产总值的 *Theil* 系数和财政收入的 *Theil* 系数做出 X—Y 散点图并做两者的相关性分析(见图 4-2),可以得出两者的相关系数为 R=88.98%,两者高度相关。经济决定财政,地区间经济发展水平上的差距必然导致财政收入的差距,也就是说财政收入的差异主要是由经济发展水平上的差异造成的。进一步分析,可以发现从 1997—2009 年,地区间财政收入的 *Theil* 系数都超过地区间国内生产总值的 *Theil* 系数。说明现行税制和财政体制在相当程度上内在地扩大了地区间财政收入的差异,从而影响了不同地区的财政收入能力。[①]

本章主要从财力的构成层面,从税收政策和财政体制的角度分析地区间财政收入差异的原因(由于其中的区域性税收优惠政策更侧重于财力的空间层面,已在第三章对此进行分析)。重点是定量分析各项财政收入对地区间财政收入差异的贡献率。

---

① 参见乔宝云、王道树:《中国税收收入区域差异的实证分析》,《涉外税务》2004 年第 12 期,第 21—24 页。

表4-1　1997—2009年中国地区间国内生产总值和财政收入差异的 *Theil* 系数

年份	国内生产总值	财政收入
1997	0.0763	0.1773
1998	0.0804	0.1824
1999	0.0855	0.1978
2000	0.0771	0.1926
2001	0.0886	0.2457
2002	0.0909	0.2569
2003	0.0942	0.2635
2004	0.0895	0.2614
2005	0.0955	0.2538
2006	0.0918	0.2322
2007	0.0936	0.2412
2008	0.0968	0.2576
2009	0.1012	0.2621

资料来源:根据相应年份的《中国统计年鉴》计算得出。

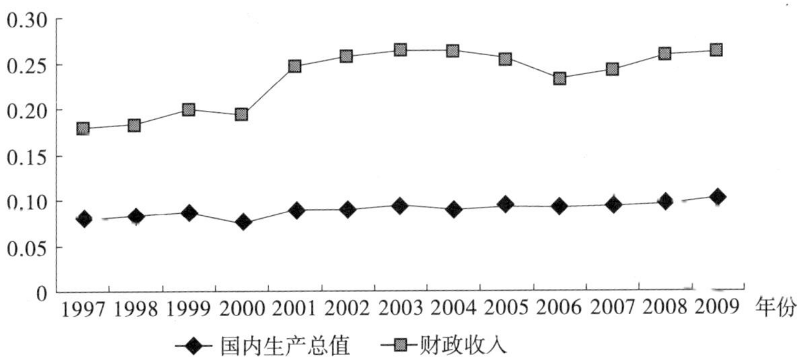

图4-1　1997—2009年中国地区间国内生产总值、财政收入差异的比较

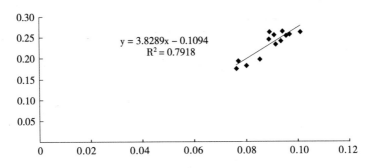

图 4 - 2 1997—2009 年中国地区间国内生产总值差异和
财政收入差异的相关性分析

第一节 研究方法

本章对地区间财政收入差异分解的分析采用分项收入分解方法,分析各项财政收入构成要素对财政收入不平等指数的影响。在现有分解方法中,选择 Shorrrocks 所提供的分解方法。[1] 用 $Y = (Y_1\ Y_2\ Y_3 \cdots Y_n)$ 表示人均财政收入的向量, n 在此表示地区个数,用 $Y^K = (Y_{k1}\ Y_{k2}\ Y_{k3} \cdots Y_{kn})$ 表示人均财政收入第 k 个构成要素,如果人均财政收入由 k 个构成要素组成,那么此时人均财政收入地区差异可以分解为所有构成要素贡献率之和,[2]也就是:

$$S(Y,Y) = S(Y^1,Y) + S(Y^2,Y) + \cdots + S(Y^K,Y) \quad\cdots\cdots\cdots\cdots\cdots\cdots \quad (4-1)$$

其中 $S(Y^K,Y)$ 表示人均财政收入第 k 个构成要素对人均财政收入不平等的贡献率。

在该方法中,某一构成要素对人均财政收入不平等的贡献率的计算公式如下:

$$S(Y^K,Y) = [COV(Y^K,Y)/\sigma^2(Y)] \times 100\%$$

---

① Shorrocks, A. K. (1982), *Inequality Decomposition by Factor Components*, Econometrica, 50, 1 : 193—121.

② 参见胡德仁、刘亮:《中国地区间财力差异的度量及分解》,《广东商学院学报》2006 年第 4 期,第 13—18 页。

其中:Y^K 表示第 k 个构成要素,Y 表示人均财政收入;$COV(Y^K,Y)$ 为各样本的第 k 个构成要素与人均财政收入的协方差值,$\sigma^2(Y)$ 是人均财政收入的总体方差值。

和其他类似分解方法相比,上述 Shorrrocks 方法有如下优点:(1)易于计算;(2)对每一种构成要素只给出一个分解项,或者说,在上述分解公式中不存在两种(或两种以上)构成要素的交叉项,这使得计算各个构成要素对人均财政收入地区差异的贡献率非常容易;(3)某一构成要素对人均财政收入地区差异的贡献率是由此要素和人均财政收入相关关系的紧密程度决定的。[1]

相关数据的说明,本章中各地区地方一般预算收入和国内生产总值的数据来源于相应年份的《中国统计年鉴》。

第二节　中国地区间财政收入差异的结构分解

依据公式 $S(Y^K,Y)=[COV(Y^K,Y)/\sigma^2(Y)]\times100\%$,计算得出 1999—2009 年财政收入构成项目对地区间财政收入差异的贡献率。根据公式 $S(Y^K,Y)=[COV(Y^K,Y)/\sigma^2(Y)]\times100\%$ 的性质,某项收入对财政收入差异的贡献率主要取决于该项收入的比重和该项收入本身的地区性差异,我们引入相对集中系数的概念,某项财政收入的相对集中系数=该项财政收入对地区间财政收入差异的贡献率/该项财政收入的比重,如果某项财政收入的相对集中系数大于1,则表明该项财政收入有利于发达地区,会产生扩大地区间财政收入差异的效应,如果某项财政收入的相对集中系数小于1,则表明该项财政收入有利于不发达地区,会产生缩小地区间财政收入差异的效应。

表 4-2　1999 年中国地区间财政收入差异的结构分解

项　目	贡献率	比重	相对集中系数
一、增值税	17.76%	17.41%	1.02
二、营业税	39.52%	25.98%	1.52

---

[1]　参见岳希明:《收入转移和地区间收入差异》,《管理世界》1999 年第 6 期,第 50—58 页。

项 目	贡献率	比重	相对集中系数
三、企业所得税	21.63%	13.96%	1.55
四、企业所得税退税	-0.85%	-0.51%	1.68
五、个人所得税	13.86%	7.38%	1.88
六、资源税	-0.18%	1.12%	-0.16
七、固定资产投资方向调节税	1.24%	2.33%	0.53
八、城市维护建设税	4.95%	5.59%	0.89
九、房产税	3.87%	3.28%	1.18
十、印花税	3.72%	1.20%	3.10
十一、城镇土地使用税	0.60%	1.06%	0.57
十二、土地增值税	0.27%	0.12%	2.21
十三、车船使用和牌照税	0.36%	0.37%	0.98
十四、屠宰税	-0.08%	0.51%	-0.16
十五、筵席税	0	0.01%	-0.39
十六、农业税	-0.18%	2.86%	-0.06
十七、农业特产税	-0.40%	2.35%	-0.17
十八、牧业税	-0.03%	0.05%	-0.67
十九、耕地占用税	0.16%	0.59%	0.27
二十、契税	2.97%	1.72%	1.73
二十一、国有资产经营收益	-0.09%	0.82%	-0.11
二十二、国有企业计划亏损补贴	-14.44%	-4.26%	3.39
二十三、行政性收费收入	0.36%	4.09%	0.09
二十四、罚没收入	1.83%	4.66%	0.39
二十五、土地和海域有偿使用收入	0.05%	1.42%	0.04
二十六、专项收入	2.63%	3.56%	0.74
二十七、其他收入	0.47%	2.32%	0.20

资料来源:根据相应年份《中国统计年鉴》计算得出。

表 4-3 2000 年中国地区间财政收入差异的结构分解

项 目	贡献率	比重	相对集中系数
一、增值税	17.07%	17.80%	0.96
二、营业税	37.36%	25.38%	1.47
三、企业所得税	21.19%	15.70%	1.35
四、企业所得税退税	−0.39%	−0.22%	1.82
五、个人所得税	14.52%	7.96%	1.82
六、资源税	−0.18%	0.99%	−0.18
七、固定资产投资方向调节税	0.33%	0.72%	0.45
八、城市维护建设税	4.57%	5.45%	0.84
九、房产税	3.89%	3.27%	1.19
十、印花税	4.77%	1.54%	3.09
十一、城镇土地使用税	0.48%	1.01%	0.48
十二、土地增值税	0.14%	0.13%	1.07
十三、车船使用和牌照税	0.32%	0.37%	0.87
十四、屠宰税	−0.10%	0.50%	−0.19
十五、筵席税	0	0.01%	−0.44
十六、农业税	−0.28%	2.58%	−0.11
十七、农业特产税	−0.39%	2.04%	−0.19
十八、牧业税	−0.04%	0.04%	−0.95
十九、耕地占用税	0.16%	0.55%	0.29
二十、契税	3.56%	2.05%	1.74
二十一、国有资产经营收益	−0.19%	0.94%	−0.20
二十二、国有企业计划亏损补贴	−11.23%	−3.59%	3.13
二十三、行政性收费收入	0.59%	4.46%	0.13
二十四、罚没收入	1.72%	4.72%	0.36
二十五、海域场地矿区使用费收入	0.10%	0.06%	1.74
二十六、专项收入	2.38%	3.53%	0.68
二十七、其他收入	−0.36%	2.02%	−0.18

资料来源:根据相应年份《中国统计年鉴》计算得出。

表 4-4　2001 年中国地区间财政收入差异的结构分解

项　目	贡献率	比重	相对集中系数
一、增值税	16.47%	17.19%	0.96
二、营业税	35.40%	23.70%	1.49
三、企业所得税	23.80%	20.97%	1.14
四、企业所得税退税	−0.31%	−0.10%	3.15
五、个人所得税	15.16%	9.18%	1.65
六、资源税	−0.16%	0.86%	−0.18
七、固定资产投资方向调节税	0.09%	0.20%	0.45
八、城市维护建设税	4.07%	4.88%	0.83
九、房产税	3.35%	2.93%	1.14
十、印花税	2.16%	0.91%	2.37
十一、城镇土地使用税	0.39%	0.85%	0.46
十二、土地增值税	0.04%	0.13%	0.30
十三、车船使用和牌照税	0.28%	0.32%	0.88
十四、屠宰税	−0.05%	0.32%	−0.17
十五、筵席税	0	0	−0.47
十六、农业税	−0.15%	2.10%	−0.07
十七、农业特产税	−0.30%	1.56%	−0.19
十八、牧业税	0	0.01%	−0.80
十九、耕地占用税	0.15%	0.49%	0.30
二十、契税	3.12%	2.01%	1.55
二十一、国有资产经营收益	−0.17%	0.73%	−0.24
二十二、国有企业计划亏损补贴	−8.40%	−3.35%	2.50
二十三、行政性收费收入	1.10%	4.76%	0.23
二十四、罚没收入	1.72%	4.57%	0.38
二十五、海域场地矿区使用费收入	0.10%	0.05%	2.32
二十六、专项收入	2.32%	3.22%	0.72
二十七、其他收入	−0.17%	1.54%	−0.11

资料来源:根据相应年份《中国统计年鉴》计算得出。

表 4-5 2002 年中国地区间财政收入差异的结构分解

项 目	贡献率	比重	相对集中系数
一、增值税	16.94%	18.17%	0.93
二、营业税	39.20%	26.95%	1.45
三、企业所得税	20.37%	13.13%	1.55
四、企业所得税退税	−0.19%	−0.03%	6.03
五、个人所得税	10.60%	7.11%	1.49
六、资源税	−0.15%	0.88%	−0.17
七、固定资产投资方向调节税	0.02%	0.09%	0.17
八、城市维护建设税	4.25%	5.49%	0.78
九、房产税	3.60%	3.32%	1.09
十、印花税	1.39%	0.83%	1.67
十一、城镇土地使用税	0.35%	0.90%	0.39
十二、土地增值税	0.14%	0.24%	0.56
十三、车船使用和牌照税	0.29%	0.34%	0.86
十四、屠宰税	−0.01%	0.12%	−0.07
十五、筵席税	0	0	−0.40
十六、农业税	−0.53%	3.76%	−0.14
十七、农业特产税	−0.22%	1.17%	−0.19
十八、牧业税	−0.02%	0.02%	−1.39
十九、耕地占用税	0.37%	0.67%	0.54
二十、契税	4.57%	2.81%	1.63
二十一、国有资产经营收益	−0.10%	1.00%	−0.10
二十二、国有企业计划亏损补贴	−7.11%	−2.51%	2.83
二十三、行政性收费收入	1.98%	6.04%	0.33
二十四、罚没收入	1.64%	4.64%	0.35
二十五、海域场地矿区使用费收入	0.09%	0.04%	2.33
二十六、专项收入	2.64%	3.46%	0.76
二十七、其他收入	−0.11%	1.36%	−0.08

资料来源:根据相应年份《中国统计年鉴》计算得出。

表 4－6　2003 年中国地区间财政收入差异的结构分解

项　　目	贡献率	比重	相对集中系数
一、增值税	17.27%	18.39%	0.94
二、营业税	40.70%	28.10%	1.45
三、企业所得税	16.98%	10.59%	1.60
四、企业所得税退税	0	0	−0.37
五、个人所得税	8.93%	5.76%	1.55
六、资源税	−0.16%	0.85%	−0.19
七、固定资产投资方向调节税	0	0.05%	0.03
八、城市维护建设税	4.16%	5.55%	0.75
九、房产税	3.53%	3.29%	1.07
十、印花税	1.44%	0.93%	1.55
十一、城镇土地使用税	0.27%	0.93%	0.29
十二、土地增值税	0.31%	0.38%	0.83
十三、车船使用和牌照税	0.26%	0.33%	0.80
十四、屠宰税	0	0.02%	−0.09
十五、筵席税	0	0	−0.40
十六、农业税	−0.56%	3.42%	−0.16
十七、农业特产税	−0.23%	0.91%	−0.25
十八、牧业税	−0.02%	0.02%	−1.32
十九、耕地占用税	0.38%	0.91%	0.42
二十、契税	6.10%	3.63%	1.68
二十一、国有资产经营收益	−0.14%	1.37%	−0.10
二十二、国有企业计划亏损补贴	−5.85%	−1.97%	2.97
二十三、行政性收费收入	2.40%	7.25%	0.33
二十四、罚没收入	1.40%	4.38%	0.32
二十五、海域场地矿区使用费收入	0.09%	0.05%	1.70
二十六、专项收入	2.61%	3.47%	0.75
二十七、其他收入	0.10%	1.41%	0.07

资料来源:根据相应年份《中国统计年鉴》计算得出。

表4-7　2004年中国地区间财政收入差异的结构分解

项　　目	贡献率	比重	相对集中系数
一、增值税	10.44%	14.17%	0.74
二、营业税	42.65%	29.68%	1.44
三、企业所得税	18.63%	11.74%	1.59
四、企业所得税退税	0	0	−0.33
五、个人所得税	9.00%	5.94%	1.52
六、资源税	−0.15%	0.84%	−0.18
七、固定资产投资方向调节税	0	0.03%	−0.02
八、城市维护建设税	4.03%	5.73%	0.70
九、房产税	3.18%	3.13%	1.01
十、印花税	1.48%	1.06%	1.40
十一、城镇土地使用税	0.20%	0.91%	0.22
十二、土地增值税	0.65%	0.64%	1.01
十三、车船使用和牌照税	0.23%	0.31%	0.75
十四、屠宰税	0	0	0.03
十五、筵席税	0	0	−0.26
十六、农业税	−0.31%	1.69%	−0.18
十七、农业特产税	−0.09%	0.37%	−0.24
十八、牧业税	−0.01%	0.01%	−1.06
十九、耕地占用税	0.30%	1.03%	0.29
二十、契税	7.47%	4.62%	1.62
二十一、国有资产经营收益	−0.27%	1.90%	−0.14
二十二、国有企业计划亏损补贴	−4.20%	−1.56%	2.70
二十三、行政性收费收入	2.61%	7.74%	0.34
二十四、罚没收入	1.31%	4.47%	0.29
二十五、海域场地矿区使用费收入	0.06%	0.05%	1.25
二十六、专项收入	2.63%	4.20%	0.63
二十七、其他收入	0.19%	1.30%	0.15

资料来源:根据相应年份《中国统计年鉴》计算得出。

表4-8　2005年中国地区间财政收入差异的结构分解

项　　目	贡献率	比重	相对集中系数
一、增值税	14.22%	17.77%	0.80
二、营业税	38.59%	27.56%	1.40
三、企业所得税	18.41%	11.73%	1.57
四、企业所得税退税	-0.01%	-0.01%	1.07
五、个人所得税	8.54%	5.63%	1.52
六、资源税	-0.17%	0.96%	-0.18
七、固定资产投资方向调节税	0.01%	0.01%	0.71
八、城市维护建设税	3.58%	5.31%	0.67
九、房产税	2.95%	2.93%	1.01
十、印花税	1.66%	1.08%	1.53
十一、城镇土地使用税	0.14%	0.92%	0.15
十二、土地增值税	1.23%	0.94%	1.31
十三、车船使用和牌照税	0.19%	0.26%	0.72
十四、屠宰税	0	0	-0.11
十五、筵席税	0	0	-0.17
十六、农业税	-0.01%	0.09%	-0.13
十七、农业特产税	-0.08%	0.31%	-0.26
十八、牧业税	0	0	-0.45
十九、耕地占用税	0.12%	0.95%	0.13
二十、契税	7.67%	4.94%	1.55
二十一、国有资产经营收益	-0.41%	2.65%	-0.15
二十二、国有企业计划亏损补贴	-2.77%	-1.12%	2.48
二十三、行政性收费收入	2.56%	7.21%	0.36
二十四、罚没收入	1.19%	4.15%	0.29
二十五、海域场地矿区使用费收入	0.05%	0.04%	1.09
二十六、专项收入	2.27%	4.36%	0.52
二十七、其他收入	0.06%	1.31%	0.04

资料来源:根据相应年份《中国统计年鉴》计算得出。

表4-9　2006年中国地区间财政收入差异的结构分解

项　　目	贡献率	比重	相对集中系数
一、增值税	14.86%	17.46%	0.85
二、营业税	37.97%	27.14%	1.40
三、企业所得税	18.66%	11.92%	1.56
四、企业所得税退税	-0.04%	-0.01%	3.77
五、个人所得税	8.81%	5.36%	1.64
六、资源税	-0.21%	1.13%	-0.18
七、固定资产投资方向调节税	0	0	0.10
八、城市维护建设税	3.47%	5.10%	0.68
九、房产税	3.24%	2.81%	1.15
十、印花税	1.56%	1.11%	1.41
十一、城镇土地使用税	0.16%	0.97%	0.17
十二、土地增值税	1.62%	1.26%	1.28
十三、车船使用和牌照税	0.19%	0.27%	0.70
十四、屠宰税	0	0	0.12
十五、筵席税	0	0	—
十六、农业税	0	0	-0.37
十七、农业特产税	-0.01%	0.02%	-0.28
十八、牧业税	0	0	—
十九、耕地占用税	0.11%	0.93%	0.11
二十、契税	5.85%	4.74%	1.24
二十一、烟叶税	-0.07%	0.23%	-0.29
二十二、国有资产经营收益	-0.42%	2.73%	-0.15
二十三、国有企业计划亏损补贴	-1.92%	-0.81%	2.36
二十四、行政性收费收入	2.32%	7.21%	0.32
二十五、罚没收入	1.25%	3.86%	0.32
二十六、海域场地矿区使用费收入	0.05%	0.06%	0.88
二十七、专项收入	2.18%	5.20%	0.42
二十八、其他收入	0.36%	1.28%	0.28

资料来源:根据相应年份《中国统计年鉴》计算得出。

表4-10　2007年中国地区间财政收入差异的结构分解

项　目	贡献率	比重	相对集中系数
一、国内增值税	12.84%	16.41%	0.78
二、营业税	37.08%	27.06%	1.37
三、企业所得税	21.36%	13.29%	1.61
四、个人所得税	8.72%	5.40%	1.61
五、资源税	-0.23%	1.11%	-0.20
六、城市维护建设税	3.24%	4.87%	0.67
七、房产税	2.70%	2.44%	1.11
八、印花税	2.47%	1.34%	1.84
九、城镇土地使用税	0.69%	1.64%	0.42
十、土地增值税	2.05%	1.71%	1.20
十一、车船税	0.28%	0.29%	0.98
十二、耕地占用税	0.04%	0.78%	0.05
十三、契税	5.84%	5.12%	1.14
十四、烟叶税	-0.06%	0.20%	-0.29
十五、其他税收收入	0	0	-0.03
十六、专项收入	1.64%	4.62%	0.36
十七、行政事业性收费收入	1.96%	6.55%	0.30
十八、罚没收入	0.99%	3.44%	0.29
十九、其他收入	-1.63%	3.72%	-0.44

资料来源：根据相应年份《中国统计年鉴》计算得出。

表4-11　2008年中国地区间财政收入差异的结构分解

项　目	贡献率	比重	相对集中系数
一、国内增值税	11.94%	15.70%	0.76
二、营业税	34.04%	25.81%	1.32
三、企业所得税	25.73%	13.97%	1.84
四、个人所得税	9.16%	5.19%	1.76
五、资源税	-0.23%	1.05%	-0.21
六、固定资产投资方向调节税	0	0	0.09
七、城市维护建设税	2.95%	4.66%	0.63

续表

项　目	贡献率	比　重	相对集中系数
八、房产税	2.89%	2.37%	1.22
九、印花税	1.92%	1.26%	1.52
十、城镇土地使用税	1.12%	2.85%	0.39
十一、土地增值税	2.01%	1.88%	1.07
十二、车船税	0.35%	0.50%	0.70
十三、耕地占用税	−0.03%	1.10%	−0.03
十四、契税	4.94%	4.56%	1.08
十五、烟叶税	−0.08%	0.24%	−0.32
十六、其他税收收入	0	0.01%	0.16
十七、专项收入	1.31%	4.72%	0.28
十八、行政事业性收费收入	2.06%	6.15%	0.34
十九、罚没收入	0.78%	3.03%	0.26
二十、国有资本经营收入	−1.17%	2.41%	−0.48
二十一、国有资源(资产)有偿使用收入	0.47%	1.46%	0.32
二十二、其他收入	−0.18%	1.06%	−0.17

资料来源:根据相应年份《中国统计年鉴》计算得出。

表 4-12　2009 年中国地区间财政收入差异的结构分解

项　目	贡献率	比　重	相对集中系数
一、国内增值税	12.22%	14.00%	0.87
二、营业税	34.74%	27.14%	1.28
三、企业所得税	20.30%	12.02%	1.69
四、个人所得税	9.05%	4.85%	1.86
五、资源税	−0.24%	1.04%	−0.23
六、城市维护建设税	2.91%	4.36%	0.67
七、房产税	3.10%	2.47%	1.26
八、印花税	1.81%	1.23%	1.47
九、城镇土地使用税	0.83%	2.82%	0.29
十、土地增值税	2.63%	2.21%	1.19
十一、车船税	0.37%	0.57%	0.64

续表

项 目	贡献率	比重	相对集中系数
十二、耕地占用税	0.40%	1.94%	0.21
十三、契税	6.23%	5.32%	1.17
十四、烟叶税	−0.09%	0.25%	−0.35
十五、其他税收收入	0	0.01%	0.24
十六、专项收入	1.27%	4.33%	0.29
十七、行政事业性收费收入	3.07%	6.00%	0.51
十八、罚没收入	0.55%	2.88%	0.19
十九、国有资本经营收入	−0.64%	2.88%	−0.22
二十、国有资源(资产)有偿使用收入	0.84%	2.30%	0.37
二十一、其他收入	0.62%	1.36%	0.45

资料来源:根据相应年份《中国统计年鉴》计算得出。

根据上述的计算结果,分析主要财政收入项目对地区间财政收入差异的贡献率。

一、增值税对地区间财政收入差异贡献率的分析

1999—2009 年,除了 1999 年增值税的相对集中系数超过了 1,其余年份都小于 1,所以从相对集中系数上看,增值税政策没有扩大地区间财政收入的差异。但如果对增值税政策作进一步研究就会发现,增值税的实施促使社会经济资源从落后的中西部地区流向了相对发达的东部地区。这主要是由于增值税的税负转嫁使得负税人和纳税人分离,以及增值税的生产地征收使得负税地区和纳税地区分离。就东部、中部、西部三大地区而言,目前中国商品和劳务的生产地大部分集中在东部地区,因此东部地区获得了中国大部分的增值税收入,而增值税的税收负担却是由分布于各地的消费者共同承担的,即增值税的负税地是全国而纳税地主要在东部地区。加之中国分税制对增值税税收收入采用固定比例分享办法,把增值税的纳税与税收收入的支出权挂钩,而没有考虑税收归宿的实际分布。这使得其负税地区与支出地区分离,落后地区对此颇感不公,发达地区则“理直气壮”地声称其应该获得更多的支出。固定比例分享税收收入的分税制与增值税的税负转嫁相结合,中国的增值税收

入的受益地区与负税地区就分离了,导致增值税在中国地区间分配不公。此外,不彻底的分税制财政体制使得纳税地区获得增值税税收收入的支出权,支出的收益多为纳税人所获得,而在很大程度上排除了负税地区对增值税财政收入的支出权,负税人不一定能获得支出的收益。这就拉大了东部地区和中西部地区之间差距,加剧了地区发展的不平衡性。[①]

表4-13 1999—2009年增值税对地区间财政收入差异的分析

年份	贡献率	比 重	相对集中系数
1999	17.76%	17.41%	1.02
2000	17.07%	17.80%	0.96
2001	16.47%	17.19%	0.96
2002	16.94%	18.17%	0.93
2003	17.27%	18.39%	0.94
2004	10.44%	14.17%	0.74
2005	14.22%	17.77%	0.80
2006	14.86%	17.46%	0.85
2007	12.84%	16.41%	0.78
2008	11.94%	15.70%	0.76
2009	12.22%	14.00%	0.87

资料来源:根据表4-2、4-3、4-4、4-5、4-6、4-7、4-8、4-9、4-10、4-11、4-12计算得出。

二、营业税对地区间财政收入差异贡献率的分析

营业税对地区间财政收入差异的贡献率一直在40%左右波动(见表4-14),大于营业税占财政收入的比重,营业税的相对集中系数也一直在1.40—1.52之间波动,这反映了营业税政策有利于发达地区。主要原因在于:自从1994年分税制改革把营业税划为了地方税,营业税占地方财政收入的比重一直是最高的,这在客观导向上有利于发达地区在财力的初次分配上多分得蛋糕。

国际经验表明,不同国家或地区由于经济基础和发展水平不同,再加之自

---

① 参见欧阳德云:《增值税、分税制与区域平衡发展》,《地方财政研究》2005年第8期,第30—33页。

然条件和政策取向不同,产业结构演变的进程和水平会有很大差异,但却有一个共同的趋势:随着一个国家或地区经济发展水平的提高,第一产业的比重持续较大幅度下降,第二产业的比重先升后降(在人均 2000 美元以前表现为上升,但上升的幅度越来越小),第三产业则不断上升。也就是说产业结构的调整或演进不可能超越相应的国民经济发展水平所能提供的物质条件,必然要受国民经济发展水平的内在制约。根据中国现行税制,营业税的税源主要集中在第三产业,因此,经济发展水平越高,第三产业比重越高,营业税对地方财政收入的贡献率越高。经济发达地区经济发展水平较高,具有发展第三产业的优势;中西部地区由于经济发展水平较低,居民收入相对较低,缺乏快速发展服务业的客观条件,在营业税的分配中处于劣势。2008 年北京和上海的人均国内生产总值分别为 63029 元和 73124 元,第三产业比重分别为 73.25% 和 53.66%,营业税对地方财政收入的贡献率分别达到 35.47% 和 32.36%;同期的山西、黑龙江的人均国内生产总值分别为 20398 元和 21727 元,第三产业比重分别只有 34.16% 和 34.36%,其营业税对地方财政收入的贡献率分别为 17.34% 和 17.28%。因此,现行的财政体制把营业税作为地方税的主体税种,使得经济落后地区与发达地区在财力的初次分配上就拉开了差距。

表 4-14 1999—2009 年营业税对地区间财政收入差异的分析

年份	贡献率	比　　重	相对集中系数
1999	39.52%	25.98%	1.52
2000	37.36%	25.38%	1.47
2001	35.40%	23.70%	1.49
2002	39.20%	26.95%	1.45
2003	40.70%	28.10%	1.45
2004	42.65%	29.68%	1.44
2005	38.59%	27.56%	1.40
2006	37.97%	27.14%	1.40
2007	37.08%	27.06%	1.37
2008	34.04%	25.81%	1.32
2009	34.74%	27.14%	1.28

资料来源:根据表 4-2、4-3、4-4、4-5、4-6、4-7、4-8、4-9、4-10、4-11、4-12 计算得出。

表 4 - 15　国际上三大产业结构演进的一般趋势

经济发展阶段	人均国内生产总值(美元)	产业结构(%)		
		第一产业	第二产业	第三产业
第一阶段	70	45.8	21.0	33.2
第二阶段	150	63.1	28.4	35.5
第三阶段	300	26.5	36.9	36.6
第四阶段	500	19.4	42.5	38.1
第五阶段	1000	10.9	48.4	40.7

资料来源:龚仰军:《产业结构研究》,上海财经大学出版社 2002 年版,第 38—47 页。

三、企业所得税对地区间财政收入差异贡献率的分析

从 1999—2009 年,企业所得税的相对集中系数一直大于 1,企业所得税政策有利于发达地区。主要是因为《企业所得税法》规定企业以企业登记注册地为纳税地点,而《中华人民共和国税收征管法》规定分公司的企业所得税可以由总公司汇算清缴。现在很多企业都是集团或总公司,往往在发达地区登记注册,而分公司遍布全国,这种汇缴制度客观上导致财政收入更多地向总机构(或母公司)比较集中的发达地区转移,使得分支机构(或子公司)所在地面临"有税源而无税收"的困境,从财政角度看显然这种汇缴制度有利于发达地区而不利于不发达地区。

正是这种汇缴制度造成了中国地区间的税收竞争。由于中国税权高度集中,制度内税收竞争条件有限,导致制度外税收竞争广泛存在,并且形式多样。一般来说,地方政府间税收竞争(横向税收竞争)主要有两种形式:[1]第一,财政返还,即变相"先征后返",对企业已经缴纳的税款以财政奖励或补贴的名义予以返还,它的效果实质上等同于减免税。第二,地方通过综合配套措施,增加特定方向的公共支出和减少应该收取的费用。有些地方允许一些企业打上高新技术企业的招牌,从而享受国家规定的企业所得税优惠政策。例如北京《关于鼓励跨国公司在京设立地区总部若干规定》(京政发[1999]4 号)第

---

[1]　参见杨志勇:《国内税收竞争理论:结合我国现实的分析》,《税务研究》2003 年第 6 期,第 14—17 页。

四条中规定:"跨国公司地区总部在本市缴纳企业所得税后的利润用于在本市进行资本性再投资的,可在税法规定的再投资退税基础上,由市财政按照其实际上缴地方的企业所得税的一定比例给予返还。对跨国公司地区总部,免征地方所得税"。上海市政府也出台了《上海市鼓励外国跨国公司设立地区总部的暂行规定》,对设立具有研发功能的地区总部,可以按照规定享受高新技术企业优惠政策;在浦东新区注册的地区总部,可以享受新区优惠政策。天津市财政局、天津市发展和改革委员会、天津市地方税务局联合出台的《天津市促进企业总部和金融业发展优惠政策》(津财金〔2006〕6 号)第八条中规定:"对金融企业在本市规划的金融区内新购置办公用房,按每平方米 1000 元的标准给予一次性补助"。

表 4 - 16　1999—2009 年企业所得税对地区间财政收入差异的分析

年份	贡献率	比　重	相对集中系数
1999	21.63%	13.96%	1.55
2000	21.19%	15.70%	1.35
2001	23.80%	20.97%	1.14
2002	20.37%	13.13%	1.55
2003	16.98%	10.59%	1.60
2004	18.63%	11.74%	1.59
2005	18.41%	11.73%	1.57
2006	18.66%	11.92%	1.56
2007	21.36%	13.29%	1.61
2008	25.73%	13.97%	1.84
2009	20.30%	12.02%	1.69

资料来源:根据表 4 - 2、4 - 3、4 - 4、4 - 5、4 - 6、4 - 7、4 - 8、4 - 9、4 - 10、4 - 11、4 - 12 计算得出。

表 4 - 17　几个主要城市制定的支持总部经济发展的财税优惠政策

城市	政策法规名称及制定的时间	主要财税优惠政策
北京	1999 年制定《关于鼓励跨国公司在京设立地区总部若干规定》	(1)跨国公司地区总部在本市缴纳企业所得税后的利润用于在本市进行资本性再投资的,可以在税法规定的再投资退税基础上,由市财政按照其实际上缴地方的企业所得税的定比例给予返还。 (2)对跨国公司地区总部,免征地方所得税。 (3)可以优先提供建设用地,并按程序办理建设用地手续。

续表

城市	政策法规名称及制定的时间	主要财税优惠政策
上海	2002 年上海市制定《上海市鼓励外国跨国公司设立地区总部的暂行规定》	(1)在本市设立的具有研究开发功能的地区总部,可以按照规定享受高新技术企业优惠政策;在浦东新区注朋的地区总部,可以按照规定享受浦东新区优惠政策。 (2)地区总部为其员工提供关键技能培训服务的,可以按照有关规定获得资助。
天津	2006 年制定《天津市促进企业总部和金融业发展优惠政策》	(1)对在本市新设立的总部或地区总部给予一次性资金补助,注册资本十亿元人民币(含十亿元人民币)以上的,补助 2000 万元人民币;注册资本十亿元人民币以下、五亿元人民币(含五亿元人民币)以上的,补助 1500 万元人民币;注册资本五亿元人民币以下、一亿元人民币(含一亿元人民币)以上的,补助 1000 万元人民币。 (2)对金融企业在本市规划的金融区内新购置办公用房,按每平方米 1000 元的标准给予一次性补助。 (3)总部或地区总部聘任的境外、国外高级管理人员,按规定缴纳的个人所得税高于境外、国外的部分,由同级财政部门返还其已缴纳个人所得税地方留成部分。 (4)对在本市新设立的金融企业,自开业年度起的三年内由同级财政部门减半返还营业税;自赢利年度起的三年内由同级财政部门全额返还企业所得税地方分享部分;对新购建的自用办公房产,免征契税,并免征房产税三年。 (5)总部或地区总部按照不超过职工工资总额 15% 的比例为职工缴存的住房公积金可税前扣除并免征个人所得税。总部或地区总部职工按照不超过其工资总额 15% 的比例缴存的住房公积金免征个人所得税。
广州市东山区	2003 年制定《关于进一步加快总部经济发展的若干意见》	(1)在本区进行税务登记的新办总部企业,按其当年对区财政贡献额的 20% 给予一次性奖励,具体实施办法由区经贸局与区财政局制定。 (2)对驻本区总部企业的纳税大户给子奖励。在本区排名前 50 位的纳税大户,且对区财政贡献额超过上年 15% 以上,可按照该企业对区财政贡献增加部分的 30% 奖励企业。
深圳	2003 年制定《深圳市支持金融业发展若干规定实施细则》	(1)自 2003 年度开始,在市政府产业发展资金中统筹安排金融发展专项资金。金融发展专项资金主要用于:奖励金融机构在深圳设立总部和地区总部;补贴在深圳的金融机构新购置总部、地区总部自用办公用房;补贴在深圳新设立的金融机构总部、地区总部租赁自用办公用房;给予在深圳的金融机构高管人员住房补贴;市政府金融创新奖的组织评选和奖励经费;金融发展决策咨询委员会会务等经费;开展市政府组织的金融业发展课题调研、加强深港两地金融业界联系沟通、支持在深金融机构及行业协会举办高水平论坛活动等专项经费;支持我市金融业发展的其他支出。

城市	政策法规名称及制定的时间	主要财税优惠政策
深圳		(2)为鼓励金融机构落户深圳,对在深圳新设立金融机构总部的,一次性奖励500万元;对在深圳新设立金融机构地区总部的,一次性奖励200万元。 (3)在深圳的金融机构总部或地区总部,因业务发展需要购地建设本部自用办公用房的,其用地经市规划国土部门审核并报市政府审批后,以协议方式出让,由市财政根据实际情况,返还地价(含配套费等)的30%。 (4)在深圳的金融机构总部或地区总部,其本部因业务发展需要新购置自用办公用房,按每平方米1000元的标准给予一次性购房补贴。享受补贴的办公用房五年内不得对外租售。 (5)在深圳的金融机构总部或地区总部,其本部新租赁自用办公用房,在三年内每年按房屋租金市场指导价的30%,给予租房补贴。 (6)在深圳的金融机构总部副职待遇以上、地区总部正职待遇以上高管人员,按每个职位每月1000元的标准给予住房补贴。
杭州	2001年制定《关于进一步鼓励外商投资的若干意见》	总部设在上城区的外商投资性公司和总部(含地区总部),设在上城区以外的外商投资商业零售项目,经营期在十年以上的,从获利年度起,区财政部门安排定的资个扶持。第一年,扶持资金的额度为该企业当年缴纳的所得税;第二年至第四年,扶持资金的额度不超过该企业三年缴纳所得税的50%。
苏州	2003年《关于鼓励外国跨国公司在苏州工业园区设立地区总部的若干意见》	(1)外国跨国公司在园区设立的地区总部,对其自地区总部设立之日起五年内实现的增加值、利润形成的园区地方财力部分建立专项基金,用于支持跨国公司地区总部发挥功能;之后五年减半支持。 (2)外国跨国公司在园区设立的地区总部,对其自地区总部设立之日起五年内实现的营业收入、城市房地产税额形成的园区地方财力部分纳入上述专项基金。 (3)在园区设立的外国跨国公司地区总部,租用园区管委会自有产权房的,在市场价格基础,两年内按五折优惠。在园区自建自用生产办公用房的,土地价格上给予优惠。 (4)对在外国跨国公司园区地区总部的工作人员,在2007年前,如在园区范围内购房,其个人购房款可在其向园区主管税务机关缴纳的个人所得税的税基中抵扣。
厦门	2004年制定《厦门市人民政府附关于鼓励境内外企业在厦门设立地区总部的暂行规定》	(1)由市、区两级财政根据总部经济企业在厦形成的年度利润总额,给予定比例的财政补贴,补贴年限为五年。 (2)著名跨国公司、境内外较大金融机构和国内大型企业集团来厦设立地区总部的,可以分别给予一次性奖励资金。 (3)财政补贴比例和奖励资金额度山市、区政府附根据总部经济企业对市、区两级财政的贡献情况具体确定。市、区两级财政补贴和奖励资金限用于企业在厦进行固定资产投资。

续表

城市	政策法规名称及制定的时间	主要财税优惠政策
厦门		(4)参照我市招商引资奖励政策,对促成区域外较大企业总部进驻厦门的个人和中介组织根据企业注册资本金和实际到资的额度大小进行奖励。

资料来源:贾康、阎坤、鄢晓发:《总部经济、地区间税收竞争与税收转移》,《税务研究》2007年第2期,第12—17页。

中国立法机构经过四年反复酝酿订立的一部平衡内、外资企业税负,给予全体企业法人以国民待遇的《中华人民共和国企业所得税法》(下称"《新税法》")于2008年1月1日正式实施,让内、外资企业真正站在了同一条起跑线上。与此同时,为保证《新税法》顺利实施,妥善处理地区间利益分配关系,由财政部、国家税务总局、中国人民银行共同颁布的《跨省市总分机构企业所得税分配及预算管理暂行办法》(财预[2008]第10号,下称"10号文")以及《跨地区经营汇总纳税企业所得税征收管理暂行办法》(国税发[2008]28号,下称"28号文")。《新税法》、10号文及28号文实施已两年,妥善处理了地区间利益分配不均的问题,"汇总纳税"制度基本解决了地方呼吁多年的企业分支机构驻在地的税源,集中转移到企业总部机构所在的少数经济发达城市现象。但也出现了各地步调不一致、政策执行不畅通等问题,限于篇幅不再讨论。

表4-18 1999—2006年企业所得税退税对地区间财政收入差异的分析

年份	贡献率	比 重	相对集中系数
1999	-0.85%	-0.51%	1.68
2000	-0.39%	-0.22%	1.82
2001	-0.31%	-0.10%	3.15
2002	-0.19%	-0.03%	6.03
2003	0	0	-0.37
2004	0	0	-0.33
2005	-0.01%	-0.01%	1.07
2006	-0.04%	-0.01%	3.77

资料来源:根据表4-2、4-3、4-4、4-5、4-6、4-7、4-8、4-9计算得出。

四、个人所得税对地区间财政收入差异贡献率的分析

1999—2009 年个人所得税的相对集中系数一直大于 1, 个人所得税政策扩大了地区间财政收入差异。一是因为中国地区间居民收入差距较大, 二是因为中国的个人所得税税率是累进税率, 发达地区居民个人所得税税率也比较高。即使发达地区劳动者收入增长幅度与欠发达地区增长幅度相同, 但由于发达地区的人均收入水平本来就高, 个人所得税的纳税人数也多, 在累进税率制度下, 发达地区个人所得税的增长速度也高于欠发达地区。

表 4-19   1999—2009 年个人所得税对地区间财政收入差异的分析

年份	贡献率	比　重	相对集中系数
1999	13.86%	7.38%	1.88
2000	14.52%	7.96%	1.82
2001	15.16%	9.18%	1.65
2002	10.60%	7.11%	1.49
2003	8.93%	5.76%	1.55
2004	9.00%	5.94%	1.52
2005	8.54%	5.63%	1.52
2006	8.81%	5.36%	1.64
2007	8.72%	5.40%	1.61
2008	9.16%	5.19%	1.76
2009	9.05%	4.85%	1.86

资料来源: 根据表 4-2、4-3、4-4、4-5、4-6、4-7、4-8、4-9、4-10、4-11、4-12 计算得出。

五、资源税对地区间财政收入差异贡献率的分析

1999—2009 年资源税的相对集中系数不但小于 1, 而且为负数, 说明资源税政策有利于缩小地区间财政收入差异。这是因为中国资源税 70% 以上分布在中西部地区, 2000—2009 年东部地区的资源税只有 28.57%。

表4-20 1999—2009年资源税对地区间财政收入差异的分析

年份	贡献率	比 重	相对集中系数
1999	-0.18%	1.12%	-0.16
2000	-0.18%	0.99%	-0.18
2001	-0.16%	0.86%	-0.18
2002	-0.15%	0.88%	-0.17
2003	-0.16%	0.85%	-0.19
2004	-0.15%	0.84%	-0.18
2005	-0.17%	0.96%	-0.18
2006	-0.21%	1.13%	-0.18
2007	-0.23%	1.11%	-0.20
2008	-0.23%	1.05%	-0.21
2009	-0.24%	1.04%	-0.23

资料来源:根据表4-2、4-3、4-4、4-5、4-6、4-7、4-8、4-9、4-10、4-11、4-12计算得出。

但是,必须看到的是,目前的矿产资源补偿费和税收都是相当低的。近年来国际原油价格一直保持在每吨3800元以上,但石油天然气资源税则长时间停留在12—14元/吨,直到2005年7月以后才调整到14—30元/吨之间。而且资源税的计征方法是从量计征,不是从价计征,资源税收入不能随着资源产品价格的上涨而增加,并造成资源粗放式开采,导致资源浪费和环境破坏,资源输出地不仅得不到应有的收益,反而加重了环境治理方面的负担,矿产资源丰富的局部地区生态环境在不断恶化。此外,对大矿和富矿,特别是一些重要资源,现在还是中央政府所属的垄断性企业来掌握。由于成本低,资源税率低,利润很高,而这部分丰厚的利润属于中央政府或者是中央政府所属的垄断性的企业。结果导致矿产资源丰富的地区没能得到应有的回报,因资源开采而引发的局部地区生态环境恶化、水资源恶化和贫困地区差距拉大等问题得不到应有的解决。这不仅不能使西部的自然资源优势转变为产业优势和经济优势,反而会延缓西部的可持续发展,进一步扩大东西部之间的差异。

表4-21 2000—2006年资源税的地区分布结构

（单位：%）

年份 地区	2000	2001	2002	2003	2004	2005	2006	2007	2008	2009	平均
东部地区	28.14	28.06	28.26	27.36	30.37	29.51	29.80	28.65	27.42	28.14	28.57
中部地区	48.20	48.59	47.69	48.66	44.58	44.11	42.49	42.54	41.91	39.00	44.78
西部地区	23.66	23.35	24.05	23.98	25.04	26.38	27.71	28.81	30.67	32.86	26.65

资料来源：根据历年《中国统计年鉴》计算得出。

其他一些小税种在某种程度上都是有利于缩小地区间财政收入差异的，在此不再一一分析，见表4-22至表4-34。

表4-22 1999—2008年固定资产投资方向调节税对地区间财政收入差异的分析

年份	贡献率	比 重	相对集中系数
1999	1.24%	2.33%	0.53
2000	0.33%	0.72%	0.45
2001	0.09%	0.20%	0.45
2002	0.02%	0.09%	0.17
2003	0	0.05%	0.03
2004	0	0.03%	-0.02
2005	0.01%	0.01%	0.71
2006	0	0	0.10
2007	—	—	—
2008	0	0	0.09

资料来源：根据表4-2、4-3、4-4、4-5、4-6、4-7、4-8、4-9、4-10、4-11计算得出。

表4-23 1999—2009年城市维护建设税对地区间财政收入差异的分析

年份	贡献率	比 重	相对集中系数
1999	4.95%	5.59%	0.89
2000	4.57%	5.45%	0.84
2001	4.07%	4.88%	0.83
2002	4.25%	5.49%	0.78
2003	4.16%	5.55%	0.75

年份	贡献率	比 重	相对集中系数
2004	4.03%	5.73%	0.70
2005	3.58%	5.31%	0.67
2006	3.47%	5.10%	0.68
2007	3.24%	4.87%	0.67
2008	2.95%	4.66%	0.63
2009	2.91%	4.36%	0.67

资料来源:根据表 4-2、4-3、4-4、4-5、4-6、4-7、4-8、4-9、4-10、4-11、4-12 计算得出。

表 4-24 1999—2009 年房产税对地区间财政收入差异的分析

年份	贡献率	比 重	相对集中系数
1999	3.87%	3.28%	1.18
2000	3.89%	3.27%	1.19
2001	3.35%	2.93%	1.14
2002	3.60%	3.32%	1.09
2003	3.53%	3.29%	1.07
2004	3.18%	3.13%	1.01
2005	2.95%	2.93%	1.01
2006	3.24%	2.81%	1.15
2007	2.70%	2.44%	1.11
2008	2.89%	2.37%	1.22
2009	3.10%	2.47%	1.26

资料来源:根据表 4-2、4-3、4-4、4-5、4-6、4-7、4-8、4-9、4-10、4-11、4-12 计算得出。

表 4-25 1999—2009 年印花税对地区间财政收入差异的分析

年份	贡献率	比 重	相对集中系数
1999	3.72%	1.20%	3.10
2000	4.77%	1.54%	3.09
2001	2.16%	0.91%	2.37
2002	1.39%	0.83%	1.67
2003	1.44%	0.93%	1.55

续表

年份	贡献率	比 重	相对集中系数
2004	1.48%	1.06%	1.40
2005	1.66%	1.08%	1.53
2006	1.56%	1.11%	1.41
2007	2.47%	1.34%	1.84
2008	1.92%	1.26%	1.52
2009	1.81%	1.23%	1.47

资料来源:根据表4-2、4-3、4-4、4-5、4-6、4-7、4-8、4-9、4-10、4-11、4-12计算得出。

表4-26 1999—2009年城镇土地使用税对地区间财政收入差异的分析

年份	贡献率	比 重	相对集中系数
1999	0.60%	1.06%	0.57
2000	0.48%	1.01%	0.48
2001	0.39%	0.85%	0.46
2002	0.35%	0.90%	0.39
2003	0.27%	0.93%	0.29
2004	0.20%	0.91%	0.22
2005	0.14%	0.92%	0.15
2006	0.16%	0.97%	0.17
2007	0.69%	1.64%	0.42
2008	1.12%	2.85%	0.39
2009	0.83%	2.82%	0.29

资料来源:根据表4-2、4-3、4-4、4-5、4-6、4-7、4-8、4-9、4-10、4-11、4-12计算得出。

表4-27 1999—2009年土地增值税对地区间财政收入差异的分析

年份	贡献率	比 重	相对集中系数
1999	0.27%	0.12%	2.21
2000	0.14%	0.13%	1.07
2001	0.04%	0.13%	0.30
2002	0.14%	0.24%	0.56
2003	0.31%	0.38%	0.83

续表

年份	贡献率	比　重	相对集中系数
2004	0.65%	0.64%	1.01
2005	1.23%	0.94%	1.31
2006	1.62%	1.26%	1.28
2007	2.05%	1.71%	1.20
2008	2.01%	1.88%	1.07
2009	2.63%	2.21%	1.19

资料来源:根据表4-2、4-3、4-4、4-5、4-6、4-7、4-8、4-9、4-10、4-11、4-12 计算得出。

表4-28　1999—2009 年车船使用和牌照税对地区间财政收入差异的分析

年份	贡献率	比　重	相对集中系数
1999	0.36%	0.37%	0.98
2000	0.32%	0.37%	0.87
2001	0.28%	0.32%	0.88
2002	0.29%	0.34%	0.86
2003	0.26%	0.33%	0.80
2004	0.23%	0.31%	0.75
2005	0.19%	0.26%	0.72
2006	0.19%	0.27%	0.70
2007	0.28%	0.29%	0.98
2008	0.35%	0.50%	0.70
2009	0.37%	0.57%	0.64

资料来源:根据表4-2、4-3、4-4、4-5、4-6、4-7、4-8、4-9、4-10、4-11、4-12 计算得出。

表4-29　1999—2006 年屠宰税对地区间财政收入差异的分析

年份	贡献率	比　重	相对集中系数
1999	−0.08%	0.51%	−0.16
2000	−0.10%	0.50%	−0.19
2001	−0.05%	0.32%	−0.17
2002	−0.01%	0.12%	−0.07
2003	0	0.02%	−0.09

年份	贡献率	比　重	相对集中系数
2004	0	0	0.03
2005	0	0	−0.11
2006	0	0	0.12

资料来源:根据表4-2、4-3、4-4、4-5、4-6、4-7、4-8、4-9计算得出。

表4-30　1999—2006年筵席税对地区间财政收入差异的分析

年份	贡献率	比　重	相对集中系数
1999	−0.0028%	0.0071%	−0.39
2000	−0.0030%	0.0068%	−0.44
2001	−0.0007%	0.0015%	−0.47
2002	−0.0001%	0.0002%	−0.40
2003	0	0	−0.40
2004	0	0	−0.26
2005	0	0	−0.17
2006	—	—	—

资料来源:根据表4-2、4-3、4-4、4-5、4-6、4-7、4-8、4-9计算得出。

表4-31　1999—2006年农业税对地区间财政收入差异的分析

年份	贡献率	比　重	相对集中系数
1999	−0.1795%	2.8647%	−0.06
2000	−0.2752%	2.5826%	−0.11
2001	−0.1495%	2.1007%	−0.07
2002	−0.5271%	3.7589%	−0.14
2003	−0.5570%	3.4168%	−0.16
2004	−0.3088%	1.6924%	−0.18
2005	−0.0113%	0.0860%	−0.13
2006	−0.0003%	0.0007%	−0.37

资料来源:根据表4-2、4-3、4-4、4-5、4-6、4-7、4-8、4-9计算得出。

表4-32　1999—2006年农业特产税对地区间财政收入差异的分析

年份	贡献率	比　重	相对集中系数
1999	-0.3959%	2.3491%	-0.17
2000	-0.3943%	2.0409%	-0.19
2001	-0.2986%	1.5631%	-0.19
2002	-0.2212%	1.1738%	-0.19
2003	-0.2259%	0.9096%	-0.25
2004	-0.0904%	0.3702%	-0.24
2005	-0.0819%	0.3131%	-0.26
2006	-0.0053%	0.0192%	-0.28

资料来源:根据表4-2、4-3、4-4、4-5、4-6、4-7、4-8、4-9计算得出。

表4-33　1999—2006年牧业税对地区间财政收入差异的分析

年份	贡献率	比　重	相对集中系数
1999	-0.0337%	0.0500%	-0.67
2000	-0.0405%	0.0425%	-0.95
2001	-0.0041%	0.0051%	-0.80
2002	-0.0232%	0.0167%	-1.39
2003	-0.0199%	0.0151%	-1.32
2004	-0.0074%	0.0069%	-1.06
2005	0	0.0001%	-0.45
2006	—	—	—

资料来源:根据表4-2、4-3、4-4、4-5、4-6、4-7、4-8、4-9计算得出。

表4-34　1999—2009年耕地占用税对地区间财政收入差异的分析

年份	贡献率	比　重	相对集中系数
1999	0.16%	0.59%	0.27
2000	0.16%	0.55%	0.29
2001	0.15%	0.49%	0.30
2002	0.37%	0.67%	0.54
2003	0.38%	0.91%	0.42
2004	0.30%	1.03%	0.29

年份	贡献率	比　重	相对集中系数
2005	0.12%	0.95%	0.13
2006	0.11%	0.93%	0.11
2007	0.04%	0.78%	0.05
2008	-0.03%	1.10%	-0.03
2009	0.40%	1.94%	0.21

资料来源:根据表4-2、4-3、4-4、4-5、4-6、4-7、4-8、4-9、4-10、4-11、4-12计算得出。

表4-35　1999—2009年契税对地区间财政收入差异的分析

年份	贡献率	比　重	相对集中系数
1999	2.97%	1.72%	1.73
2000	3.56%	2.05%	1.74
2001	3.12%	2.01%	1.55
2002	4.57%	2.81%	1.63
2003	6.10%	3.63%	1.68
2004	7.47%	4.62%	1.62
2005	7.67%	4.94%	1.55
2006	5.85%	4.74%	1.24
2007	5.84%	5.12%	1.14
2008	4.94%	4.56%	1.08
2009	6.23%	5.32%	1.17

资料来源:根据表4-2、4-3、4-4、4-5、4-6、4-7、4-8、4-9、4-10、4-11、4-12计算得出。

表4-36　2006—2009年烟叶税对地区间财政收入差异的分析

年份	贡献率	比　重	相对集中系数
2006	-0.07%	0.23%	-0.29
2007	-0.06%	0.20%	-0.29
2008	-0.08%	0.24%	-0.32
2009	-0.09%	0.25%	-0.35

资料来源:根据表4-9、4-10、4-11、4-12计算得出。

六、非税收入对地区间财政收入差异贡献率的分析

表4-37 1999—2009年非税收入对地区间财政收入差异的分析

年份	贡献率	比 重	相对集中系数
1999	-9.20%	12.62%	-0.73
2000	-6.99%	12.13%	-0.58
2001	-3.50%	11.50%	-0.30
2002	-0.96%	14.02%	-0.07
2003	0.62%	15.96%	0.04
2004	2.32%	18.10%	0.13
2005	2.95%	18.60%	0.16
2006	3.81%	19.54%	0.20
2007	2.96%	18.33%	0.16
2008	3.28%	18.83%	0.17
2009	5.72%	19.77%	0.29

资料来源:根据表4-2、4-3、4-4、4-5、4-6、4-7、4-8、4-9、4-10、4-11、4-12计算得出。

非税收入是政府参与国民收入初次分配和再分配的一种形式,属于财政资金范畴。广义地说,非税收入是指政府通过合法程序获得的除税收以外的一切收入,具体来看,主要包括国有资产经营收益、国有企业计划亏损补贴、行政性收费收入、罚没收入、海域场地矿区使用费收入、专项收入、其他收入等。1999—2009年非税收入的相对集中系数一直小于1,而且在1999—2002年为负数,说明非税收入有利于缩小地区间财政收入的差异。

从非税收入的地区分布看,非税收入比重高的情况,在经济发达的地区一般要平缓一些,这可能是因为经济发达地区政府地方税源相对充裕,不必像欠发达地区的政府那样,要更大程度上依赖非税的途径筹资。1999—2009年中部地区的非税收入比重平均为25.48%,西部平均为23.72%,而东部只有11.82%。由于规范的转移支付还没有到位,现行的转移支付方法不仅构成复杂,而且体制设计上以保证既得利益为前提,在调节地区差异方面的功能还很弱,并且缺乏足够的透明度和稳定性。地方政府尤其是落后地区的政府难以把希望寄托在中央财政转移支付上,从而容易走上扩张非税收入的道路。江

庆对 1978—2003 年中国中央与地方纵向财政进行了实证分析,[①]发现 1978—1984 年纵向财政处于正向不平衡状态,1985—1993 年纵向财政基本平衡,1994—2003 年纵向财政处于反向不平衡状态。分税制后中央本级财政收支正缺口呈扩大趋势,而地方负的财政缺口也呈扩大趋势,而且中央财政的正缺口不足以弥补地方财政的负缺口,在地方举债受到严格限制的条件下,为弥补缺口地方政府扩大非税收入是其唯一途径。

表 4-38　1999—2009 年东部、中部、西部地区非税收入比重的比较

（单位:%）

地区 \ 年份	1999	2000	2001	2002	2003	2004	2005	2006	2007	2008	2009	平均
东部地区	6.13	5.94	6.46	9.02	10.65	25.41	11.85	13.89	12.82	13.28	14.55	11.82
中部地区	20.17	19.71	17.86	19.56	21.10	49.65	23.69	29.68	26.41	25.83	26.58	25.48
西部地区	16.41	16.01	16.36	18.27	20.00	44.60	20.41	25.55	27.15	28.28	27.91	23.72

资料来源:根据相应年份《中国统计年鉴》计算得出。

表 4-39　1999—2009 年国有资产经营收益对地区间财政收入差异的分析

年份	贡献率	比　重	相对集中系数
1999	−0.09%	0.82%	−0.11
2000	−0.19%	0.94%	−0.20
2001	−0.17%	0.73%	−0.24
2002	−0.10%	1.00%	−0.10
2003	−0.14%	1.37%	−0.10
2004	−0.27%	1.90%	−0.14
2005	−0.41%	2.65%	−0.15
2006	−0.42%	2.73%	−0.15
2007	—	—	—
2008	−1.17%	2.41%	−0.48
2009	−0.64%	2.88%	−0.22

资料来源:根据表 4-2、4-3、4-4、4-5、4-6、4-7、4-8、4-9、4-10、4-11、4-12 计算得出。

---

① 参见江庆:《中央与地方纵向财政不平衡的实证研究(1978—2003)》,《财贸研究》2006 年第 2 期,第 78—84 页。

表 4 - 40　1999—2006 年国有企业计划亏损补贴对地区间财政收入差异的分析

年份	贡献率	比　重	相对集中系数
1999	-14.44%	-4.26%	3.39
2000	-11.23%	-3.59%	3.13
2001	-8.40%	-3.35%	2.50
2002	-7.11%	-2.51%	2.83
2003	-5.85%	-1.97%	2.97
2004	-4.20%	-1.56%	2.70
2005	-2.77%	-1.12%	2.48
2006	-1.92%	-0.81%	2.36

资料来源:根据表 4 - 2、4 - 3、4 - 4、4 - 5、4 - 6、4 - 7、4 - 8、4 - 9 计算得出。

表 4 - 41　1999—2009 年行政性收费收入对地区间财政收入差异的分析

年份	贡献率	比　重	相对集中系数
1999	0.36%	4.09%	0.09
2000	0.59%	4.46%	0.13
2001	1.10%	4.76%	0.23
2002	1.98%	6.04%	0.33
2003	2.40%	7.25%	0.33
2004	2.61%	7.74%	0.34
2005	2.56%	7.21%	0.36
2006	2.32%	7.21%	0.32
2007	1.96%	6.55%	0.30
2008	2.06%	6.15%	0.34
2009	3.07%	6.00%	0.51

资料来源:根据表 4 - 2、4 - 3、4 - 4、4 - 5、4 - 6、4 - 7、4 - 8、4 - 9、4 - 10、4 - 11、4 - 12 计算得出。

表 4 - 42　1999—2009 年罚没收入对地区间财政收入差异的分析

年份	贡献率	比　重	相对集中系数
1999	1.83%	4.66%	0.39
2000	1.72%	4.72%	0.36
2001	1.72%	4.57%	0.38

续表

年份	贡献率	比重	相对集中系数
2002	1.64%	4.64%	0.35
2003	1.40%	4.38%	0.32
2004	1.31%	4.47%	0.29
2005	1.19%	4.15%	0.29
2006	1.25%	3.86%	0.32
2007	0.99%	3.44%	0.29
2008	0.78%	3.03%	0.26
2009	0.55%	2.88%	0.19

资料来源:根据表4-2、4-3、4-4、4-5、4-6、4-7、4-8、4-9、4-10、4-11、4-12计算得出。

表4-43 1999—2006年海域场地矿区使用费收入
对地区间财政收入差异的分析

年份	贡献率	比重	相对集中系数
1999	0.05%	1.42%	0.04
2000	0.10%	0.06%	1.74
2001	0.10%	0.05%	2.32
2002	0.09%	0.04%	2.33
2003	0.09%	0.05%	1.70
2004	0.06%	0.05%	1.25
2005	0.05%	0.04%	1.09
2006	0.05%	0.06%	0.88

资料来源:根据表4-2、4-3、4-4、4-5、4-6、4-7、4-8、4-9计算得出。

表4-44 1999—2009年专项收入对地区间财政收入差异的分析

年份	贡献率	比重	相对集中系数
1999	2.63%	3.56%	0.74
2000	2.38%	3.53%	0.68
2001	2.32%	3.22%	0.72
2002	2.64%	3.46%	0.76
2003	2.61%	3.47%	0.75

续表

年份	贡献率	比　重	相对集中系数
2004	2.63%	4.20%	0.63
2005	2.27%	4.36%	0.52
2006	2.18%	5.20%	0.42
2007	1.64%	4.62%	0.36
2008	1.31%	4.72%	0.28
2009	1.27%	4.33%	0.29

资料来源:根据表4-2、4-3、4-4、4-5、4-6、4-7、4-8、4-9、4-10、4-11、4-12计算得出。

表4-45　1999—2009年其他收入对地区间财政收入差异的分析

年份	贡献率	比　重	相对集中系数
1999	0.47%	2.32%	0.20
2000	-0.36%	2.02%	-0.18
2001	-0.17%	1.54%	-0.11
2002	-0.11%	1.36%	-0.08
2003	0.10%	1.41%	0.07
2004	0.19%	1.30%	0.15
2005	0.06%	1.31%	0.04
2006	0.36%	1.28%	0.28
2007	-1.63%	3.72%	-0.44
2008	-0.18%	1.06%	-0.17
2009	0.62%	1.36%	0.45

资料来源:根据表4-2、4-3、4-4、4-5、4-6、4-7、4-8、4-9、4-10、4-11、4-12计算得出。

七、小结

本章主要从财力的构成层面,从税收政策和财政体制的角度分析地区间财政收入差异的原因。重点是定量分析各项财政收入对地区间财政收入差异的贡献率。本章选择 Shorrrocks 所提供的分项收入分解方法,分析各项财政收入构成要素对财政收入不平等指数的影响。根据该方法,某项收入对财政收入差异的贡献率主要取决于该项收入的比重和该项收入本身的地区性差异,从而引入相对集中系数的概念,某项财政收入的相对集中系数＝该项财政收入对地区间财政收入差异的贡献率/该项财政收入的比重,如果某项财政收入的相对集中系数大于1,则表明该项财政收入有利于发达地区,会产生扩大地区间财政收入差异的效应,如果某项财政收入的相对集中系数小于1,则表明该项财政收入有利于不发达地区,会产生缩小地区间财政收入差异的效应。从而得到以下结论:

1. 中国地区间财政收入的差异大于地区间经济发展水平上的差异,现行的税收政策和财政体制在相当程度上内在地扩大了地区间财政收入的差异。

2. 增值税政策没有直接扩大地区间财政收入差异,但由于固定比例分享税收收入的分税制与增值税的税负转嫁相结合,增值税收入的受益地区与负税地区分离,导致增值税在中国地区间分配不公,加剧了地区发展的不平衡性。

3. 在各税种中,营业税对地区间财政收入差异的贡献率最大,这反映了营业税政策有利于发达地区,说明将营业税划归地方税的财政体制是导致中国地区间财政收入差异的重要原因。

4. 由于没有建立科学的税收收入归属机制,企业所得税是导致中国地区间财政收入差异的重要原因。

5. 由于地区间居民收入差异较大和个人所得税实行累进税率的税收政策,地区间个人所得税收入差异较大。

6. 资源税、非税收入缩小了地区间财政收入差异。

第五章　中国地区间财力差异的结构分解(二)

——财政转移支付制度横向均等化效应①

　　就规范的财政转移支付制度的终极目标来说,就是要在提高财政收支效率的基础上,使全国各地都能提供大体均等的基本公共服务。本章侧重应用计量经济学的方法,定量分析现行财政转移支付制度的均等化效应,重点是定量分析各项财政转移支付横向均等化效应,以揭示现行转移支付制度对缩小地区财力差异起到多大的作用,并为进一步完善财政转移支付政策提供政策建议。

第一节　中国现行财政转移支付制度介绍

　　从 1994 年起,中国开始全面实行分税制财政体制。该体制的基本内容包括:其一,按照中央政府和地方政府的事权划分各级财政的支出范围。根据财权与事权相结合的原则划分中央和地方的收入。包括将维护国家权益、实施宏观调控所必需的税种划为中央税,包括关税、增值税、消费税等;将适合地方征管的税种划为地方税,包括营业税、个人所得税等;将与经济发展直接相关的主要税种划为共享税,包括增值税、资源税等;其二,中央财政对地方实施"税收返还"即消费税和增值税税收返还,以弥补财政缺口,为了维护地方既得利益,返还数额以 1993 年为基期年核定;其三,原体制中的补助、上解和结算规定仍继续执行,分配格局暂时不变,在过渡期内逐步实现规范化。这种财政体制构成了中国现行财政转移支付制度的体制基础。

---

　　① 本章的主要观点作者曾以《既得利益与财政转移支付的均等化效应分析》为题目发表在《软科学》2009 年第 12 期上,与中共河北省委党校刘亮博士合作。

中国现行政府间财政转移支付制度是由 1994 年分税制财政体制改革以及之后的若干年多次改革措施所形成的,主要分为三类:一是一般性转移支付,主要目标是促进各地方政府提供基本公共服务能力的均等化,包括均衡性转移支付、民族地区转移支付、调整工资转移支付、农村税费改革转移支付和县乡财政奖补资金等;二是专项转移支付,旨在实现中央的特定政策目标,实行专款专用,包括一般预算专项拨款、国债补助等;三是返还性收入,包括消费税和增值税税收返还、所得税基数返还。

一、返还性收入

现行中央对地方税收返还包括增值税、消费税返还和所得税基数返还。其中,增值税、消费税返还以各地上划中央增值税、消费税增长率为基础逐年递增(注:2009 年,简化中央与地方财政结算关系,将地方上解与中央对地方税收返还作对冲处理,相应取消地方上解中央收入科目。同时,增加“成品油价格和税费改革税收返还”科目,用来反映实施成品油税费改革后,按照有关规定相应返还给地方的消费税等收入。因此,从 2009 年开始,税收返还科目口径与以前年度有较大变化)。

增值税、消费税返还。1994 年分税制改革,实行按税种划分收入的办法后,原属地方支柱财源的“两税”收入(增值税收入的 75% 和消费税的 100%)上划为中央收入,由中央给予税收返还。

所得税基数返还。以 2001 年为基期,为保证地方既得利益,如果按改革方案确定的分享范围和比例计算出的地方分享的所得税收入小于地方实际所得税收入,差额部分由中央作为基数返还地方。

成品油价格和税费改革税收返还。是指实施成品油价格和税费改革后,中央因改革形成的财政收入,扣除中央本级安排的替代航道养护费等支出,对种粮农民、部分困难群体、公益性行业的补贴,以及用于逐步有序取消政府还贷二级公路收费补助支出以后的部分。转移支付资金分配采取“基数加因素”的办法,分为替代性返还和增长性补助两部分。其中,替代性返还指替代地方原有的公路养路费等“六费”收入基数给予的返还;增长性补助指当年转移支付总额中扣除替代性返还后的增量资金分配,选取燃油消耗量、当量公路(航道)里程、路网密度、路况指数等客观因素进行公式化分配。具体额度以

2007 年的养路费等六费收入为基础,考虑地方实际情况按一定的增长率确定。

(一)增值税、消费税返还

1994 年开始实施的《国务院关于实行分税制财政管理体制的决定》(国发[1993]85 号)中规定:为了保持现有地方既得利益。逐步达到改革的目标,中央财政对地方税收返还数额以 1993 年为基期年核定。以地方净上划收入数额(消费税的 100%加上增值税的 75%减去中央下划收入)作为中央对地方税收返还基数,保证 1993 年地方既得利益。1994 年以后,税收返还额在 1993 年基数上逐年递增,递增率按增值税和消费税平均增长率的 1∶0.3 系数确定。"两税返还"的计算公式为:

某年度中央对地方的"两税"税收返还数额 = 上年度中央对地方的"两税"税收返还数额×(1+该地区"两税"增长率×0.3)

1994—2009 年,中央对地方"两税"返还累计达到 38091.11 亿元,占中央补助地方支出的比重由 1994 年的 75.26%下降到 2009 年的 11.93%,与 1994 年相比下降了 63.33 个百分点,尽管如此,相对于目前其他类型转移支付规模较小的状况,消费税和增值税税收返还仍然是中国转移支付中资金规模较大的一部分。分地区看,1994—2009 年东部地区平均占消费税和增值税税收返还的 51.44%、中部地区平均占 26.52%、西部地区平均占 22.04%。消费税和增值税税收返还规模和经济发展水平存在正相关的关系,即经济较发达地区得到的税收返还规模较大,经济相对落后地区得到的税收返还规模较小,这是因为"两税"的税基与经济发展水平密切相关。但是消费税和增值税税收返还增量占两税增量的比重呈现逐年减小的态势,由 1994 年的 27.00%下降到 2009 年的 7.02%,达到了中央集中增量的目标。

表 5-1　1994—2009 年消费税和增值税税收返还占中央补助地方支出的比重

年份	消费税和增值税税收返还(亿元)	中央补助地方支出(亿元)	消费税和增值税税收返还占中央补助地方支出的比重
1994	1798.00	2389.02	75.26%
1995	1867.26	2534.06	74.08%
1996	1948.64	2722.52	71.59%

续表

年 份	消费税和增值税 税收返还(亿元)	中央补助 地方支出(亿元)	消费税和增值税税收返还占 中央补助地方支出的比重
1997	2011.63	2856.67	70.42%
1998	2082.76	3321.54	62.68%
1999	2120.56	4086.61	51.91%
2000	2206.54	4665.31	47.31%
2001	2308.86	6001.95	38.47%
2002	2409.60	7362.00	32.74%
2003	2527.26	7958.54	31.75%
2004	2711.49	10222.23	26.52%
2005	2859.32	11120.07	25.71%
2006	3027.81	13589.39	22.28%
2007	3214.75	17325.12	18.55%
2008	3371.97	22170.50	15.20%
2009	3422.63	28695.37	11.93%
合计	38091.11	147020.90	27.13%

资料来源:根据历年《中国财政年鉴》和各省财政年鉴整理得出。

表 5-2　1994—2009 年消费税和增值税税收返还的地区分布

(单位:%)

年份	东部地区	中部地区	西部地区
1994	49.78	27.10	23.12
1995	50.04	27.16	22.80
1996	50.06	27.19	22.75
1997	50.17	27.14	22.70
1998	50.29	27.10	22.61
1999	50.70	26.80	22.50
2000	51.59	26.39	22.02
2001	52.27	26.09	21.65
2002	52.61	25.88	21.51
2003	52.71	25.89	21.40
2004	52.30	26.21	21.49

续表

年份	东部地区	中部地区	西部地区
2005	52.10	26.43	21.46
2006	52.30	26.25	21.45
2007	52.18	26.20	21.62
2008	51.85	26.40	21.75
2009	52.06	26.12	21.82
平均	51.44	26.52	22.04

资料来源:根据历年《中国财政年鉴》和各省财政年鉴整理得出。

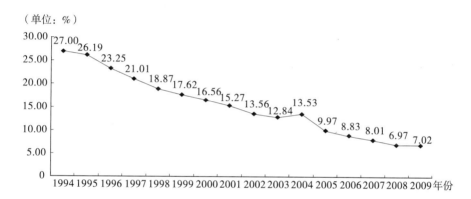

图 5-1　1994—2009 年地方两税返还增量占中央两税增量的比重

(二)所得税基数返还

为进一步规范中央和地方政府之间的分配关系,建立合理的分配机制,防止重复建设,减缓地区间财力差异的扩大,支持西部大开发,逐步实现共同富裕,2002 年国务院出台了《关于印发所得税收入分享改革方案的通知》。并决定从 2002 年 1 月 1 日起实施。改革方案规定,"所得税改革的基本原则是:……保证地方既得利益,不影响地方财政的平稳运行……"据此,以 2001 年为基期,按改革方案确定的分享范围和比例计算,地方分享的所得税收入如果小于地方实际所得税收入差额部分由中央作为基数返还地方;如果大于地方实际所得税收入,差额部分由地方作为基数上解中央。

2002 年实施以来,中央对地方"两税"返还累计达到 6923.30 亿元,占中央补助地方支出的比重由 2002 年的 8.13% 下降到 2009 年的 3.17%。分地区看,2002—2009 年东部地区平均占所得税基数返还的 69.07%、中部地区平均占 18.26%、西部地区平均占 12.66% 。所得税基数返还也体现出和经济发展水平存在正相关的关系,即经济较发达地区得到的所得税基数返还规模较大,经济相对落后地区得到的所得税基数返还规模较小。

表 5－3　2002—2009 年所得税基数返还占中央补助地方支出的比重

年份	所得税基数返还（亿元）	中央补助收入（亿元）	比重
2002	597.21	7352.71	8.13%
2003	898.01	8058.19	10.64%
2004	898.01	10222.44	8.78%
2005	898.01	11120.07	8.07%
2006	902.41	13589.39	6.63%
2007	906.27	17325.12	5.23%
2008	910.19	22170.50	4.11%
2009	910.19	28695.37	3.17%
合计	6920.30	118533.78	5.84%

资料来源:根据历年《中国财政年鉴》和各省财政年鉴整理得出。

表 5－4　2002—2009 年所得税基数返还的地区分布

年份	东部地区（亿元）	中部地区（亿元）	西部地区（%）
2002	69.35	18.09	12.55
2003	67.42	19.22	13.36
2004	70.78	17.39	11.83
2005	67.42	19.22	13.36
2006	69.16	18.17	12.67
2007	69.40	18.06	12.55
2008	69.53	17.98	12.49
2009	69.53	17.98	12.49
平均	69.07	18.26	12.66

资料来源:根据历年《中国财政年鉴》和各省财政年鉴整理得出。

二、一般性转移支付

作为 1994 年分税制改革的配套措施,1995 年中央财政在调查研究并借鉴国际经验的基础上,制定了规范的转移支付办法,取名为"过渡期转移支付",经国务院批准后于 1995 年开始实施。2002 年实施的所得税收入分享改革,明确中央财政因改革增加的收入全部用于一般性转移支付,建立一般性转移支付资金稳定增长的机制。同时,过渡期转移支付概念不再使用,改为"一般性转移支付",原来的一般性转移支付改称为"财力性转移支付"。从 2009 年起,中央财政将原财力性转移支付更名为一般性转移支付,将原一般性转移支付更名为均衡性转移支付。

(一)均衡性转移支付

由于均衡性转移支付办法是在"存量不动,增量调整"的前提下实行的,能够用于转移支付办法的中央财政资金,尽管逐年有较大的增长,但绝对数量还是有限。由 1995 年的 20.71 亿元增加到 2009 年的 3918.00 亿元,年均增加 45.43%,占中央补助地方支出的比重由 1995 年的 0.82%上升到 2009 年的 13.65%,上升了 12.83 个百分点。分地区看,东部地区占一般性转移支付的比重由 1995 年的 0.00%上升到 2009 年的 6.21%,中部地区由 1995 年的 32.99%上升到 2009 年的 44.88%,西部地区由 1995 年的 67.01%下降到 2009 年的 48.92%。

从上述数字可以看出,各地区能够享受的一般性转移支付数额规模还比较小,但由于这项资金不同于专项转移支付资金,地方政府可以自己统筹安排使用,对地方政府因地制宜地缓解财政收支矛盾,安排支出方向具有现实意义。而且更为重要的是,一般性转移支付主要体现均等化原则,财政越困难的地区得到的转移支付数量越多,越有助于缩小地区间的公共服务水平的差距,促进地区间的协调发展。

表 5-5　1995—2009 年均衡性转移支付占中央补助地方支出的比重

年份	一般性转移支付数额(亿元)	中央补助地方支出(亿元)	一般性转移支付占中央补助地方支出的比重
1995	20.71	2534.06	0.82%
1996	34.65	2722.52	1.27%

续表

年份	一般性转移支付数额（亿元）	中央补助地方支出（亿元）	一般性转移支付占中央补助地方支出的比重
1997	50.21	2856.67	1.76%
1998	60.54	3321.54	1.82%
1999	75.29	4086.61	1.84%
2000	85.45	4665.31	1.82%
2001	138.16	6001.95	2.30%
2002	279.04	7362.00	3.79%
2003	380.32	7958.54	4.77%
2004	745.03	10222.23	7.29%
2005	1120.15	11120.07	10.07%
2006	1529.85	13589.39	11.26%
2007	2503.82	17325.12	14.45%
2008	3510.51	22170.50	15.83%
2009	3918.00	28695.37	13.65%
合计	14451.73	144631.88	9.99%

资料来源:根据历年《地方财政运行分析》整理得出。

表5-6 1995—2009年均衡性转移支付的地区分布

(单位:%)

年份	东部地区	中部地区	西部地区
1995	0	32.99	67.01
1996	0	31.75	68.25
1997	0	36.82	63.18
1998	0	36.61	63.39
1999	0	37.98	62.02
2000	0	38.57	61.43
2001	0.34	44.90	54.76
2002	2.93	46.14	50.92
2003	3.36	45.11	51.52
2004	4.97	45.38	49.65
2005	4.58	47.45	47.97
2006	6.07	45.81	48.11

续表

年份	东部地区	中部地区	西部地区
2007	6.37	45.33	48.30
2008	6.27	44.97	48.76
2009	6.21	44.88	48.92
平均	2.74	41.65	55.61

资料来源:根据历年《地方财政运行分析》整理得出。

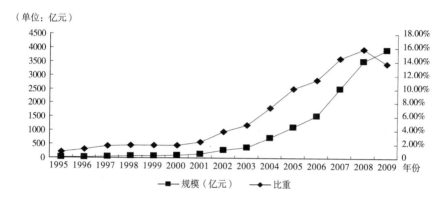

图5-2 均衡性转移支付规模和比重情况

(二)调整工资转移支付

1998 年积极财政政策实施,在加大政府投资的同时,出台了提高中低收入者收入水平的一系列政策。1999—2003 年,中央四次增加机关事业单位职工工资和离退休人员离退休费。经国务院批准,对调整工资及离退休费增加的支出,沿海经济发达地区自行解决;对财政困难的老工业基地和中西部地区,由中央财政给予适当补助,对民族地区给予照顾。调整工资转移支付通过对地方财政状况的科学分析,将各地区合理分类,分别确定中央对地方的补助系数,财政越困难,补助系数越高,以体现对财政困难地区的倾斜。并对民族地区给予了照顾,即转移支付对民族地区的补助系数在同等非民族地区补助系数的基础上适当提高。办法规定,北京、上海、天津、江苏、浙江、福建、广东七省(直辖市)自行负担;中西部地区因调整工资增加的支出全部由中央财政负担。

表5－7　1999—2009 年调整工资转移支付情况

地区	合计（亿元）	东部地区（亿元）	中部地区（亿元）	西部地区（亿元）	东部地区	中部地区	西部地区
1999	108.37	4.71	56.24	47.42	4.35%	51.90%	43.76%
2000	216.98	9.66	112.48	94.84	4.45%	51.84%	43.71%
2001	632.36	22.98	301.68	307.69	3.63%	47.71%	48.66%
2002	816.77	28.51	402.08	386.18	3.49%	49.23%	47.28%
2003	901.41	32.64	446.81	421.97	3.62%	49.57%	46.81%
2004	993.54	36.77	493.71	463.06	3.70%	49.69%	46.61%
2005	993.54	36.77	493.71	463.06	3.70%	49.69%	46.61%
2006	1588.77	70.27	788.21	730.29	4.42%	49.61%	45.97%
2007	2185.73	103.77	1080.33	1001.63	4.75%	49.43%	45.83%
2008	2192.29	103.77	1080.33	1008.19	4.73%	49.28%	45.99%
2009	2195.59	103.77	1080.33	1011.49	4.73%	49.20%	46.07%

资料来源:根据历年《地方财政运行分析》整理得出。

(三)民族地区转移支付

民族地区转移支付从 2000 年起实行,对象为五个民族自治区、三个财政体制上享受民族地区待遇的省以及这些地区以外的八个民族自治州。其他非民族省区的民族自治县没有纳入该项转移支付范围。2000—2009 年民族地区转移支付额由 25.53 亿元增加到 275.88 亿元。

民族地区转移支付测算办法如下:

1. 按来源地分配的转移支付额。各民族地区按来源地分配的转移支付额,在增值税环比增量 40% 的基础上,扣除税收返还中增值税增量后确定。用公式表示为:

某地区与增值税增量挂钩的转移支付额 = 该地区增值税环比增量× 40% - 该地区税收返还增值税增量

2. 按因素法分配的转移支付额。对各地区按因素法分配的转移支付额根据其标准支出大于标准收入的差额和转移支付系数计算确定。用公式表示为:

某地区按因素法分配的转移支付额 =(该地区标准财政支出 - 该地区标准

财政收入)×该地区转移支付系数

其中,标准财政支出和标准财政收入参照普通转移支付办法计算确定。转移支付系数根据各省区人员经费和基本公用经费占其地方标准财政收入的比重分档确定。

表5-8 2000—2009年民族地区转移支付情况

年份	合计 (亿元)	东部地区 (亿元)	中部地区 (亿元)	西部地区 (亿元)	东部地区	中部地区	西部地区
2000	25.53	0	0.56	24.97	0	2.19%	97.81%
2001	32.99	0	1.17	31.82	0	3.55%	96.45%
2002	39.05	0	1.58	37.47	0	4.04%	95.96%
2003	55.41	0	2.67	52.74	0	4.82%	95.18%
2004	76.87	0	4.16	72.72	0	5.41%	94.59%
2005	159.09	0	11.76	147.33	0	7.39%	92.61%
2006	155.63	1.58	16.11	137.93	1.02%	10.35%	88.63%
2007	172.74	2.82	17.21	152.70	1.63%	9.96%	88.40%
2008	275.79	4.47	23.63	247.70	1.62%	8.57%	89.81%
2009	275.88	4.47	23.72	247.70	1.62%	8.60%	89.78%

资料来源:根据历年《地方财政运行分析》整理得出。

(四)农村税费改革转移支付

为保证农村税费改革的顺利进行,从2002年起,中央财政统筹考虑各地区提高农业税税率增收因素和取消乡镇统筹、降低农业特产税税率、取消屠宰税减收、调整村提留提取办法等因素,对地方净减收部分,通过农村税费改革转移支付给予适当补助。目标是:确保农民负担得到明显减轻、不反弹,确保乡镇机构和村级组织正常运转,确保农村义务教育经费正常需要。

农村税费改革转移支付按照基层必不可少的开支和因政策调整造成的收入增减变化相抵后的净减收数额,并根据各地财政状况以及农村税费改革实施过程中各地不可预见的减收增支等因素计算确定。转移支付额的计算公式为:

某地区转移支付额=乡镇转移支付+村级转移支付+教育集资转移支付

其中:该地区乡镇转移支付=(该地区乡村两级办学经费+该地区计划生

育经费+该地区优抚经费+该地区乡村道路修建经费+该地区民兵训练费+其他统筹支出+该地区屠宰税减收+该地区农业特产税政策性减收+该地区农业税增收)×该地区转移支付系数

农村税费改革转移支付系数是指中央财政对农村税费改革转移支付的补助程度。各地的转移支付系数,根据农村税费改革前各地财力对农村税费的依赖程度和财政困难程度以及中央补助总规模计算确定。民族省区的转移支付系数在按统一办法计算确定的转移支付系数基础上增加0.05,非民族省区的民族自治州适当增加补助。农村税费改革转移支付系数的计算用公式表示:

某地区转移支付系数=(该地区农业税等四项收入占其财力比重÷全国平均农业税等四项收入占地方财力比重×权重+该地区人员经费和基本公用经费占其地方财力比重÷全国平均人员经费和基本公用经费占地方财力比重×权重)×中央财政负担系数

表5-9 2000—2009 年农村税费改革转移支付

年份	合计	东部地区 (亿元)	中部地区 (亿元)	西部地区 (亿元)	东部地区	中部地区	西部地区
2000	11.00	0	11.00	0	0	100.00%	0
2001	79.84	3.40	48.79	27.65	4.26%	61.10%	34.64%
2002	245.07	22.13	132.89	90.05	9.03%	54.23%	36.74%
2003	305.14	40.85	143.79	120.50	13.39%	47.12%	39.49%
2004	523.29	82.47	279.63	161.19	15.76%	53.44%	30.80%
2005	661.04	101.36	347.59	212.09	15.33%	52.58%	32.08%
2006	751.30	115.28	402.36	233.66	15.34%	53.55%	31.10%
2007	759.33	116.05	409.86	233.41	15.28%	53.98%	30.74%
2008	762.54	115.95	413.11	233.48	15.21%	54.18%	30.62%
2009	769.47	117.91	415.06	236.50	15.32%	53.94%	30.74%
合计	4868.02	715.41	2604.09	1548.53	14.70%	53.49%	31.81%

资料来源:根据历年《地方财政运行分析》整理得出。

(五)缓解县乡财政困难转移支付

2005 年针对县乡财政困难的状况,中央财政安排 150 亿元建立"三奖一补"县乡财政困难激励约束机制,旨在进一步缓解县乡财政困难。"三奖一补"转移支付是采用"以奖代补"形式分配转移支付资金的一种形式。所谓"三奖":一是指对财政困难县政府增加税收收入和省市级政府增加对财政困难县一般性转移支付给予奖励。二是对县乡政府精简机构和人员给予奖励;三是对产粮大县给予奖励。"一补"是对以前缓解县乡财政困难工作做得好的地区给予补助。① 具体办法如下:

1. 对财政困难县政府增加税收收入和省市级政府增加对财政困难县一般性转移支付给予奖励

中央财政对 2004 年财政困难县增加税收收入、省市级政府增加对财政困难县一般性转移支付,按一定的系数,并考虑各地财政困难程度给予奖励。市辖区以及北京、天津、上海、浙江、江苏、广东、大连、青岛、宁波、厦门、深圳等所辖县暂不列入奖励范围。

(1)财政困难县。指按照 2003 年数据计算可支配财力低于基本财政支出需求的县。可支配财力包括本级政府一般预算收入、上级政府一般性补助收入以及可用于基本财政支出的预算外收入等。基本财政支出需求包括国家机关事业单位在职职工人员经费和公用经费、离退休人员经费和必要的事业发展支出。

(2)财政困难县增加的税收收入。指按财政管理体制规定,包括县乡分享的增值税、营业税、企业所得税、个人所得税、城市维护建设税、城镇土地使用税、资源税、房产税、印花税、契税、车船使用税、耕地占用税、土地增值税等收入。

(3)省市级政府增加的对财政困难县一般性转移支付。指省市政府增加的"两税"返还、所得税基数返还、一般性转移支付、民族地区转移支付、农村税费改革转移支付、调资转移支付、体制补助、其他一般性补助等。不包括省市级政府通过下放支出责任以及减少专项拨款等方式增加的一般性转移支付。

(4)奖励系数。财政困难县政府增加税收收入的奖励系数为 0.3,省市级政府增加对财政困难县一般性转移支付的奖励系数为 0.23。

---

① 参见《2005 年中央财政对地方缓解县乡财政困难奖励和补助办法》。

（5）奖励资金的分配。省级财政要将奖励资金首先用于财政困难县,财政困难县财力缺口完全弥补后,可以用于解决其他县乡财政困难问题,不得截留、挪用。

2. 对县乡政府精简机构和人员给予奖励

为推动县乡政府精简机构和人员,提高行政效率,中央财政对各地 2004年县乡政府精简机构和人员给予一次性奖励。撤并一个乡镇奖励 50 万元,精简一人奖励 4000 元。省级财政要将奖励资金兑现到精简机构和人员的县。

3. 对产粮大县给予奖励

4. 对以前缓解县乡财政困难工作做得好的地区给予补助

（1）对省市级政府财力向下转移较多的地区给予补助。对 2003 年省内人均财力较低县占全省人均财力比重超过全国平均水平地区,中央财政根据超出的额度按 0.3 的系数给予补助。省级财政要将补助资金继续用于缓解县乡财政困难。

（2）对机构精简进度较快、财政供养人员控制有力的地区给予补助。中央财政按 2000—2003 年县乡政府撤并乡镇的个数和精简人员数给予一次性补助,分三年到位。撤并一个乡镇补助 40 万元,每精简一人补助 3000 元。

2005 和 2006 两年财政部共安排"三奖一补"资金 385 亿元,791 个财政困难县获得奖补资金 271 亿元（对产量大县奖励和对县乡政府精简机构及人员奖励的范围超过 791 个财政困难县）,加上带动地方安排奖补资金 808 亿元,县乡政府增加税收收入 219 亿元,两年累计,791 个财政困难县共增加财力1298 亿元,平均每县（市）增加财力 16410 万元,财政困难县个数由 791 个减少到 27 个,困扰多年的县乡财政困难基本得到解决。随着财力的增加,县乡财政保障能力也明显增强,2006 年各地行政事业单位人员全国统一规定工资全部实现按时足额发放。县乡政府运转状况显著改善,2004 年至 2006 年,县级人均公用经费水平由 4135 元提高到 6367 元。同时,用于教育、卫生、社会保障等方面的支出也增加很多。

三、专项转移支付

专项转移支付是按照政府间支出责任的划分,由上级政府对承办委托事项、共同事务以及符合政府政策导向事务的地方政府所给予的补助,该类补助专款专用,所以又称有条件补助或专款。

新中国成立以后,在建立起分级财政、确定了中央与地方的分配关系之后,中央财政即开始安排对地方的专项转移支付。专项转移支付设立初期项目少,数额也很少,年均几十亿元。1994 年实行分税制后,项目增多,数额也增加。尤其是 1998 年中央实施积极财政政策以来,无论项目和绝对额增长都高于以前年度。专项转移支付占中央补助地方支出的比重由 1994 年 15.11% 上升到 2001 年的 36.65%,随着积极财政政策的淡出,专项转移支付的比重下降到 2001 年的 30.05%,随后上升到 2009 年的 40.96%。从地区分布看,1997—2009 年东部地区占专项转移支付的比重平均为 20.00%,中部地区占 42.00%,西部地区占 40.00%。目前,中国已经初步建立起一套比较完整的专项转移支付体系,主要包括一般预算安排的专款,基金预算安排的专款以及国债资金安排的专款,在实现中央政府的意图,调控地方政府行为方面发挥了重要作用。

表 5－10　1994—2009 年专项转移支付占中央补助地方支出的比重

年　份	专项转移支付（亿元）	中央补助地方支出（亿元）	专项转移支付占中央补助地方支出的比重
1994	361.00	2389.02	15.11%
1995	374.73	2534.06	14.79%
1996	488.80	2722.52	17.95%
1997	515.90	2856.67	18.06%
1998	889.45	3321.54	26.78%
1999	1360.33	4086.61	33.29%
2000	1647.74	4665.31	35.32%
2001	2203.53	6001.95	36.71%
2002	2401.82	7362.00	32.62%
2003	2391.72	7958.54	30.05%
2004	3237.71	10222.23	31.67%
2005	3647.00	11120.07	32.80%
2006	4634.31	13589.39	34.10%
2007	6186.89	17325.12	35.71%

年 份	专项转移支付 （亿元）	中央补助 地方支出（亿元）	专项转移支付占中央补助 地方支出的比重
2008	9397.34	22170.50	42.39%
2009	11754.88	28695.37	40.96%
合计	51493.15	147020.90	35.02%

资料来源：根据历年《地方财政运行分析》整理得出。

表5-11　1995—2009年专项转移支付的地区分布

年份	东部地区	中部地区	西部地区
1995	30.91%	40.76%	28.33%
1996	26.83%	41.98%	31.19%
1997	25.30%	41.11%	33.58%
1998	23.10%	44.71%	32.18%
1999	22.69%	45.25%	32.06%
2000	18.96%	40.79%	40.25%
2001	17.89%	39.24%	42.86%
2002	15.60%	39.41%	44.99%
2003	17.41%	43.53%	39.06%
2004	14.42%	43.61%	41.97%
2005	16.50%	42.68%	40.82%
2006	18.71%	44.06%	37.23%
2007	17.54%	43.54%	38.92%
2008	17.24%	39.98%	42.78%
2009	16.96%	39.35%	43.69%
平均	20.00%	42.00%	40.00%

资料来源：根据历年《地方财政运行分析》整理得出。

此外，1994年实行分税制财政管理体制后，原包干体制的地方上解和补助办法基本不变。即：原实行递增上解的地区仍按原规定办法继续递增上解，原实行定额上解的地区仍按原确定数额继续定额上解，原实行总额分成的地区和原分税制试点地区，改为一律实行递增上解，即以1993年实际上解数为基数，从1994年起按4%的递增率递增上解。为了进一步规范分税制财政管理体制,1995 年对上述办法进行了调整,从 1995 年起,凡实行递增上解的地区,一律取消上解递增,改为按各地区 1994 年实际上解额定额上解。从 2005 年的情况看,全国有 21 个省保留了原体制上解,合计 538 亿元。其中上海最多为 120 亿元,占 22%,江苏 80.7 亿元,占 15%,北京 36.6 亿元,占 7%,浙江 34.9 亿元,占 6%,辽宁 34.9 亿元,占 6%;有 16 个省区享受原体制补助,合计 128 亿元。其中西藏 38.8 亿元,占 31%,新疆 19.4 亿元,占 15%,内蒙 18.4 亿元,占 14%,青海 9.9 亿元,占 8%,贵州 7.4 亿元,占 6%。

第二节　中国财政转移支付制度横向均等化效应分析[①]

　　财政转移支付均等化包括两个层次:一是财政转移支付横向均等化,二是财政转移支付纵向均等化。财政转移支付纵向均等化是指多层级政府体制内各级政府的收支平衡,由于篇幅所限,其不在本书探讨之列。财政转移支付横向均等化是指在一个国家或者地区内部,由于自然地理和社会历史等方面的原因造成了地区间的社会经济发展不平衡,这是很正常的,但不能任其扩大,上级政府应通过财政转移支付方式帮助落后地区逐步摆脱贫穷落后的状态,使落后地区的人们能享受到基本均等的公共服务。由于本书的研究主题是地区间财政均等化,故在此仅探讨财政转移支付制度的横向均等化效应。

　　在学术界围绕财政转移支付的横向均等化效应展开的讨论如火如荼,倪红日认为1994 年的分税制改革奠定了适应社会主义市场经济体制的政府间收入划分的基本框架。由于难以打破地方政府原有的利益格局等原因,1994 年的改革没能对各个地区的支出基数进行调整,同时建立起科学、规范的政府间财政转移支付制度,而是选择了采取"存量不动,增量调整"的方针,旨在通过渐进性改革,逐步加大中央财政所控制的增量,用增量部分实现地区间财政均等化为目标的地区间财力再分配,逐步建立起科学、规范

---

　　① 　本章的主要观点作者曾以《中国政府间财政转移支付横向均等化效应分析》为题发表在《审计与经济研究》2008 年第 4 期上,与中共河北省委党校刘亮博士合作。

的财政转移支付制度。① 刘溶沧、焦国华在全面系统地描述中国地区经济、社会发展差距的基础上,重点对 1988—1999 年间中国地区间的财政能力差异进行了定性与定量分析,并对现行的财政转移支付制度在平衡地区间财政能力差异方面的调节效应进行了实证性评估。② 张恒龙、陈宪对实行分税制以来,中国财政均等化的现状和原因进行了实证分析。通过对地区间经济均等化、财政收支差距和转移支付结构的分析,发现目前中国财政不均等现象较为严重,说明现有政府间财政转移支付制度的均等化作用相当有限。③ 王雍君认为扩张转移支付总量不足以促进财政均等化,更重要的是必须对侧重控制功能的现行转移支付体制作根本的结构性改革,以强化其再分配功能。他通过对转移支付的结构性考察,指出中国转移支付体系的"控制目标"与"应付短期问题的权宜性目标"已压倒了"均等化目标"。④

以往的研究往往只分析财政转移支付整体均等化效应,本节将在已有研究成果的基础上,创新性地采用基尼系数对财政转移支付整体及各项财政转移支付政策的均等化效应进行分析,并试图进一步考察各项财政转移支付政策背后所代表的价值取向,从而为财政转移支付政策均等化效应的发挥提供切实可行的政策建议。

一、财政转移支付政策均等化效应分析

(一)财政转移支付政策整体均等化效应分析

1. 分析方法

(1)基尼系数的计算方法

目前用于衡量不平等的指标很多,例如,用于比较两者之间差异的绝对离差法、相对比率法、极差法等,以及用于衡量总体差异的标准差法、变异系数

---

① 参见倪红日:《中国政府间财政转移支付制度改革的渐进性与推进制度建设的建议》,《调查研究报告》2002 年第 16 期,第 29—34 页。

② 参见刘溶沧、焦国华:《地区间财政能力差异与转移支付制度创新》,《财贸经济》2002 年第 6 期,第 5—12 页。

③ 参见张恒龙、陈宪:《我国财政均等化现状研究:1994—2004》,《中央财经大学学报》2006 年第 12 期,第 12—16 页。

④ 参见王雍君:《中国的财政均等化与转移支付体制改革》,《中央财经大学学报》2006 年第 9 期,第 1—5 页。

法、基尼系数法、舒尔兹系数法等,最常用的还是基尼系数法。在基尼系数的计算和分解上存在许多公式和算法,如几何面积法、拟合曲线法、协方差法、矩阵法等,但各种方法得到的结果都只是一个近似值。其中最直接的计算公式为:

$$G = \frac{1}{2n(n-1)u} \sum_{j=1}^{n} \sum_{i=1}^{n} |x_j - x_i| \quad \cdots\cdots\cdots\cdots\cdots\cdots \quad (5-1)$$

式中,$|x_j - x_i|$ 是任何一对收入样本差的绝对值:n 为样本容量,u 为收入均值。另外,Yao(1999)介绍了一种较直观简便的计算基尼系数的方法。假定样本人口可以分解成 n 组,w_i、m_i、p_i 分别代表第 i 组($i = 1,2,\cdots n$)组的人均收入份额、平均人均收入和人口频数。那么,对全部样本按人均收入由小到大排序后,基尼系数 G 可以用下式来计算:

$$G = 1 - \sum_{i=1}^{n} 2B_i = 1 - \sum_{i=1}^{n} p_i(2Q_i - w_i) \quad \cdots\cdots\cdots\cdots \quad (5-2)$$

基尼系数最初只用来判断收入分配平等程度的指标,后来该方法被逐渐拓展用于一切均衡问题的分析。本节拟采用基尼系数来测算地区间财政收入和财力差异,并用它们来衡量财政转移支付均等化效应。

假设 G_X 为转移支付之前的地区间财政收入差异的基尼系数,G_Y 为转移支付之后的地区间财力差异的基尼系数,比较 $(G_X - G_Y)/G_X$,$(G_X - G_Y)/G_X$ 越大,则表明当年中央政府财政转移支付的均等化效应越大。

(2)相关数据的说明

根据现行财政部的决算将财政转移支付划分为返还性收入、一般性转移支付收入和专项转移支付收入三大类。[①] 返还性收入包括增值税、消费税返还以及所得税基数返还和其他税收返还。一般性转移支付是指为弥补财政实力薄弱地区的财力缺口,均衡地区间财力差距,实现地区间基本公共服务能力的均等化,中央财政安排给地方财政的补助支出。目前一般性转移支付包括均衡性转移支付、民族地区转移支付、县乡财政奖补资金、调整工资转移支付、农村税费改革转移支付等。专项转移支付是指中央财政为实现特定的宏观政策及事业发展战略目标,以及对委托地方政府代理的一些事务进行补偿而设

---

① 参见财政部:《财政部关于进一步提高地方预算编报完整性的通知(财预[2008]435号)》[EB/OL]. http://www.gov.cn/gzdt/2008/12/02/content_1166266.html,2008 年 12 月 2 日。

立的补助资金,地方财政需按规定用途使用资金。包括专项转移支付和增发国债转移支付,重点用于教育、医疗卫生、社会保障、支农等公共服务领域。

本章中财政转移支付的口径是指各地区一般预算收支决算总表中的中央补助收入。具体包括消费税和增值税税收返还、所得税基数返还、原体制补助、专项补助、均衡性转移支付补助、民族地区转移支付补助、农村税费改革转移支付、增发国债补助、调整工资转移支付、结算补助、调整收入任务增加或减少补助、其他补助、艰苦边远地区津贴补助等,不包括原体制上解和专项上解。本章中各地区财政收入、各地区人口的数据来源于相应年份的《中国统计年鉴》,各地区中央财政转移支付来源于相应年份的《中国财政年鉴》和各省财政年鉴。由于收集历年各地区中央财政转移支付需要查阅各省财政年鉴,故本章只收集了1997年以来的数据。

2. 财政转移支付政策整体均等化效应分析

根据上述办法,我们计算1997—2009年的人均财政收入和人均财力的基尼系数(G_X 和 G_Y),可得到这一时期中国财政转移支付制度的均等化效应。

表 5 - 12　1997—2009 年中国财政转移支付均等化效应分析

(单位:%)

年　份	人均财政收入的基尼系数(G_X)	人均财力的基尼系数(G_Y)	财政转移支付的均等化效应($G_X - G_Y$)/G_X
1997	29.39	28.31	3.67
1998	29.62	27.28	7.90
1999	30.61	26.96	11.92
2000	29.25	25.12	14.12
2001	33.53	26.32	21.50
2002	34.19	26.11	23.63
2003	34.96	26.36	24.60
2004	33.41	25.40	23.97
2005	32.65	23.81	27.08
2006	31.56	21.94	30.48
2007	31.70	20.98	33.82
2008	29.89	19.73	33.99
2009	28.76	18.65	36.15
平均	31.50	24.38	22.53

资料来源:根据相应年份的《地方财政运行分析》计算得出。

由表5-12可以看出,1997—2009年省际间按照总人口计算的人均财政收入的基尼系数和人均财力的基尼系数变化幅度$(G_X - G_Y)/G_X$呈现越来越大的态势,说明目前的财政转移支付具有一定的均等化效应,且均等化作用逐渐加强。

但是与一些国家比较来看,中国目前仍然是世界上地区间财力差距较大的国家之一。2000年在均衡性财政分配之前,日本的47个道府按人口加权平均的人均地方税收收入为1318万日元,其中高于平均数的仅有三个道府,最低与最高收入相差近五倍,而在均衡性财政转移支付之后,按人口加权平均的人均地方税收收入增加至2313万日元,其中33个道府高于平均数,最高与最低的差距降至两倍多,最低与平均收入的差距仅为36%。[①] 1990—1991年加拿大在进行财政均等化支付以后,低收入省份的人均财力达到全国平均水平的93%。[②] 德国在财政平衡之后,最穷的州补助到相当于平均数的92%,次穷的州补助到平均数的95%,次富的州财力能达到平均数的104.4%,最富的州财力只能达到平均数的110%。[③] 由此可见,加拿大、日本和德国的财政均衡性分配在均衡地区间财政能力方面是非常显著的。2009年中国在财政转移支付以前,其中31个省(包括直辖市、自治区)人均财政收入为2476.29元,高于平均数的有九个省,最高的是最低的12.75倍,而在财政转移支付以后,人均财力增加到4555.81元,其中高于平均数的有17个省,最高的是最低的5.71倍,最低省份的人均财力只有全国平均水平的65.03%。因此,可以说中国现行的财政转移支付政策没有很好实现横向均衡的目标。

(二)中国地区间财力差异的国际比较

我们需要通过国际比较来判断中国地区间财力差异的程度(见表5-13)。该表来自李万慧、景宏军的研究。从表5-13可以看出,在财政转移支付前后,中国的财政收入差异都远大于表中所列的OECD国家,财政转移支付

---

① 参见王军、贾康等:《各国财政均衡制度的主要做法与经验教训》,《经济研究参考》2006年第10期,第36—37页。

② 参见特里萨·特尔—米纳什:《政府间财政关系理论与实践》,中国财政经济出版社2003年版,第236—237页。

③ 参见齐守印:《建立中国政府间转移支付制度的初步设想》,《财政研究》1994年第9期,第37—40页。

的均等化效应也是最低的,仅高于瑞士。这说明了两个问题:首先,财政转移支付政策有一定的均等化效应,但均等化效应比较低;其次,在财政转移支付前中国地区间财政收入差异就过大,所以即便是转移支付政策有一定的均等化效应,对财政收入差异的调节仍然是很有限的。财政转移支付政策毕竟是一个再分配的手段,在财力的初次分配已经出现很大差异的情况下,难以通过财政转移支付政策实现"毕其功于一役"。①

表5-13　2004年部分OECD国家财政收入差异和财政转移支付均等化效应

国家	转移支付前财政收入的变异系数	转移支付后财力的变异系数	转移支付的均等化效应
澳大利亚	16.80%	0	100.00%
加拿大	29.80%	20.10%	32.55%
德国(2005)	13.00%	2.70%	79.23%
意大利	39.00%	6.00%	84.62%
西班牙	26.50%	10.10%	61.89%
瑞士	31.80%	23.20%	27.04%
丹麦	16.00%	6.00%	62.50%
芬兰	17.70%	4.20%	76.27%
挪威	23.00%	8.00%	65.22%
葡萄牙	90.00%	28.00%	68.89%
瑞典	10.00%	0	100.00%
土耳其	39.00%	14.00%	64.10%
中国(2005)	95.90%	67.60%	29.51%

资料来源:李万慧、景宏军:《中国均等化转移支付研究与区域协调发展》,《税务研究》2008年第5期,第30—34页。其中:财政转移支付均等化效果=(均等化前的差异-均等化后的差异)/均等化前的差异。

(三)财政收入对地区间财力差异的贡献及各项财政转移支付政策的均等化效应分析

为了进一步分析财政转移支付的均等化效应,有必要比较全国各省份在

---

① 参见胡德仁、刘亮:《中国政府间财政转移支付横向均等化效应分析》,《审计与经济研究》2008年第4期,第75—81页。

接受各项财政转移支付后的均等化程度,从中可以计算出各项财政转移支付的均等化效果。对此进行深入研究有利于更准确地评估各项财政转移支付的均等化效应,并为完善财政转移支付制度提供理论依据。

1. 分析方法

基尼系数的一个重要性质是它所具有的总收入差距在不同的分项收入差异之间的可分解性。如果财力由 F 项收入构成,那么基尼系数也可以分解成 F 个部分,这就可以考察不同分项收入下的差异及各收入来源对财力差异的贡献率,即均等化效应。某项收入的集中率 C_f 的计算公式如下:

$$C_f = 1 - \sum_{i=1}^{n} 2B_{fi} = 1 - \sum_{i=1}^{n} p_i(2Q_{fi} - w_{fi}) \quad\cdots\cdots\cdots\cdots\cdots (5-3)$$

$$(f = 1,2,3,\cdots F)$$

其中, $Q_{fi} = \sum_{k=1}^{f} w_{fk}$ 为 f 收入来源从 1 到 i 的累计收入比重, p_i 是第 i 个样本人口占总人口的比重, w_{fi} 是第 i 个样本 f 收入在总的分项收入中的比重。C_f 的计算公式与 G 类似,不过计算时样本必须按照人均财力由小到大排列。

在获得了各收入来源的集中率 C_f 后,总样本基尼系数可以按下式分解:

$$G = \sum_{f=1}^{F} w_f C_f \cdots\cdots\cdots\cdots\cdots\cdots\cdots\cdots\cdots\cdots\cdots\cdots\cdots\cdots (5-4)$$

式中, F 为收入来源数, w_f 为收入来源在样本收入中的比重。

基尼系数是所有分项收入集中指数的加权平均,权数为各项收入在总财力中的比重。当 $C_f > G$,且样本人均收入不变, f 收入来源在收入中的比重 w_f 的增加将导致基尼系数的扩大,即导致更大的收入不均,反之亦然。所以通过计算和比较 C_f 和 G ,可以判断 f 收入来源对基尼系数的贡献趋势。C_f/G 可称为相对集中系数。如果第 F 项收入的相对集中系数大于 1,则表明该项收入会带来差异增大;小于 1 则带来差异减小。尽管 G 是在[0,1]间取值,但 C_f 可能为负值。[1] 同时,以 $(w_f C_f/G) \times 100\%$ 衡量第 F 项收入对基尼系数的百分比贡献。

2. 财政收入对地区间财力差异的贡献率及各项财政转移支付政策均等

---

[1]　参见万广华:《中国农村区域间居民收入差异及其变化的实证分析》,.《经济研究》1998年第 5 期,第 36—41 页。

化效应分析

根据上述办法,按照收入来源对 1997—2009 年中国地区间财力差异进行分解,可以得到期间财政收入及各项财政转移支付对中国地区间财力差异的贡献率和相对集中系数。

表 5－14　1997—2009 年财政收入对地区间财力差异的贡献率

年份	基尼系数（C_f）	比重（w_f）	基尼系数×比重（$C_f w_f$）	贡献率（$C_f w_f / G$）	相对集中系数（C_f / G）
1997	29.39%	61.84%	18.17%	64.18%	1.04
1998	29.62%	60.28%	17.85%	65.44%	1.09
1999	30.61%	58.36%	17.86%	66.25%	1.14
2000	29.25%	57.72%	16.88%	67.20%	1.16
2001	33.53%	56.03%	18.79%	71.40%	1.27
2002	34.19%	53.66%	18.35%	70.28%	1.31
2003	34.96%	55.31%	19.34%	73.34%	1.33
2004	33.41%	53.36%	17.83%	70.19%	1.32
2005	32.65%	57.24%	18.69%	78.50%	1.37
2006	31.56%	57.39%	18.11%	82.55%	1.44
2007	31.70%	57.64%	18.27%	87.08%	1.51
2008	29.89%	56.37%	16.85%	85.43%	1.52
2009	28.76%	53.19%	15.30%	82.02%	1.54

资料来源:根据相应年份的《地方财政运行分析》计算得出。

表 5－15　1997—2009 年返还性收入均等化效应分析

年份	基尼系数（C_f）	比重（w_f）	基尼系数×比重（$C_f w_f$）	贡献率（$C_f w_f / G$）	相对集中系数（C_f / G）
1997	28.68%	28.17%	8.08%	28.53%	1.01
1998	28.27%	25.19%	7.12%	26.10%	1.04
1999	27.81%	22.12%	6.15%	22.81%	1.03
2000	26.72%	19.87%	5.31%	21.13%	1.06
2001	28.69%	16.58%	4.76%	18.08%	1.09

续表

年份	基尼系数 （C_f）	比重 （w_f）	基尼系数×比重 （$C_f w_f$）	贡献率 （$C_f w_f / G$）	相对集中系数 （C_f / G）
2002	31.24%	18.95%	5.92%	22.68%	1.20
2003	31.38%	18.74%	5.88%	22.30%	1.19
2004	33.39%	18.48%	6.17%	24.29%	1.31
2005	28.72%	14.45%	4.15%	17.43%	1.21
2006	27.68%	12.32%	3.41%	15.54%	1.26
2007	27.61%	10.08%	2.78%	13.26%	1.32
2008	25.80%	8.43%	2.17%	11.02%	1.31
2009	22.02%	9.57%	2.11%	11.29%	1.18

资料来源:根据相应年份的《地方财政运行分析》计算得出。

表5-16 1997—2009年专项转移支付均等化效应分析

年份	基尼系数 （C_f）	比重 （w_f）	基尼系数×比重 （$C_f w_f$）	贡献率 （$C_f w_f / G$）	相对集中系数 （C_f / G）
1997	11.39%	7.22%	0.82%	2.90%	0.40
1998	8.01%	10.61%	0.85%	3.12%	0.29
1999	12.33%	14.19%	1.75%	6.49%	0.46
2000	11.76%	14.46%	1.70%	6.77%	0.47
2001	11.71%	16.06%	1.88%	7.14%	0.44
2002	11.01%	15.35%	1.69%	6.47%	0.42
2003	8.53%	13.60%	1.16%	4.40%	0.32
2004	8.36%	14.71%	1.23%	4.84%	0.33
2005	8.09%	13.97%	1.13%	4.75%	0.34
2006	3.92%	14.53%	0.57%	2.60%	0.18
2007	4.29%	15.13%	0.65%	3.09%	0.20
2008	4.85%	18.49%	0.90%	4.55%	0.25
2009	5.39%	19.18%	1.03%	5.54%	0.29

资料来源:根据相应年份的《地方财政运行分析》计算得出。

表 5 − 17　1997—2009 年一般性转移支付均等化效应分析

年份	基尼系数 （ C_f ）	比重 （ w_f ）	基尼系数×比重 （ $C_f w_f$ ）	贡献率 （ $C_f w_f / G$ ）	相对集中系数 （ C_f / G ）
1997	44.77%	2.77%	1.24%	4.38%	1.58
1998	37.24%	3.92%	1.46%	5.35%	1.36
1999	22.51%	5.33%	1.20%	4.45%	0.83
2000	15.47%	7.95%	1.23%	4.90%	0.62
2001	7.86%	11.33%	0.89%	3.38%	0.30
2002	1.25%	12.04%	0.15%	0.57%	0.05
2003	−0.08%	12.35%	−0.01%	−0.04%	−0.003
2004	1.26%	13.45%	0.17%	0.67%	0.05
2005	−1.12%	14.34%	−0.16%	−0.67%	−0.05
2006	−0.95%	15.76%	−0.15%	−0.68%	−0.04
2007	−4.21%	17.16%	−0.72%	−3.44%	−0.20
2008	−1.18%	16.71%	−0.20%	−1.00%	−0.06
2009	1.19%	18.07%	0.21%	1.15%	0.06

资料来源：根据相应年份的《地方财政运行分析》计算得出。

表 5 − 18　1997—2009 年各项财政转移支付的相对集中系数

年份	财政收入	返还性转移支付	专项转移支付	一般性转移支付
1997	1.04	1.01	0.40	1.58
1998	1.09	1.04	0.29	1.36
1999	1.14	1.03	0.46	0.83
2000	1.16	1.06	0.47	0.62
2001	1.27	1.09	0.44	0.30
2002	1.31	1.20	0.42	0.05
2003	1.33	1.19	0.32	−0.003
2004	1.32	1.31	0.33	0.05
2005	1.37	1.21	0.34	−0.05
2006	1.44	1.26	0.18	−0.04
2007	1.51	1.32	0.20	−0.20
2008	1.52	1.31	0.25	−0.06
2009	1.54	1.18	0.29	0.06

资料来源：根据表 5 − 14、5 − 15、5 − 16、5 − 17 整理得出。

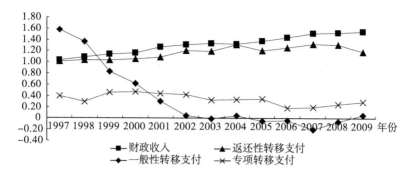

图 5 - 3　1997—2009 年各项转移支付的相对集中系数变化趋势图

根据表 5 - 18,可以得到 1997—2009 年财政收入及各项转移支付的相对集中系数变化趋势(见图 5 - 3),从中可以看出:

(1)财政收入对地区间财力差异的贡献最大,并且还在逐渐上升。我们要清醒地认识到,中国地区间财力差异在很大程度上是由于地区间财政收入差异造成的,财政收入即财力的初次分配对地区间财力差异的形成起主要作用,中央转移支付即财力的再分配起次要作用。财政转移支付政策毕竟是一个再分配的手段,在财政收入的初次分配已经出现很大差异的情况下,难以通过财政转移支付政策实现"毕其功于一役"。

(2)一般性转移支付的相对集中系数最小,即均等化效应最强,特别是在 2002 年以后。同时可以看出,一般性转移支付的相对集中系数由 1997 年的 1.58 下降到 2009 年的 0.06,说明一般性转移支付的均等化效应经历了一个由低到高的变化过程。这是因为一般性转移支付办法是逐渐完善的,从政策和规模上都在逐渐向财政困难地区倾斜。

目前一般性转移支付包括均衡性转移支付、民族地区转移支付、县乡财政奖补资金、调整工资转移支付、农村税费改革转移支付等。均衡性转移支付是实现地区间公共服务均等化的有效手段。作为分税制财政管理体制改革的配套措施,从 1995 年起中央对财力薄弱地区实施均衡性转移支付。基本思路是,按照规范和公正的原则,根据客观因素计算确定各地区的标准财政收入和标准财政支出,以各地标准财政收支的差额作为分配依据。财政越困难的地区,补助程度越高。从地区分布看,2009 年东、中、西部分配比例分别为

6.21%、44.88%、48.92%。近年来,均衡性转移支付资金分配办法不断完善。由于2002年的所得税收入分享改革建立了均衡性转移支付资金总量增长机制,今后,随着所得税收入的不断增长,均衡性转移支付资金规模会逐年加大。此外,为配合西部大开发战略,从2000年起实施民族地区转移支付;从1999年开始,配合中央多次出台的调整工资政策,中央财政对中西部地区考虑各地区困难程度实施调整工资转移支付;2000年开始农村税费改革试点,中央财政考虑各地区困难程度实施农村税费改革转移支付;2005年为缓解县乡财政困难,中央财政出台了缓解县乡财政困难奖补政策。

从整体上看,一般性转移支付的均等化效应最强,特别是近年来国家不断加大对中西部地区的转移支付力度,有效缓解了中西部地区的财政困难。但一般性转移支付也存在一些问题,一是结构不合理。以2008年为例,一般性转移支付中直接增加地方财力的项目(主要为均衡性转移支付和民族地区转移支付)占一般性转移支付的比重为43%;因减收增支因素增加的转移支付项目(包括农村税费改革转移支付、调整工资转移支付和其他一般性转移支付),占一般性转移支付的比重为57%。比较而言,均衡性转移支付所占比重太低。二是办法不科学。农村税费改革转移支付、调整工资转移支付的数额是在办法开始实行时计算的,之后变动很小,每年都按照这个数额进行转移支付。这一方面相应冲减了均衡性转移支付的规模,减少了中央的宏观调控能力,另一方面没有考虑改革后各地情况的变化,在一定程度上有违财政转移支付均等化的目标。

(3)专项转移支付的相对集中系数自2001年后一直大于一般性转移支付,即专项转移支付均等化效应小于一般性转移支付。从整体上看,从1997—2009年专项转移支付的相对集中系数一直在0.30—0.50之间,说明专项转移支付的均等化效应是比较稳定的,这也意味着专项转移支付所形成的既得利益格局的固化。

2000年财政部出台了《中央对地方专项拨款管理办法》,明确要求对大多数专项转移支付项目采取"因素法"与"基数法"相结合、以"因素法"为主的分配方法,但专项转移支付没有严格按照因素法进行分配,照顾既得利益,均等化效应较低。因此,要求减少专项转移支付的呼声非常高。但事实上专项转移支付仍然大量存在。如果说学者、基层的财政工作者和人大代表都强烈要求缩减专项转移支付,为什么财政部还是要坚持加大专项转移支付的力度?

这中间除了经济、社会发展上的政策考量,还必须认识到专项转移支付还承载着很多政治考量因素,专项转移支付背后有着交错的政治逻辑。①

目前中央财政专项转移支付共计213项。根据职能分工,几乎各个中央部委都有专项转移支付项目。部委掌握了大量的专项资金,拥有资源的支配权。"这些部门各有各的体系,各有各的历史,把这些资金划到各个部门,然后再垂直往下走,然后通过中央、省、地市县到乡镇村到农户,'跑冒滴漏'在所难免"②。庞大的专项转移支付资金形成了部门既得利益。

自中央部门预算改革以来,财政部门作为核心预算机构的地位有显著提升。以部门为基础的细化预算使得部门的大部分支出都在财政部门的控制之下,花多少钱、办哪些事,都要经过财政部门的批准。由于国库改革,在预算的执行过程中,部门的具体支出也要受到财政部门的监督。这些改革极大地限制了部门在支出上的权力,反过来通过财政的"外部控制"将财权集中到财政部门的手中,从而削弱了部门的独立性,触动了部门的利益。但是这种集权不可能是无止境的,要赢得部门对预算改革的支持,必须保留一部分的部门利益,那就是保留了各个部委在专项转移支付上的分配权,而这些专项转移支付的资金总量也是相当可观的。通过对这些专项转移支付的分配,各个部委可以实现自己的政策目标,也可以通过专项控制垂直的下级政府部门,从而保持自己的权威。③中央财政转移支付经过层层把关之后,几乎每一笔专款在每一次"把关"中都会出现10%—20%的损耗,④很多专项转移支付的控制权就是腐败的根源。⑤

(4)返还性收入的相对集中系数最大,即均等化效应最小。这是由返还性收入的性质决定的。返还性收入是1994年分税制改革时保证地方既得利

①　参见周美多、颜学勇:《中国专项转移支付的政治逻辑:问题、原因与出路》,《当代财经》2008年第9期,第35—40页。

②　欧阳觅剑:《逐步减少专项转移支付的比例》[EB/OL]. http://www.cs.com.cn/pl/02/200707/t20070704_1158103.html,2007年7月4日。

③　参见周美多、颜学勇:《中国专项转移支付的政治逻辑:问题、原因与出路》,《当代财经》2008年第9期,第35—40页。

④　参见李昌平:《解读胡温新政下的"三农"政策》[EB/OL]. http://blog.tianya.cn/blogger/post_show.asp? BlogID=813042&PostID=8321203,2007年1月24日。

⑤　参见冯兴元:《论预算程序与预算透明度问题》[EB/OL]. http://feng.xingyuan.blog.163.com/blog/static/105785255200923048070/,2009年3月3日。

益的措施,当时规定各地上划中央的增值税、消费税按照一定的基数和增长率返还地方;2002 年所得税分享改革,又规定地方上划中央的所得税收入实行基数(固定数额)返还。这事实上是通过保地方的既得利益以保持地方发展经济的积极性和换取改革的顺利进行。这种以来源地为依据的转移支付办法,不仅没有缩小地区财力差异,反而在一定程度上扩大了地区财力差异。

分税制改革之后,中央财政收入所占的比重大大增加,占到 50% 左右,看起来财力充足,但因为这两方面的税收返还,中央财政其实并没有太多剩余财力可用于专项转移支付和一般性转移支付,促进地区间的平衡发展。因此,在很长一段时间内,返还性收入还限制了转移支付平衡地区发展的作用。但随着返还性收入所占比例逐渐下降,一方面对地区间财力差异的影响逐渐减小,返还性收入对地区间财力差异的贡献率从 1997 年的 28.53% 下降到 2009 年的 11.29%,另一方面中央也开始有财力支持较不发达地区。2006 年,中央财政赤字大幅下降,财政部将促进基本公共服务的均等化作为其重要目标。专项转移支付的比重呈现逐年增长的态势。在转移支付结构中,返还性收入从 1994 年的 75.26% 降到 2009 年的 20.44% 左右,从 2005 年开始已经少于专项转移支付和一般性转移支付,可以预见,返还性收入的比例还会继续降低,于是,专项转移支付和一般性转移支付的比例关系将是影响转移支付均等化效应的主要因素。

我们可以结合中国财政转移支付的结构对此进一步分析,专项转移支付的规模从 1997—2009 年一直在 30%—40% 之间,从 1997 年开始一直大于一般性转移支付,2005 年后才开始略低于一般性转移支付,近几年仍呈缓慢增长的态势,但是 2008 年和 2009 年,专项转移支付比重又超过了一般性转移支付的比重。在全国上下都一致认为要增加均衡性财政转移支付的比重的情况下,专项转移支付的比重却呈现逐年上升的态势。2009 年,中央政府进一步将补助数额相对稳定、原列入专项转移支付的教育、社会保障和就业、公共安全、一般公共服务等支出共计 2101.07 亿元,改为一般性转移支付,从而将一般性转移支付总金额大幅提高到 11076.57 亿元,一般性转移支付占全部财政转移支付的比重达到了 38.60%,否则会更低。① 从整体看,2009 年均等化效

---

① 参见郭庆旺、贾俊雪:《从中央财政转移支付视角看 2009 年预算报告》,《中国财政》2009 年第 9 期,第 26—27 页。

应最强的一般性转移支付所占比重不足 40% ,而体现地方既得利益的返还性收入和体现部门既得利益的专项转移支付占 60% 。这种格局必然限制了转移支付的均等化效应的实现。

表 5 - 19　1997—2009 年财政转移支付结构

年份	返还性转移支付	专项转移支付	一般性转移支付
1997	73.82%	18.92%	7.26%
1998	63.42%	26.71%	9.87%
1999	53.12%	34.08%	12.80%
2000	47.00%	34.20%	18.80%
2001	37.71%	36.52%	25.77%
2002	40.89%	33.12%	25.98%
2003	41.93%	30.43%	27.63%
2004	39.62%	31.54%	28.84%
2005	33.79%	32.67%	33.54%
2006	28.91%	34.10%	36.99%
2007	23.79%	35.71%	40.50%
2008	19.31%	42.39%	38.30%
2009	20.44%	40.96%	38.60%

资料来源:根据相应年份的《地方财政运行分析》计算得出。

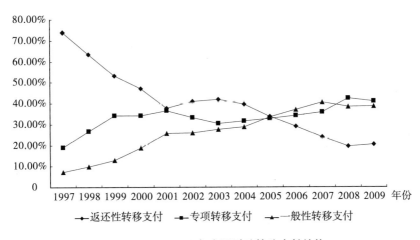

图 5 - 4　1997—2009 年中国财政转移支付结构

二、主要结论与政策建议

（一）主要结论

从以上分析,可得出以下结论:

1. 在整体上,财政转移支付具有一定的均等化效应,且均等化作用逐渐加强。

2. 返还性收入的均等化效应最小,但是随着其比重的降低,反映地方既得利益的返还性收入对地区间财力差异的贡献率逐渐缩小。

3. 专项转移支付均等化效应小于一般性转移支付。但是其比重呈现固化的态势,反映部门既得利益的专项转移支付对地区间财力差异的贡献率也呈固化趋势。

4. 一般性转移支付均等化效果最强,并随着时间的推移还在逐渐增强,说明一般性转移支付办法是逐渐完善的。

5. 反映地方既得利益的返还性收入和反映部门既得利益的专项转移支付比重超过均等化效应最强的一般性转移支付,这必然限制了财政转移支付均等化作用的实现。

（二）政策建议

实现基本公共服务均等化对转移支付均等化效应提出了更高的要求。中国财政体制改革的渐进性决定了只能对既得利益格局进行调整。樊纲指出"改革最重要是增量,只要开始增量,开始出现新体制,一定会逐步代替旧体制"①。我们按此思路提出如下政策建议:

1. 持续扩大均衡性转移支付规模,建立以均衡性转移支付为主的财政转移支付结构。

均衡性转移支付资金分配选取影响财政收支的客观因素,适当考虑人口规模、人口密度、海拔、温度、少数民族等成本差异,结合各地实际财政收支情况,采用规范的公式化方法进行分配,比较而言,是最能体现公平原则的转移支付形式,但所占比重太低。党的十七大报告提出的"加快形成统一规范透明的财政转移支付制度,提高均衡性转移支付规模和比例"是符合中国的现实需要的。中国是一个地域辽阔、民族众多的国家,各个地区情况差别很大,

---

① 樊纲:《还要多少年才能抵达河对岸?》,《南方周末》2008 年 8 月 28 日。

所需的公共服务也各不相同。如经济落后地区可能需要将资金更多地投入到饮用水、农田水利建设等基础设施和基础教育方面;而经济发达地区则可能会更多投向医疗保障、文化生活等提高居民生活质量的公共服务方面;少数民族多的地区和无少数民族地区所需的公共服务也是不一样的。因此,应赋予地方更多的可支配资金,让他们根据地方的实际情况安排符合自身需要的公共服务。另外,如果均衡性转移支付资金不足,也会限制一些自身资金困难的地方政府提供基础公共服务的能力。因此,应不断扩大均衡性转移支付规模,以均衡性转移支付为主,配合专项转移支付,进一步规范和完善中国的转移支付制度。如果专项转移支付的规模得到控制、不再增加,中央财政新增财力除了安排本级财政支出正常增长外,主要用于增加均衡性转移支付,重点帮助中西部地区解决财力不足问题。

2. 控制反映部门既得利益的专项转移支付相对规模,完善专项转移支付的分配办法。

我们可以把返还性收入理解为分税制改革之初确保地方既得利益以使改革顺利推行的"无奈"或"必须"之举,而且随着时间的推移,返还性收入对地区间财力差异的影响正在逐步缩小,地方既得利益对地区财力差异的影响也在逐步缩小,这也证明了这一办法设计的科学性。但目前一个更严重的问题摆在我们面前:长期高位运行的专项转移支付规模意味着日益固化的部门既得利益,其均等化效应远低于一般性转移支付,这显然违背了转移支付制度的宗旨,不利于财政转移支付均等化目标的实现。

在这里我们本着切实的原则提出控制而不是缩小专项转移支付绝对规模,随着财政转移支付规模的扩大,专项转移支付的相对规模就越来越小了。而缩小其绝对规模实行起来非常难,所以切实可行的是控制其相对规模的同时完善专项转移支付的分配办法。如果取消部委的专项分配权,只保留它们的项目审核和授权的权能,由财政部门设立相关的部门对项目的拨款进行核准和批复,这种资金分配权的过于集中,可能导致一个过于强大的财政部门,其他职能部门对财政部门的依附可能会丧失其自身在专业知识上的独立性。而财政部门集中了权力就要承担相应的责任,但是由于专业知识上的局限性,财政部门自身的专业人才也有限,如此巨大的资金分配,出现任何失误,财政部门都要承担相应的责任,内部、外部的矛盾都将指向财政部门及其核心领导。为了避免这样的责任高风险,财政部门并不会进一步集权,专项转移支付的分配权力还将长期保持在部委手中,从而在各个部门之间形成一种利益妥协。① 目前可以而且应该做到的,一是不应再扩大专项转移支付的规模,包括严格控制新增项目以及结合外部环境的变化和转变管理机制的要求,清理现行专项转移支付项目;二是在专项审核中办法应尽量采用因素法,并加强对专项转移支付分配、使用的全过程监管,提高专项转移支付管理透明度,进一步提高专项转移支付的均等化效应。

---

① 参见周美多、颜学勇:《中国专项转移支付的政治逻辑:问题、原因与出路》,《当代财经》2008 年第 9 期,第 35—40 页。

第六章　中国地区间财政能力差异的度量

——基于地区间公共支出成本差异的视角[1]

对财政能力通常有两种不同的衡量方式:财政收入能力或是财政需求—能力差距。财政收入能力只看政府在一定税率或一定的居民税收负担的前提下能获取的财政收入;财政需求—能力差距则兼顾收入和支出两个方面,因而更为全面和准确,但缺点是操作上比较困难。[2] 在目前的相关研究,政府财政能力通常以财政收入能力衡量。具体来说,常用的指标是人均地方财政收入或人均地方财政开支。现有的绝大多数关于地区间财政能力差异的研究中,各省的财政能力也是以预算内人均财政收入或支出来衡量的。如刘溶沧、焦国华对1988—1999年间中国地区间财政能力差异进行的定性与定量分析;[3]王佐云(2002)对地区间财力差异适度性的研究;以及曾军平(2000)、陈锡文(2005)、张启春(2005)等人利用全国分省数据对地区间财力差距的研究,等等。本书第三至五章也是按照传统的研究思路进行的,但必须指出的是中国是个人口众多的多民族国家,地域广阔,各地区之间自然条件差异很大,经济发展水平很不平衡,公共支出成本的差异也较大,仅仅通过对人均财政收入和影响人均财政收入因素的测算,很难反映各地公共支出成本

---

[1]　本章的主要观点作者曾以《中国地区间财政能力差异及财政转移支付政策取向——以地区间公共支出成本差异的视角》发表于《审计与经济研究》2010年第2期。

[2]　See Ladd, H. F. Measuring Disparities in the Fiscal Condition of Local Governments. In Anderson, J. E. Ed. Fiscal Equalization for State and Local Government Finance: 21—53. Westport: Praeger. 1994.

[3]　参见刘溶沧、焦国华:《地区间财政能力差异与转移支付制度创新》,《财贸经济》2002年第6期,第5—12页。

方面的差异。① 在这种情况下,单纯比较人均地方财政收入或人均地方财政开支,会产生与实际状态的偏差。因为仅均衡人均财政收入或财力而不考虑支出需求和成本差异,对需求多而成本高的地区不公平。

财政部科研所刘尚希认为,"我们通常用人均财力这个指标来衡量地区间财力的差距,其实,无论分母使用财政供养人口,还是本地户籍居民,这个指标都不能准确反映地区间财政能力的差距。因为公共服务的单位成本在不同地区是不同的,甚至差距很大,同样的钱未必能提供同样多的公共服务。比如教育的单位成本、医疗的单位成本、基础设施的单位成本等,会因地形地貌、人口密度、国土面积、民族构成等因素而不同。即使公共服务的单位成本相同,由于制度因素及管理水平的影响,同样数量的资金所提供的公共服务也是不一样的。因此,财政能力是财力、单位成本和制度及管理因素的复合函数,仅看财力的多与少是片面的。"②很多文献都表明在人口稀少的地区需要更多的投入来保证相同的公共服务水平。③ 虽然有学者认识到应该从财政需求—能力差距的角度对地区间财政能力差异进行研究,但是基于地区间公共支出成本的视角度量地区间财政能力差异的并不多。

为消除上述弊端,本章研究重点是从财政需求—能力差距的角度来度量中国地区间的财政能力差异,即认为财政能力是财力与公共支出成本的复合函数,在考虑公共支出成本差异的情况下度量中国地区间的财政能力差异,本章把人均公共支出成本的变量引入到地区间财政能力差异的度量中,尽可能接近实际地反映地区间财政能力差异的现状及财政转移支付的均等化效应。而前人之所以没有这样做的一个主要原因是他们无法测量各省标准财政支出。本章使用财政部预算司李萍等人的测算结果解决了这个问题。她们的测量并非没有问题,但它毕竟是我们所能获得的唯一的官方测量结果。

---

① 参见胡德仁:《财政转移支付与中国地区间财力均等化分配模型》,《公共行政评论》2008 年第 5 期,第 81—99 页。

② 参见刘尚希:《基本公共服务如何实现均等化》[EB/OL]. http://rcc. zjnu. net. cn/Article/TypeArticle. asp? ModeID = 1&ID = 1361,2008 年 4 月 17 日。

③ 参见赵志荣:《中国财政改革与各省财政能力不均衡:回顾、分析和建议》,《公共行政评论》2009 年第 2 期,第 73—100 页。

第一节　地区间公共支出成本差异的基本假设

本章引入人均财政收入指数、人均财政转移支付指数、人均财力指数的概念。即：

人均财政收入指数＝人均财政收入/人均公共支出成本；

人均财政转移支付指数＝人均财政转移支付/人均公共支出成本；

人均财政能力（以人均财力指数表示）＝人均财力/人均公共支出成本。

以这些指数作为度量各地区财政能力的依据来消除各地公共支出成本差异，这样的测算更符合中国的实际，更能反映各地区财政保障能力。假设各地人均公共支出成本＝各地标准财政支出/各地总人口。所谓"标准财政支出"，是指在全国同等的支出效率前提下，地方政府达到均衡范围内公共支出项目均等化所需的支出，它要求考虑地方政府提供公共服务所存在的客观成本差异。在此我们按照财政部预算司提供的办法测算标准财政支出。① 标准财政支出一般等于地方政府所承担的教育、社会治安、交通等各项公共服务的标准财政支出之和。单项标准财政支出的计算公式为：

某项公共服务的标准财政支出＝该项目公共服务的单位成本×调整系数×该公共服务的单位数量

公式中，调整系数根据人口规模、人口密度、工资水平、海拔、温度、运输距离、少数民族、地方病等影响财政支出的客观因素计算确定。由于我们只有2005年财政部预算司测算的各地区标准财政支出的数据，②我们假设某地区下一年的标准财政支出是在上一年的基础上递增10%，通过2005年各地区的标准财政支出可以推算出其他年份各地区的标准财政支出。在基本公共服务均等化成为重要国策的背景下，本章中所强调的公共支出成本在某种程度上表示各地区提供基本公共服务所需要的财政支出。

---

① 参见财政部：《2008年中央对地方一般性转移支付办法》[EB/OL]. http://www.mof. gov. cn/yusuansi/zhuantilanmu/zhongguocaizhengtizhi/cztzwj/200806/t20080627 _ 54332. html, 2008年6月27日。

② 参见李萍、许宏才：《中国政府间财政关系图解》，中国财政经济出版社2006年版，第72—73页。

第二节　对财政部预算司测算的公共
支出成本合理性的验证

根据财政部预算司的测算,影响公共支出成本的因素主要有各地区人口规模、人口密度和物价水平等,我们需要对其合理性进行验证。

一、人口规模对公共支出成本的影响

规模经济是现代经济活动中普遍存在的现象。当一个企业的长期平均成本(总成本除以产量)随产量的增加而呈递减的趋势,则其生产存在规模经济。但是,随着企业规模的扩大又会产生更多的内部协调费用,即企业内的交易费用增加,当这种协调费用大于企业从市场交易获得生产要素的成本时,企业就进入规模不经济阶段,而当企业通过内部契约代替市场交易来获得生产要素,所节约的交易费用与企业因此而产生的管理成本在边际上相等时,企业规模就处于最佳状态。[①] 此即从规模经济转为规模不经济的拐点。

政府等公共组织是否也存在这种随着组织规模增大,其单位产出出现从规模经济到规模不经济的情况? 既有的理论和实证研究证明了这一点。[②] 布劳认为,经济学生产者理论中的长期成本曲线呈 U 型的特征也存在于行政管理活动中,一个组织的规模增长,在初期阶段,会带来降低组织运行的单位成本的效应,但进一步的增长则会因协调控制的复杂性导致单位成本的增加。[③]

中国政府间关系存在朱光磊、张志红所说的"职责同构"现象[④],即不同层级的政府在纵向间职能、职责和机构设置上的高度统一、一致,横向政府间的

① Cose. The Problem of SocialCost[J]. Journal of Law and Economics,1960(10):1 - 44.

② 参见张光、曾明:《规模经济和分税制对政府雇员规模的影响》,《武汉大学学报(哲学社会科学版)》2008 年第 1 期,第 49—55 页。

③ Peter M Blau. A Comparative Study of Organizations [J]. Industrial and Labor Relations Review,1965(3):323 - 338.

④ 参见朱光磊、张志红:《"职责同构"批判》,《北京大学学报(哲学社会科学版)》2005 年第 1 期,第 103—107 页。

机构设置和人员配备也基本类同"左右看齐,上下一致"。人口较少的西部地区与人口稠密的东部地区,其政府的机构设置基本一样,人员配备数量也相差无几,可以想象,一个人口9000万的省,与一个人口500万的省一样具有与上级政府对应的所有政府部门,后者的公共支出成本相应要高些,所以可以假设人口规模与公共支出成本呈负相关或呈U型关系。

二、人口密度对公共支出成本的影响

人口密度越大经济越发展的缘由,可以从古典自由主义经济学的开山鼻祖亚当·斯密那里找到。在亚当·斯密看来,经济要发展,就要提高劳动生产率。劳动生产率,就是单位时间内的劳动产量。而要提高单位时间内的劳动产量,首要因素就是要提高劳动者的劳动熟练程度。而劳动者的劳动熟练程度的提高,直接取决于劳动分工和专业化。如何才能出现分工和专业化? 这就取决于人口的密度。在一个人口密度大的地方,分工越细;在一个人口密度小的地方,分工越粗;城市的经济发展比农村要好,就是因为城市的人口密度比农村要大。地广人稀的农村,市场规模太小,缺乏现代经济发展所必需的分工和专业化。为什么会出现城市,科斯研究认为,企业是为了降低交易成本而形成的一种经济组织。借用科斯的理论,城市的出现亦是为了降低交易成本而形成的一种组织。其实,所有组织包括政治组织的出现,都是为了降低交易成本。城市如何降低经济发展的交易成本? 就是电力、自来水、道路、通信、学校、医院、警署、法院这些公共产品被密度足够大的城市人口享用时,其使用的边际成本是逐渐降低的。

公共支出成本是否也存在这种随着人口密度增大,其单位成本逐渐降低的现象? 关于公共支出成本与人口密度问题,美国房地产研究协会在其开创性研究中发现,缺乏规划、地域人口密度的蔓延式城市发展模式相对于高人口密度的紧凑型发展模式明显增加了政府开支。Burchell 等人的研究也发现,高人口密度城市能够节约13.4%的道路成本和约3%的其他基础设施建设成本。[①] Holcombe 和 Williams 的研究显示,人口规模不同的城市,人口密度的提

---

① Burehell,Robert W. etal,Costs of Sprawl—2000. Washington,DC:National Aeademy Press,2002.

高对不同公共支出的影响存在差异。① 在人口规模不变条件下,政府公共支出成本的差异是辖区面积的函数;②面积广阔、人口稀少的地区,难以有足够的税收来负担教育、道路、自来水、下水道等公共设施及其运行成本,而由于区域面积大,警察、消防和医疗救护等紧急性公共服务的反应时间就比较长,使居民安全面临风险,因此要保持标准水平的公共服务,单位成本及人均成本就比较高。③ 因此,人口密度高的地区公共支出成本往往要低些。

三、物价水平对公共支出成本的影响

由于公共支出包括机关事业单位的人员工资以及各种公共产品、公共服务的价格,都是用市场价格进行核算的,而中国各地区同一种商品或服务的市场价格不完全相同,如同是政府机关单位职员,其 2008 年上海市城镇单位就业人员平均劳动报酬为 52122 元/年,而在河北省只有 24276 元/年,从而导致一些地区的财政支出被高估,另外一些地区的财政支出则被低估。也就是说,虽然中国各地区使用同一种货币——人民币(即货币的名义价值相等),但由于各地区人民币的实际购买能力存在差异,导致地区间货币的实际价值存在差异(实际价值与名义价值偏离)。因此,按统计部门公布的统计数据计算的公共支出成本差距要大于实际的差距。要科学地测算公共支出成本差距,必须剔除地区物价水平的影响。由于没有各地区物价水平的数据,本章以各地区工资水平的数据代替各地区物价水平。因此,工资水平高的地区公共支出成本往往要高些。

假设各地区公共支出成本与各地区人口规模负相关、与人口密度负相关、与物价水平正相关。基于这样的假设,我们可以构建如下回归模型来验证财政部预算司测算的公共支出成本是否合理。

$$\ln cb_i = c + c(1) \times \ln rk_i + c(2) \times \ln gz_i + c(3) \times \ln md_i + \varepsilon \quad \cdots (6-1)$$

---

① Holeombe R. G. and Williams D. W., The Impact of Population Density on Munieipal Government Expenditures, Public Finance Review, Vol. 36, No. 3, 2008.

② Real Estate Roseareh Corporation, The Cost of SPrawl, Detailed Cost Analysis. Washington. DC: Government Printing office, 1974.

③ 参见王德祥、李建军:《辖区人口、面积与地方财政支出》,《财贸经济》2009 年第 2 期,第 28—32 页。

$$\ln cb_i = c + c(1) \times rk_i + c(2) \times rk_i^2 + c(3) \times \ln gz_i + c(4) \times \ln md_i + \varepsilon$$

$$\cdots\cdots\cdots\cdots\cdots\cdots\cdots\cdots\cdots\cdots\cdots\cdots\cdots\cdots\cdots\cdots\cdots (6-2)$$

其中：cb_i、rk_i、gz_i、md_i 分别表示各地区的公共支出成本、总人口、平均工资水平、人口密度，各地区公共支出成本的数据来源于财政部预算司的测算，各地区的总人口、平均工资水平、人口密度的数据来源于《中国统计年鉴（2006）》。

运用 EVIEWS6.0 软件对上面的模型（6-1）和模型（6-2）进行回归，可以得到表6-1所示的回归结果。

表6-1　模型（6-1）和模型（6-2）的回归结果

	（6-1）	（6-2）
C	6.284827 (3.838038)	4.230178 (2.834740)
rk	-0.279878 *** (-5.207607)	-0.000191 *** (-3.340228)
rk^2	—	1.16E-08 ** (2.198540)
gz	0.336463 ** (2.300412)	0.379044 ** (2.518380)
md	-0.050911 * (-1.705056)	-0.070988 ** (-2.486438)
R^2	0.789767	0.784698
$\overline{R^2}$	0.766408	0.751575
F	33.809680	23.690180

注：***、**、* 分别表示在1%、5%和10%的水平下显著，括号中的数字为 t 统计值。

1. 从模型（6-1）的回归结果中可以看出：各地区人口规模、平均工资水平、人口密度对公共支出影响分别在1%、5%和10%的水平下显著，而且方程的拟合程度达到76%，人口的回归系数为-0.279878，表示总人口每增加1%，公共支出成本将下降0.279878；平均工资水平的回归系数为0.336463，表示平均工资水平每增加1%，公共支出成本将上升0.336463；人口密度的回归系

数为-0.050911,表示人口密度每增加1%,公共支出成本将下降-0.050911,
得出的结果与理论分析相吻合,说明财政部预算司测算的公共支出成本是合
理的。

2. 从模型(6-2)的回归结果中可以看出:各地区人口规模与公共支出成
本呈 U 型关系、各地区平均工资水平与公共支出成本成正相关、人口密度与
公共支出成本成负相关,得出的结果与理论分析是吻合的,模型(6-2)也说
明了财政部预算司测算的公共支出成本是合理的。模型(6-1)表明人口规
模与公共支出成本呈负相关,而模型(6-2)则表明人口规模与公共支出成本
呈 U 型关系,两者并不矛盾,因为模型(6-2)测算的结果是公共支出成本最

低的人口规模的拐点为 8232. 76 万(即 $rk^* = -\dfrac{c(2)}{2 \times c(3)} = -\dfrac{-0.000191}{2 \times 1.16E-08} =$

8232. 76),目前中国只有极少数省份的人口规模超过 8232. 76 万(山东省、河
南省、广东省的人口超过了这样的规模),这就造成人口规模与公共支出成本
呈负相关的模型也是非常显著的。

第三节　中国地区间财政能力差异的度量

本节以加权变异系数衡量中国地区间财政能力差异,以 CV_X 代表人均财
政收入指数的变异系数,以 CV_Y 代表人均财力的变异系数,计算 1997—2009
年每年的 CV_X 与 CV_Y (见表6-2),可得到这一时期中国各地区的财政能力差
异及财政转移支付均等化效应。从表 6-2 可以看出,1997—2009 年中国地
区间财政能力差异呈现逐渐缩小的态势,从 1997 年的 56. 06% 下降到 2009 年
的 24. 01% ,财政转移支付均等化效应逐渐增强,从 1997 年的 14. 94% 增加到
2009 年的 60. 74% 。

我们还可以测算出没有考虑公共支出成本的地区间财力差异的加权变异
系数,将其与考虑了公共支出成本的财政能力差异的加权变异系数做比较
(见表6-2),可以看出,从 1997—2009 年地区间财力差异和地区间财政能力
差异均呈现逐渐下降的趋势。但综合考虑了财力和公共支出成本后的地区间
财政能力差异整体水平低于地区间财力差异,两者相差二十多个百分点。

表6-2　1997—2009年中国地区间财政能力和财力差异
及财政转移支付均等化效应

年份	考虑地区间公共支出成本的差异			没有考虑地区间公共支出成本的差异		
	人均财政收入指数的变异系数	人均财力指数的变异系数	转移支付的均等化效应	人均财政收入指数的变异系数	人均财力的变异系数	转移支付的均等化效应
1997	65.92%	56.06%	14.94%	84.09%	78.76%	6.33%
1998	63.88%	49.79%	22.05%	82.89%	73.77%	11.00%
1999	67.87%	47.85%	29.51%	85.41%	71.68%	16.08%
2000	65.33%	41.57%	36.37%	82.38%	63.81%	22.54%
2001	76.68%	43.68%	43.04%	92.03%	65.02%	29.35%
2002	75.86%	43.97%	42.03%	95.62%	65.63%	31.37%
2003	75.82%	44.31%	41.57%	96.67%	67.44%	30.24%
2004	71.99%	41.57%	42.25%	98.39%	65.65%	33.28%
2005	69.91%	37.69%	46.09%	95.87%	63.20%	34.08%
2006	66.49%	33.53%	49.58%	88.98%	56.73%	36.24%
2007	66.71%	31.44%	52.87%	90.08%	55.22%	38.69%
2008	63.47%	27.47%	56.72%	85.81%	50.19%	41.51%
2009	61.16%	24.01%	60.74%	81.81%	46.05%	43.71%

资料来源:根据1998—2009年《中国统计年鉴》、《地方财政运行分析》计算得出。

为了进一步说明考虑公共支出成本的重要性,我们以2008年为例,对全国各省份的人均财力和人均财力指数进行排序(见表6-3)。

表6-3　2008年全国各省份人均财力和人均财政能力排序

地 区	人均财力	公共支出成本	人均财力指数	人均财力排序	人均财力指数排序	差距
北京市	12465.57	2668.40	4.67	3	2	-1
天津市	7721.53	2674.63	2.89	4	9	5
河北省	2719.27	1225.66	2.22	28	29	1
山西省	4010.55	1510.83	2.65	16	12	-4
内蒙古	5946.90	2008.39	2.96	6	8	2
辽宁省	5154.31	1987.20	2.59	8	14	6

地 区	人均财力	公共支出成本	人均财力指数	人均财力排序	人均财力指数排序	差距
吉林省	4313.66	2067.16	2.09	12	31	19
黑龙江省	4123.20	1916.01	2.15	15	30	15
上海市	14691.11	2293.99	6.40	1	1	0
江苏省	4395.59	1129.27	3.89	11	5	-6
浙江省	4666.53	1121.18	4.16	10	3	-7
安徽省	2671.78	1114.81	2.40	30	22	-8
福建省	3317.53	1194.77	2.78	21	10	-11
江西省	2820.82	1262.27	2.23	27	28	1
山东省	2969.80	1103.76	2.69	24	11	-13
河南省	2458.90	1099.06	2.24	31	27	-4
湖北省	3027.69	1353.28	2.24	23	26	3
湖南省	2833.93	1255.40	2.26	25	25	0
广东省	4175.98	1054.63	3.96	14	4	-10
广西	2717.46	1149.37	2.36	29	24	-5
海南省	4221.61	1624.84	2.60	13	13	0
重庆市	3845.22	1298.32	2.96	17	7	-10
四川省	3680.05	1178.85	3.12	20	6	-14
贵州省	2831.91	1134.96	2.50	26	20	-6
云南省	3220.62	1263.73	2.55	22	17	-5
西 藏	13336.93	5358.11	2.49	2	21	19
陕西省	3753.57	1492.12	2.52	19	19	0
甘肃省	3828.06	1488.68	2.57	18	15	-3
青海省	6919.58	2712.99	2.55	5	16	11
宁 夏	5479.58	2152.83	2.55	7	18	11
新 疆	4910.43	2073.25	2.37	9	23	14

资料来源:根据 2009 年《中国统计年鉴》、《中国财政年鉴》、各省财政年鉴和各地区公共支出成本计算得出。人均财力指数=人均财力/公共支出成本。公共支出成本根据 2005 年的标准财政支出推算得出的。

表 6-3 证明了中国地区间财力差异较大,2008 年最高的上海市的人均财力指数为 6.40,而最低的吉林省只有 2.09,前者是后者的 3.07 倍。同时,

表6-3显示在考虑了公共支出成本后人均财力和人均财力指数排序的差别。差别比较大的省份有黑龙江、吉林、西藏、青海、新疆、宁夏等,人均财力指数排序比人均财力排序要低十位,这些省份都是属于人口密度低、地理条件相对恶劣的省份,公共支出成本显然会比较高,尤其是西藏,2008年其人均财力在全国排第二位,但是人均财力指数在全国排第21位,主要是由于人口密度低,公共支出难以产生规模效应。而福建、山东、广东、四川等省份的人均财力指数排序比人均财力排序要高十位。这些省份的人口密度比较高、地理条件比较好,公共支出成本相对较低,在公共服务的提供上也能产生规模效益。这也符合我们对财政能力差异的理解和直观判断。只有考虑了公共支出成本后的人均财政能力才真正反映了该地区提供公共服务的能力。

第七章　中国政府间财政转移支付政策影响因素的实证分析

前几章对中国地区间财力差异的状态作出描述、并揭示财政转移支付制度对调节地区财力差异的作用,本章主要关注的是中国财政转移支付制度的影响因素问题。可以说,财政转移支付制度不是造成地区财力差异的首要原因,但是政府可以用来调节地区财力差异的首要手段。当前,基本公共服务均等化已经成为中国重要的公共政策目标,完善财政转移支付制度是缩小地区财力差异、实现基本公共服务均等化的供给保证,然而现实中的财政转移支付制度往往受到多种力量的左右。根据公平与效率的原则,本章试图通过对2004—2006年有关数据的实证分析来探究中国现行财政转移支付制度的主要影响因素和价值取向。

许多学者从实证角度考察了政府间财政转移支付的影响因素。王绍光检验了中央政府对地方政府的财政转移支付影响因素,发现公正性考虑在中央和省级之间的财政转移支付过程中影响甚微;与传统认识相反,财政转移支付过程中地方政府的要价空间极其微小;财政转移支付最重要的决定因素是中央政府的政治考虑,特别是对国家统一的考虑。① 王雍君认为政府间转移支付经常被当作应付一大堆短期问题的工具。并指出无论是把转移支付作为控制地方政府的手段,还是作为疲于应付短期问题的权益之计,都可能导致与财政均等目标的冲突,并削弱中央政府推动财政均等目标的努力和效果。② 钟

---

① 参见王绍光:《中国财政转移支付的政治逻辑》,《战略与管理》2002 年第 3 期,第 47—54 页。

② 参见王雍君:《中国的财政均等化与转移支付体制改革》,《中央财经大学学报》2006 年第 9 期,第 1—5 页。

正生、宋旺的研究认为对外开放水平、工业化水平、医疗卫生服务水平、是否是少数民族地区以及施工房屋面积都是影响各省从中央政府手中获取总量转移支付数量的显著变量。财政转移支付均等化效应缺失的原因在于:那些拥有特定的关键资源,因而拥有更强谈判力的地方政府能向中央政府施压,谋取过多的总量转移支付。① 江依妮、张光的研究认为江西省县级财政转移支付存在"效率先导、公平滞后"的取向,人均净转移与人均国内生产总值呈现出高度正相关关系,经济越发达的地区得到的转移支付越多,并证明了财政转移支付在维持县级政府正常运转中的重要作用,证实"吃饭财政"现象在江西县级政府的存在。② 马拴友、于红霞以地区为分析单位,证明转移支付资金的分配没有考虑区域面积、人均国民生产总值、城市化、卫生服务水平等因素,呈现非均等化倾向。

　　这些文献增进了我们对中国财政转移支付制度运行现状和绩效的认识,但是都存在一大缺点:偏离财政转移支付的实际运行状态和运行环境。首先,这些文献在考察政府间财政转移支付影响因素时,都没有考虑上年财政转移支付规模对当年财政转移支付政策的影响以及这一因素在多大程度上左右着当年的财政转移支付政策。事实上,考虑上年财政转移支付规模意味着财政转移支付分配中的"基数法",即转移支付政策对地方既得利益的考虑,这是当前转移支付政策的一个重要特征。其次,关于财政转移支付均等化的研究都是在没有考虑公共支出成本差异的状态下进行的,这不符合中国地区间自然条件、经济社会水平差异较大的现状。为此,本章通过对 2004—2008 年有关数据的实证分析来探究中国现行财政转移支付政策的主要影响因素和转移支付的均等化效应,试图在这些问题上做出有益的探索。

第一节　政府间财政转移支付影响因素的实证分析

一、研究方法和模型设定

　　我们使用横截面数据模型研究中央对省级财政转移支付的决定因素。这

---

　　① 参见钟正生、宋旺:《我国总量转移支付的影响因素及其均等化效应》,《经济科学》2008年第 4 期,第 5—16 页。
　　② 参见江依妮、张光:《中国县(市)财政转移支付影响因素的实证分析——以江西省为例》,《地方财政研究》2007 年第 2 期,第 14—19 页。

主要是因为影响财政转移支付的因素可能非常之多,由于数据限制,我们无法度量所有的影响因素,因而也就无法将其全部纳入到回归方程之中,这样就会导致遗漏变量偏差这一问题。使用横截面数据模型能够反映研究对象在截面单元上的变化规律及其在不同单元上的特性,这样就可综合利用样本信息,消除上述偏差,得到更加可信的系数估计值。[①]

我们采用如下横截面数据模型:

$$\ln trans_{it} = c + \beta X_{i(t-1)} + \varepsilon$$

其中下标 $i = 1,2,\cdots,n$,表示特定省份。下标 $t = 1,2,\cdots,T$,代表特定年份。 $trans_{it}$ 代表对第 i 个省份第 t 年的总量转移支付。 $X_{i(t-1)}$ 为滞后一期的解释变量向量,因为当年的财政转移支付均是根据上年的财政经济数据测算出来的。

二、变量选择和数据来源

1. 上年财政转移支付规模。这一指标代表了地方既得利益。为了改革的顺利推进,1994 年的分税制改革是在维护地方既得利益的前提下进行的,没有对各个地区的支出基数进行调整,同时建立起科学、规范的政府间财政转移支付制度,而是选择了采取"存量不动,增量调整"的方针,旨在通过渐进性改革,逐步加大财政所控制的增量,用增量部分实现地区间财政均等化的目标。[②] 因此上年的财政转移支付规模对当年的财政转移支付规模的回归系数是正的。

2. 人均财政收入。这是描述财力大小的重要指标。财政转移支付的主要目标就是均衡地区间财力差异。如果中央政府的决策目标是财力的均等化,那么人均财政收入对财政转移支付的回归系数就应当是负的。

3. 人口密度。这是描述公共支出成本差异的最重要的因素。财政不平衡可能是地区间财力差异所致,也可能是地区间公共服务的单位成本上的差异所致。在面积广阔、人口稀少的地区,其教育、道路、自来水、下水道等公共

① Islam, N., 1995, "Growth Empirics: A Panel Data Approach", *Quarterly Journal of Economics*, 110, 1127 - 1170.

② 参见倪红日:《中国政府间财政转移支付制度改革的渐进性与推进制度建设的建议》,《调查研究报告》2002 年第 16 期,第 27—32 页。

设施及其运行成本相应较高,而由于区域面积大,警察、消防和医疗救护等紧急性公共服务的反应时间也比较长,使居民安全面临风险,因此要保持标准水平的公共服务,单位成本及人均成本就比较高。[①] 如果上级的财政转移支付政策是为了补偿成本上的差异,那么对人口密度的回归系数应当为负。

本章引入上述三种类型的独立变量,即上年财政转移支付规模、各地区人均财政收入、人口密度,将各地区财政转移支付(本章中提到的人均都是按照各地区总人口计算的人均)对上述三种因素进行回归,对 2004—2008 年各地区的数据建模。

$$\ln trans_{it} = c + c(1) \times \ln trans_{i(t-1)} + c(2) \times \ln sr_{i(t-1)} + \varepsilon \cdots\cdots (7-1)$$

$$\ln trans_{it} = c + c(1) \times \ln trans_{i(t-1)} + c(2) \times \ln md_{i(t-1)} + \varepsilon \cdots\cdots (7-2)$$

三、实证检验与分析

把上述变量 2003—2008 年的数据带入模型(7-1)、(7-2),得出回归结果参见表 7-1、表 7-2。

表 7-1　2004—2008 年模型(7-1)的回归结果

年份 类别	2004	2005	2006	2007	2008
C	0.771905 (4.128229)	0.652531 (3.289723)	0.963847 (6.264492)	0.940905 (6.602452)	1.110984 (3.808067)
$trans_{i(t-1)}$	0.928024 *** (37.87145)	1.069957 *** (41.59150)	0.942434 *** (55.00498)	1.014983 *** (67.48547)	0.976924 *** (35.13737)
$sr_{i(t-1)}$	-0.009512 (-0.479027)	-0.155580 *** (-7.941845)	-0.055235 *** (-4.007993)	-0.115219 *** (-9.854619)	-0.098188 *** (-4.326766)
R-squared	0.981493	0.984072	0.990899	0.994244	0.980227
Adjusted R-squared	0.980171	0.982934	0.990249	0.993833	0.978815
F-statistic	742.4525	864.9542	1524.3210	2418.4130	694.0334

注:***、**、* 分别表示在 1%、5%、10% 的水平下显著。括号中的数据为 t 统计值。

[①] 参见王德祥、李建军:《辖区人口、面积与地方财政支出》,《财贸经济》2009 年第 2 期,第 28—32 页。

从表7-1中可见,除了2004年的人均财政收入的系数不显著,其他解释变量的系数都在1%的水平下显著,调整后的R^2达到了97%以上,说明模型整体的拟合效果较好。通过t统计值的绝对值可以看出,与人均财政收入比较时,上年财政转移支付规模是影响财政转移支付规模的决定性因素。

表7-2 2004—2008年模型(7-2)的回归结果

年份 类别	2004	2005	2006	2007	2008
C	1.006414 (4.555597)	0.842669 (2.165199)	1.054097 (4.855193)	0.891147 (2.736495)	1.099031 (2.532619)
$trans_{i(t-1)}$	0.898155 *** (32.35847)	0.934976 *** (19.54856)	0.895228 *** (34.80712)	0.940844 *** (24.83645)	0.912864 *** (18.86400)
$md_{i(t-1)}$	−0.018792 * (−1.756172)	−0.057489 *** (−3.337985)	−0.027298 *** (−2.784038)	−0.045655 *** (−3.328870)	−0.045178 ** (−2.479270)
R-squared	0.983192	0.962940	0.988783	0.981574	0.972946
Adjusted R-squared	0.981992	0.960293	0.987982	0.980258	0.971013
F-statistic	818.9478	363.7649	1234.100	745.8062	503.4785

注:***、**、* 分别表示在1%、5%、10%的水平下显著。括号中的数据为t统计值。

从表7-2中可见,2004年和2008年的人口密度的系数分别在10%和5%的水平下显著,其他解释变量的系数都在1%的水平下显著,调整后的R^2达到了97%以上。通过t统计值的绝对值可以看出,与人口密度比较时,上年财政转移支付规模是影响财政转移支付规模的决定性因素。

表7-1和表7-2的结果证明了这一点:在基本公共服务均等化已成为当前主要财政政策目标的情况下,尽管中央政府不断加大对中西部落后地区的财政转移支付力度,实际上的财政转移支付制度主要考虑的不是地区间财力差距和公共服务成本差异,而是维持地方既得利益格局,这显然是与财政均等化的目标背道而驰的。

第二节 主要结论

本章通过2004—2008年有关数据的实证分析证明上年财政转移支付规

模、人均财政收入、人口密度对财政转移支付规模有显著的影响,其中上年财政转移支付规模起决定作用,说明中国政府间财政转移支付政策遵循"存量不动,增量调整"的原则,在保持各地区既得利益的前提下,向人均财政收入低的地区和人口密度低的地区适当倾斜。但由于财政转移支付政策实行保地方既得利益的改革思路,在地区间财政收入差异不断增大的情况下,难以实现地区间财政均等化的目标。

第八章 中国地区间财政能力均等化模型的构建及应用[①]

地区间财力差异过大,不仅导致地区间公共服务水平差距较大,更会使地区经济和社会发展差距拉大,贫富矛盾加剧,从而使财政失去稳固、平衡的内在机制;但是地区间财力差异过小(财力完全平均分配),则会缺乏必要的激励机制,不利于调动下级政府发展经济和增加财政收入的积极性。因此,只有本着公平与效率兼顾的原则,使地区间财力差异保持在合理的区间内,也就是说实现地区间财力均等化,才会调动各地发展经济的积极性和实现公共服务均等化的目标。

关于地区间财力均等化问题的研究,沙安文认为如果每一个地区的转移支付是根据该地区相对于其他地区的税收能力和提供地区公共服务的相关需要和成本来制定,那么中央政府的拨款可以消除净财政收益引发的这些差异,消除净财政差异需要全面的财政均衡项目以及补偿财政能力至平均标准,并为因固有成本限制而不仅仅因为不同政策而形成的不同开支需求和成本提供补偿。在实际应用中,财政能力平等化是一项直接任务,而财政需求平等化则是一项复杂、有潜在争议的建议。[②]

贾康等人认为财政均衡过程中效率与公平是一对矛盾,两者都不能走极端。极端追求效率而忽视公平,会造成社会发展的诸多矛盾甚至出现社会不稳定状态;极端追求公平而忽视效率,则会形成中国历史上曾出现过的"大锅

① 本章的主要观点作者曾以《财政转移支付与中国地区间财力均等化分配模型》为题目发表在《公共行政评论》2008 年第 5 期上。有的观点作者曾以《中国地区间财力差异适度性模型及应用》为题目发表在《财政研究》2009 年第 8 期上(与白志平同志合作)。

② 参见沙安文:《政府间财政约定——国际应用的经验教训》,《政府间财政关系国际经验评述》,人民出版社 2006 年版,第 115—125 页。

饭"等压抑活力的局面,破坏效率和阻碍社会经济的发展。因此,借鉴他国财政均衡的经验教训,中国的财政均衡制度必须特别注重合理的内部运作机制基础上的动态发展,从一开始就要把重点放在形成有效的激励、约束制度安排上面,而非简单地按是否"均等"的结果来评判和导向。①

规范的转移支付的目标是平衡政府间的财政缺口,保证地方的最低公共服务标准,只有这样才能促进地区的均衡发展,实现全国统一市场,促进资源配置的优化,达到"效率",因此财政转移支付政策应扭转"效率优先"的局面,实现"公平优先"②。

总的说来,以往的研究大部分偏重于对原理和现状的定性分析上,较少利用数学工具将有关理论形式化、准确化,特别是缺乏关于完善当前转移支付制度的经济计量分析。笔者认为中国当前的财政转移支付制度是以客观、科学地评估收入能力和支出需求为基础,以各地政府能够提供基本均等的公共服务为目标而实行的转移支付。基于中国目前地区间财力差异过大和地区间基本公共服务成本存在较大差异的现状,本章认为中国财政转移支付政策应适用公平优先兼顾效率的原则,并据此构建中国地区间财力均等化分配的数学模型,在同时考虑公共支出成本差异并促进效率的前提下确保各地区基本公共服务均等化。

第一节　对中国地区间财政均等化政策的评价:
基于公平和效率的视角

财政转移支付政策是当前政府可以用来调节中国地区间财政能力差异的首要手段。在运用财政转移支付政策调节中国地区间财政能力差异的过程中,公平和效率原则始终都是需要兼顾的。

公平原则意味着在对各地财政状况(需求与能力)和税收努力统一评估

---

① 参见贾康等:《国外财政均衡制度的考察与借鉴》,《经济研究参考》2006 年第 10 期,第 15—26 页。

② 刘分龙、岑树田:《试论财政转移支付的公平与效率》,《哈尔滨学院学报》2003 年第 12 期,第 76—79 页。

的基础上,通过转移支付实现各地基本公共服务水平的均等化。一般来说人均财政收入能力指数低的地区获得的财政转移支付资金应该较高,以确保贫困地区能够提供基本的公共服务,确保最不发达地区的人均财政能力大于1,也就是人均财力大于人均公共支出成本。如果财政转移支付是基于公平的原则,人均财政转移支付指数与人均财政收入指数就会呈负相关。

效率原则意味着确保经过转移支付以后经济发达地区的财政状况在一定程度上仍然优于经济欠发达地区,从而鼓励各类地区都积极致力于发展经济和依法加强税收收入征管,防止挫伤发达地区发展经济的积极性,同时避免欠发达地区安于现状、坐享其成。如果财政转移支付是基于效率的原则,人均财力指数与人均财政收入指数就会呈正相关。

表 8 - 1 1997—2008 年人均财政收入指数和财力指数及
财政转移支付指数的相关性

年份	人均财政收入指数和人均财政转移支付指数的相关性	人均财政收入指数和人均财力指数的相关性	财政转移支付的政策取向
1997	79.08%	97.83%	效率优先
1998	73.13%	97.61%	效率优先
1999	59.26%	96.94%	效率优先
2000	25.64%	95.66%	效率优先
2001	−6.21%	95.04%	效率优先兼顾公平
2002	2.90%	95.07%	效率优先
2003	11.37%	96.86%	效率优先
2004	13.15%	97.37%	效率优先
2005	−33.11%	96.68%	效率优先兼顾公平
2006	−53.88%	97.26%	效率优先兼顾公平
2007	−66.60%	96.45%	效率优先兼顾公平
2008	−72.67%	94.34%	效率优先兼顾公平
2009	−74.98%	91.67%	效率优先兼顾公平

资料来源:根据 1997—2009 年《中国统计年鉴》、《中国财政年鉴》和各省财政年鉴计算得出。

根据公平和效率原则对 1997—2008 年中国财政转移支付政策进行评价。从表 8–1 可以看出,1997—2004 年人均财政收入指数和人均财政转移支付指数基本都呈正相关,2004 年之后呈负相关,且 2009 年已达–74.98%;而人均财政收入指数和人均财力指数从 1997—2009 年一直都呈正相关,且相关系数都高于 91%。这说明财政转移支付政策一贯遵循效率优先的原则,并且在2004 年之前财政转移支付政策是有违公平原则的,但 2004 年之后,对公平的倾斜明显加大,财政转移支付政策经历了一个由"效率优先"到"效率优先兼顾公平"的过程,这个过程也是财政转移支付的均等化效应不断加强的过程,这与第五章的分析结果也是吻合的。

可以用新制度经济学原理解释这一现象。财政体制的改革实质上是权力和利益的调整和再分配的过程,所以往往是一个非帕累托改进的过程。要使改革顺利推行下去,就必须实现非帕累托改进向帕累托改进的转化。在我们的财政改革中,这一转化是通过承认既得利益的补偿来实现的。长期以来,中国的财政体制调整,基本上是用"基数法"确定体制的收支划转,从而保证了地方的既得利益。承认地方的既得利益是中央政府为了推行财政体制改革所采取的补偿措施,很多人对这种补偿措施提出批评,认为基数的长期延续承认了原有分配结构中的不合理部分,使财政体制的公正性大打折扣。新制度经济学认为,制度变迁是一个渐进性的连续的演变过程,是通过制度在边际上的不断调整而实现的。中国财政体制的改革与新制度经济学的理论是吻合的,正是"增量改革"和"渐进式改革"这两大特点,才使得中国的财政体制改革顺利推进。通过保证既得利益、调节增量的手段,能够避免"鞭打快牛"的现象发生,在确保效率的前提下达到调节地区间财政能力的目的。

第二节 现阶段的财政转移支付政策取向: 基于公平和效率的视角

那么中国现阶段的财政转移支付政策如何正确处理公平与效率的关系呢? 公平与效率需要兼顾,但更为现实的是在不同的时期、根据政府社会经济发展战略而有所侧重。具体到当前,财政政策应遵循"公平优先,兼顾效率"

的原则,原因主要有以下两个方面:

第一,是由中国地区间经济发展和公共服务水平差异较大的现实决定的。从国际经验看,一个国家财政转移支付政策目标的选择,都是根据本国的实际情况和特定需要决定的。中国地区间经济社会发展长期处于不均衡状态,特别是改革开放以来,东西部地区的财力差距逐步拉大。在这种情况下,应充分发挥财政转移支付制度的再分配职能,缩小地区间财力差距。从国际比较来看,在中国现阶段地区间财力差距较大的情况下,政府间转移支付制度首先要致力解决的就是公平问题。我们可以用反证法来证明,假设我们只注重效率,由于发达地区所产生效率高于落后地区所产生的效率,那么转移支付应尽可能多地转向发达地区,这样产生的经济效率会更高。但是,这将拉大发达地区与落后地区的贫富差距,导致落后地区更加贫困,大量失业、消费水平降低、犯罪率上升、落后地区向发达地区大规模的人口单向迁移,造成社会经济的不稳定。对于发达地区来说,由于外来人口的大量涌入,原有的资源配置被破坏,使投资环境变得更加恶劣,再加之社会经济的不稳定和落后地区潜在市场不能开发,必然最终影响到经济效率,会直接影响到整体水平(效率)的提高,这也就是所谓的"木桶效应"。因此,在地区贫富差距较大时,公平目标是财政转移支付首要考虑的因素。[①]

第二,是由财政转移支付政策本身的性质决定的。作为地区间财力再分配的主要手段,作为地区间财力差异调节的首要手段,政府间转移支付制度是以各级政府的财政能力差异为基础,以实现地区间公共服务水平均等化为主要目标的,是一种无法取得等价物品或服务的财政资金转移制度,属于社会总产品的再分配范畴,因此,财政转移支付应该坚持公平优先的原则,解决各地政府间财政的横向不平衡。

进一步看,中国现行财力的初次分配中已经体现效率优先的原则。1994年分税制改革把营业税划归地方税,在客观导向上有利于发达地区在财力的初次分配上多分得蛋糕。因为产业结构的调整或演进不可能超越相应的国民经济发展水平所能提供的物质条件,必然要受国民经济发展水平的内在制约。

---

① 参见刘黎明、刘玲玲、王宁:《转移支付中的公平与效率》,《预算管理与会计》2000年第2期,第16—18页。

国际经验表明,不同国家或地区由于经济基础和发展水平不同,再加之自然条件和政策取向不同,产业结构演变的进程和水平会有很大差异,但却有一个共同的趋势:随着一个国家或地区经济发展水平的提高,第一产业的比重持续较大幅度下降,第二产业的比重先升后降(在人均2000美元以前表现为上升,但上升的幅度越来越小),第三产业则不断上升。一般来说,从产业结构演进的规律看,经济发展水平高的地区,第三产业比重越高。东部地区工业化水平较高,具有发展第三产业的优势,北京、上海等发达地区的第三产业占国内生产总值的比重已达到70%,从而能够获得较多的营业税。中西部地区由于经济发展水平较低,缺乏快速发展服务业的客观条件,在分税制中处于劣势。因此,把营业税划归地方税,使得经济落后地区与发达地区在财力的初次分配上就拉开了很大差距,这说明中国现阶段在财力的初次分配上体现效率优先的原则。① 作为财力再分配的主要手段,财政转移支付政策显然应该坚持"公平优先兼顾效率"的原则。②

第三节 中国地区间财政能力均等化模型的构建

一、中国地区间财政能力均等化的几个基本假设

基于中国目前地区间财力差异过大和地区间基本公共服务成本存在较大差异的现状,单纯比较人均财力上的差异与实际会产生偏差,因为仅仅均衡人均财力而不考虑支出需求和成本差异,对需求多而成本高的地区不公平,所以需要把人均公共支出成本的变量引入到适度财力差异的模型中。综合中国地区间财力差异调节的原则,本章根据以下三个基本假设来构建中国地区间适度财力差异的模型。

1. 基于各地区公共支出成本差异的基本假设:实现财力均等化最简单的方法是在人均基础上分享"财政资金",即按照各省(包括自治区、直辖市)的

---

① 参见胡德仁、刘亮:《中国地区间财力差异的变化趋势及因素分解》,《探索》2007年第1期,第94—100页。

② 参见胡德仁:《公平与效率:财政转移支付的政策取向》,《中国财政》2007年第10期,第68—69页。

人口给每个地区拨相同的款项,但这种方法在中国不适用,中国是个人口众多的多民族国家,地域广阔,各地区之间自然条件差异很大,公共支出成本的差异也较大,一个地区的一元钱并不总能够转化为另一个地区所提供的相同水平的服务,仅仅通过对人均财力和影响人均财力因素的测算,很难反映各地公共支出成本方面的差异,无法在中国实现有效的财力均衡。所以引入人均财政收入指数、人均财政转移支付指数、人均财力指数的概念。具体参见第六章。

2. 基于公平原则的基本假设——人均财政收入指数与人均财政转移支付指数呈负相关。公平原则意味着在对各地财政状况(需求与能力)和税收努力统一评估的基础上,通过转移支付实现各地公共服务供给水平均等化。一般来说人均财政收入能力指数低的地区获得的财政转移支付资金应该较高,确保最不发达地区的人均财力指数大于1,也就是人均财力大于人均公共支出成本,确保贫困地区财政能够提供基本的公共服务。我们假设人均财政收入指数与人均财政转移支付指数呈负相关,且两者的相关系数 $R < -0.8$,即 $CORREL(X_n, Y_n) < -0.8$。用公式表示为 $Y_n = aX_n + b$,其中,X_n 表示各地区人均财政收入指数,Y_n 表示各地区人均财政转移支付指数,由于 X_n 与 Y_n 负相关,可知 $a < 0$。

3. 基于效率原则的基本假设——人均财政收入指数与人均财力指数呈正相关(人均财力指数=人均财政收入指数+人均财政转移支付指数)。效率原则意味着确保经过转移支付以后经济发达地区的财政状况在一定程度上仍然优于经济欠发达地区,从而鼓励各类地区都积极致力于发展经济和依法加强税收收入征管,防止挫伤发达地区发展经济的积极性,同时避免欠发达地区安于现状、坐享其成。我们假设人均财政收入指数与人均财力指数呈正相关,且相关系数 $R > 0.8$。用公式表示为 $Z_n = X_n + Y_n = X_n + aX_n + b = (a + 1)X_n + b$,其中 Z_n 表示人均财力指数,X_n 表示人均财政收入指数。由于 X_n 与 Z_n 正相关,可知 $a + 1 > 0$,即 $a > -1$。

按照以上基本假设,我们可以根据以下七个公式来构建中国地区间适度财力差异模型:

$$Y_n = aX_n + b \quad \cdots\cdots\cdots\cdots\cdots\cdots\cdots\cdots\cdots\cdots\cdots \quad (8-1)$$

$$Z_n = (a + 1)X_n + b \quad \cdots\cdots\cdots\cdots\cdots\cdots\cdots\cdots\cdots \quad (8-2)$$

$$Z_n = X_n + Y_n \quad \cdots\cdots\cdots\cdots\cdots\cdots\cdots\cdots\cdots\cdots\cdots\cdots\cdots\cdots (8-3)$$

$$Y_1 p_1 c_1 \delta + Y_2 p_2 c_2 \delta + \cdots + Y_n p_n c_n \delta = m \quad \cdots\cdots\cdots\cdots\cdots (8-4)$$

$$-1 < a < 0 \quad \cdots\cdots\cdots\cdots\cdots\cdots\cdots\cdots\cdots\cdots\cdots\cdots\cdots\cdots (8-5)$$

$$CORREL(X_n, Y_n) < -0.8 \quad \cdots\cdots\cdots\cdots\cdots\cdots\cdots\cdots (8-6)$$

$$CORREL(X_n, Z_n) > 0.8 \quad \cdots\cdots\cdots\cdots\cdots\cdots\cdots\cdots (8-7)$$

其中：X_n 表示各地区人均财政收入指数，Y_n 表示各地区人均财政转移支付指数，Z_n 表示各地区人均财力指数，p_n 表示各地区的总人口，m 表示上级政府对下级政府财政转移支付总额，c_n 表示各地区公共支出成本，$\delta = m/(Y_1 p_1 c_1 + Y_2 p_2 c_2 + \cdots + Y_n p_n c_n)$。

二、对中国地区间适度财力差异模型的检验

根据公平原则和效率原则的基本假设，利用 2005 年中国相关财政数据，对上述模型进行检验。

（一）对公平原则的检验——人均财政收入指数与人均财政转移支付指数的相关性分析

我们根据 2005 年中国人均财政转移支付指数和人均财政收入指数作出 XY 散点图（见图 8-1），其中，纵轴表示人均财政转移支付指数，横轴表示人均财政收入指数。因为人均财政转移支付指数和人均财政收入指数呈负相关，从理论上公式 $Y_n = aX_n + b$ 中的 a 应该是负数，而且相关系数 $R < -0.8$，我们计算得出的 a 虽然为负数，表明中国现行的人均财政转移支付指数与人均财政收入指数呈一定的负相关，但决定系数 $R^2 = 0.1096$，说明中国政府间的财政转移支付一定程度上有违公平原则。从现实来看（见表 8-2），2005 年上海市人均财政收入指数最高，比照公平原则，对其的人均转移支付指数应该最低，但其 2005 年人均转移支付指数为 1.146，在全国排第五位；2005 年安徽省人均财政收入指数在全国排第 21 位，比照公平原则，对其的人均转移支付指数应该较高，但其 2005 年人均转移支付指数仅为 0.782，在全国排第 22 位，导致其人均财力指数在全国排第 31 位。

表 8 - 2　2005 年中国各地区人均财政收入指数、财政转移支付指数、财力指数的比较

地区	人均财政收入指数		人均财政转移支付指数		人均财力指数	
	数量	排名	数量	排名	数量	排名
上海	4.625	1	1.146	5	5.772	1
北京	2.981	2	0.641	28	3.623	2
浙江	2.585	3	0.745	26	3.330	3
广东	2.481	4	0.670	27	3.151	4
江苏	2.086	5	0.630	29	2.715	5
天津	1.583	6	0.753	25	2.337	6
山东	1.399	7	0.600	30	1.999	7
福建	1.363	8	0.580	31	1.943	8
辽宁	1.072	9	0.833	19	1.905	11
山西	0.967	10	0.843	17	1.810	13
重庆	0.941	11	0.975	11	1.916	10
河北	0.817	12	0.762	24	1.579	21
内蒙古	0.771	13	1.146	4	1.917	9
云南	0.740	14	1.032	9	1.772	15
广西	0.703	15	0.887	14	1.590	19
河南	0.694	16	0.772	23	1.466	28
海南	0.679	17	0.861	15	1.540	22
湖南	0.662	18	0.844	16	1.507	24
陕西	0.660	19	0.927	13	1.588	20
四川	0.659	20	0.841	18	1.500	25
安徽	0.652	21	0.782	22	1.434	31
湖北	0.647	22	0.800	21	1.447	29
江西	0.619	23	0.822	20	1.441	30
黑龙江	0.579	24	0.938	12	1.517	23
新疆	0.576	25	1.097	6	1.673	17
贵州	0.574	26	1.047	8	1.621	18
宁夏	0.495	27	1.278	3	1.773	14
吉林	0.491	28	0.988	10	1.479	27
甘肃	0.426	29	1.070	7	1.496	26

续表

地区	人均财政收入指数		人均财政转移支付指数		人均财力指数	
	数量	排名	数量	排名	数量	排名
青海	0.306	30	1.376	2	1.682	16
西藏	0.108	31	1.718	1	1.826	12

资料来源:根据《地方财政统计资料(2005)》计算得出。

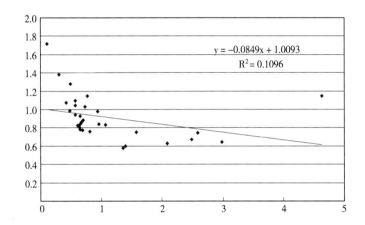

图 8-1　2005 年中国各省人均财政转移支付指数与
人均财政收入指数的相关性分析

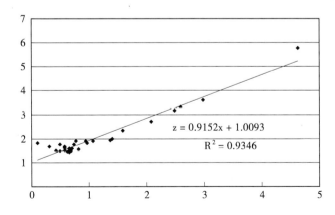

图 8-2　2005 年中国各省人均财力指数与人均财政收入指数的相关性分析

（二）对效率原则的检验——人均财政收入指数与人均财力指数的相关性分析

从效率的角度考虑,人均财政收入指数较高的地区,其人均财力指数也应该较高,我们根据 2005 年中国各地区人均财力指数和人均财政收入指数作出 XY 散点图(见图 8 - 2),其中纵轴表示人均财力指数,横轴表示人均财政收入指数,从理论上分析,因为人均财力指数与人均财政收入指数呈正相关,计算得出公式 $Z_n = (a + 1)X_n + b$ 中的 $a + 1$ 应该是正数,而且相关系数 $R > 0.8$,我们计算得出 2005 年人均财力指数和人均财政收入指数高度正相关,决定系数 R^2 为 0.9346, $a + 1$ 为 0.9151,为正数,说明中国现行财政转移支付政策较好地体现了效率原则。

第四节　中国地区间财政能力均等化模型的应用

一、中国地区间财政能力均等化的测算

按照 2005 年中国各省人均财政收入指数的高低(见表 8 - 3),对各省做一个降序排列,令 X_1、X_2、$X_3 \ldots X_{31}$ 分别为相应省份的人均财政收入指数,令 Y_1、Y_2、$Y_3 \ldots Y_{31}$ 分别为相应省份的人均财政转移支付指数,由于:

$$Y_n = aX_n + b \quad \cdots\cdots\cdots\cdots\cdots\cdots\cdots\cdots\cdots\cdots\cdots\cdots (8 - 8)$$

$$Y_{n-1} = aX_{n-1} + b \quad \cdots\cdots\cdots\cdots\cdots\cdots\cdots\cdots\cdots\cdots (8 - 9)$$

两式相减可得:

$$Y_n = Y_{n-1} + a(X_n - X_{n-1}) \quad \cdots\cdots\cdots\cdots\cdots\cdots\cdots (8 - 10)$$

根据等差数列的性质,可得:

$$Y_n = Y_1 + a(X_n - X_1) \quad \cdots\cdots\cdots\cdots\cdots\cdots\cdots\cdots (8 - 11)$$

那么我们可以分别求得 Y_2、$Y_3 \ldots Y_{31}$,即:

$$Y_2 = Y_1 + a(X_2 - X_1) \quad \cdots\cdots\cdots\cdots\cdots\cdots\cdots\cdots (8 - 12)$$

$$Y_3 = Y_1 + a(X_3 - X_1) \quad \cdots\cdots\cdots\cdots\cdots\cdots\cdots\cdots (8 - 13)$$

$$\vdots$$

$$Y_{31} = Y_1 + a(X_{31} - X_1) \quad \cdots\cdots\cdots\cdots\cdots\cdots\cdots (8 - 14)$$

表 8－3　2005 年中国地区间财政能力均等化的测算表

地区	人均财政收入指数	人均财政转移支付指数	各地区财政转移支付额
上海	X_1	Y_1	$Y_1 p_1 c_1 \delta$
北京	X_2	Y_2	$Y_2 p_2 c_2 \delta$
浙江	X_3	Y_3	$Y_3 p_3 c_3 \delta$
⋮	⋮	⋮	⋮
西藏	X_{31}	Y_{31}	$Y_{31} p_{31} c_{31} \delta$

　　将上面 30 个式子代入 $Y_1 p_1 c_1 \delta + Y_2 p_2 c_2 \delta + \cdots + Y_n p_n c_n \delta = m$,由于 $-1 < a < 0$,令 $a = -0.2$,由于式中还存在 Y_1 和 δ 两个变量,我们根据试值的办法,计算得出各地区人均财政转移支付指数和人均财力指数情况,此时的人均财政转移支付指数和人均财政收入指数完全负相关(相关系数为-1),人均财力指数和人均财政收入指数完全正相关(相关系数为1),充分体现了公平和效率的原则(见图 8－3、图 8－4)。

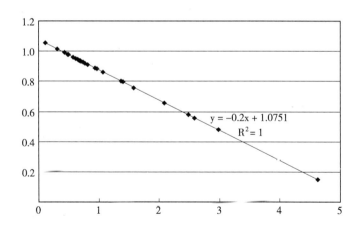

图 8－3　2005 年中国各地区人均财政转移支付指数(模拟)
与人均财政收入指数的相关性分析

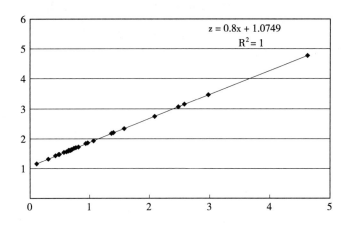

图 8－4　2005 年中国各地区人均财力指数（模拟）

与人均财政收入指数的相关性分析

表 8－4　2005 年中国地区间适度财力差异的模拟结果（$a=-0.2$）

地区	人均财政收入指数		人均财政转移支付指数		人均财力指数		财政转移支付差异
	数量	排名	数量	排名	数量	排名	
上海	4.625	1	0.150	31	4.78	1	−86.91%
北京	2.981	2	0.479	30	3.46	2	−25.35%
浙江	2.585	3	0.558	29	3.14	3	−25.13%
广东	2.481	4	0.579	28	3.06	4	−13.64%
江苏	2.086	5	0.658	27	2.74	5	4.44%
天津	1.583	6	0.758	26	2.34	6	0.68%
山东	1.399	7	0.795	25	2.19	7	32.60%
福建	1.363	8	0.802	24	2.17	8	38.37%
辽宁	1.072	9	0.861	23	1.93	9	3.27%
山西	0.967	10	0.882	22	1.85	10	4.61%
重庆	0.941	11	0.887	21	1.83	11	−9.06%
河北	0.817	12	0.912	20	1.73	12	19.68%
内蒙古	0.771	13	0.921	19	1.69	13	−19.68%
云南	0.740	14	0.927	18	1.67	14	−10.21%
广西	0.703	15	0.934	17	1.64	15	5.38%
河南	0.694	16	0.936	16	1.63	16	21.22%

地区	人均财政收入指数		人均财政转移支付指数		人均财力指数		财政转移支付差异
	数量	排名	数量	排名	数量	排名	
海南	0.679	17	0.939	15	1.62	17	9.12%
湖南	0.662	18	0.943	14	1.60	18	11.63%
陕西	0.660	19	0.943	13	1.60	19	1.67%
四川	0.659	20	0.943	12	1.60	20	12.16%
安徽	0.652	21	0.945	11	1.60	21	20.79%
湖北	0.647	22	0.946	10	1.59	22	18.16%
江西	0.619	23	0.951	9	1.57	23	15.65%
黑龙江	0.579	24	0.959	8	1.54	24	2.24%
新疆	0.576	25	0.960	7	1.54	25	−12.52%
贵州	0.574	26	0.960	6	1.53	26	−8.31%
宁夏	0.495	27	0.976	5	1.47	27	−23.62%
吉林	0.491	28	0.977	4	1.47	28	−1.12%
甘肃	0.426	29	0.990	3	1.42	29	−7.50%
青海	0.306	30	1.014	2	1.32	30	−26.34%
西藏	0.108	31	1.053	1	1.16	31	−38.67%

资料来源:根据《地方财政统计资料(2005)》计算得出。

我们将各省财政转移支付实际值与理论值相比较,从表8－4中可以看出,2005年上海、西藏、青海、北京、浙江、宁夏、内蒙古、广东、新疆、云南理论上获得的财政转移支付要小于实际获得的财政转移支付,其财政转移支付差异在-10.21%——86.91%之间[1],湖南、四川、江西、湖北、河北、安徽、河南、山东、福建理论上获得的财政转移支付要大于实际获得的财政转移支付,其财政转移支付差异在11.63%和38.37%之间,重庆、贵州、甘肃、吉林、天津、陕西、黑龙江、辽宁、江苏、山西、广西、海南实际获得的财政转移支付与理论上获得的财政转移支付差异不大,其财政转移支付差异在-9.06%和9.12%之间。通过以上分析,我们得出:为体现公平优先兼顾效率的原则,在 $a = -0.2$ 的模

---

　① 某地财政转移支付差异＝(某地财政转移支付理论值—某地财政转移支付实际值)/某地财政转移支付实际值。

式下(也就是说保持地区间财力差异比较大的条件下),2005 年中央政府要增加对湖南、四川、江西、湖北、河北、安徽、河南、山东、福建的财政转移支付,而要减少对上海、西藏、青海、北京、浙江、宁夏、内蒙古、广东、新疆、云南的财政转移支付,重庆、贵州、甘肃、吉林、天津、陕西、黑龙江、辽宁、江苏、山西、广西、海南可以保持现有的规模。

表 8-5 2005 年中国地区间适度财力差异的模拟结果($a=-0.1$)

地区	人均财政收入指数		人均财政转移支付指数		人均财力指数	
	数量	排名	数量	排名	数量	排名
上海	4.625	1	0.499	31	5.124	1
北京	2.981	2	0.663	30	3.645	2
浙江	2.585	3	0.703	29	3.288	3
广东	2.481	4	0.713	28	3.194	4
江苏	2.086	5	0.753	27	2.838	5
天津	1.583	6	0.803	26	2.386	6
山东	1.399	7	0.822	25	2.221	7
福建	1.363	8	0.825	24	2.188	8
辽宁	1.072	9	0.854	23	1.926	9
山西	0.967	10	0.865	22	1.832	10
重庆	0.941	11	0.867	21	1.808	11
河北	0.817	12	0.880	20	1.697	12
内蒙古	0.771	13	0.884	19	1.655	13
云南	0.740	14	0.888	18	1.627	14
广西	0.703	15	0.891	17	1.594	15
河南	0.694	16	0.892	16	1.586	16
海南	0.679	17	0.894	15	1.573	17
湖南	0.662	18	0.895	14	1.558	18
陕西	0.660	19	0.896	13	1.556	19
四川	0.659	20	0.896	12	1.555	20
安徽	0.652	21	0.896	11	1.548	21
湖北	0.647	22	0.897	10	1.544	22
江西	0.619	23	0.900	9	1.518	23
黑龙江	0.579	24	0.904	8	1.482	24
新疆	0.576	25	0.904	7	1.480	25
贵州	0.574	26	0.904	6	1.478	26

地区	人均财政收入指数		人均财政转移支付指数		人均财力指数	
	数量	排名	数量	排名	数量	排名
宁夏	0.495	27	0.912	5	1.407	27
吉林	0.491	28	0.912	4	1.403	28
甘肃	0.426	29	0.919	3	1.345	29
青海	0.306	30	0.931	2	1.236	30
西藏	0.108	31	0.951	1	1.059	31

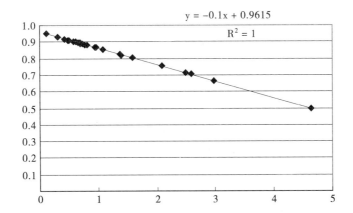

图 8-5　2005 年中国各地区人均财政转移支付指数（模拟 $a=-0.1$）
与人均财政收入指数的相关性分析

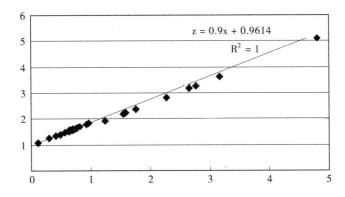

图 8-6　2005 年中国各地区人均财力指数（模拟 $a=-0.1$）
与人均财政收入指数的相关性分析

表8－6　2005年中国地区间适度财力差异的模拟结果($a=-0.3$)

地区	人均财政收入指数		人均财政转移支付指数		人均财力指数	
	数量	排名	数量	排名	数量	排名
上海	4.625	1	-0.197	31	4.429	1
北京	2.981	2	0.296	30	3.277	2
浙江	2.585	3	0.415	29	2.999	3
广东	2.481	4	0.446	28	2.926	4
江苏	2.086	5	0.565	27	2.649	5
天津	1.583	6	0.716	26	2.297	6
山东	1.399	7	0.771	25	2.168	7
福建	1.363	8	0.782	24	2.143	8
辽宁	1.072	9	0.869	23	1.938	9
山西	0.967	10	0.900	22	1.865	10
重庆	0.941	11	0.908	21	1.847	11
河北	0.817	12	0.945	20	1.760	12
内蒙古	0.771	13	0.959	19	1.728	13
云南	0.740	14	0.969	18	1.706	14
广西	0.703	15	0.980	17	1.680	15
河南	0.694	16	0.982	16	1.674	16
海南	0.679	17	0.987	15	1.664	17
湖南	0.662	18	0.992	14	1.652	18
陕西	0.660	19	0.993	13	1.650	19
四川	0.659	20	0.993	12	1.650	20
安徽	0.652	21	0.995	11	1.644	21
湖北	0.647	22	0.997	10	1.641	22
江西	0.619	23	1.005	9	1.621	23
黑龙江	0.579	24	1.017	8	1.593	24
新疆	0.576	25	1.018	7	1.591	25
贵州	0.574	26	1.018	6	1.590	26

续表

地区	人均财政收入指数		人均财政转移支付指数		人均财力指数	
	数量	排名	数量	排名	数量	排名
宁夏	0.495	27	1.042	5	1.534	27
吉林	0.491	28	1.043	4	1.532	28
甘肃	0.426	29	1.063	3	1.486	29
青海	0.306	30	1.099	2	1.402	30
西藏	0.108	31	1.158	1	1.263	31

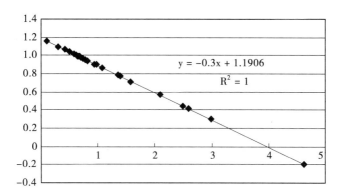

图 8 - 7 2005 年中国各地区人均财政收入指数（模拟 a = -0.3）
与人均财政收入指数的相关性分析

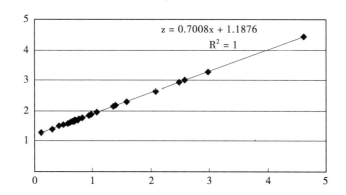

图 8 - 8 2005 年中国各地区人均财力指数（模拟 a = -0.3）
与人均财政收入指数的相关性分析

表 8-7　2005 年中国地区间适度财力差异的模拟结果（a＝−0.4）

地区	人均财政收入指数		人均财政转移支付指数		人均财力指数	
	数量	排名	数量	排名	数量	排名
上海	4.625	1	−0.553	31	4.069	1
北京	2.981	2	0.105	30	3.086	2
浙江	2.585	3	0.263	29	2.850	3
广东	2.481	4	0.305	28	2.787	4
江苏	2.086	5	0.463	27	2.551	5
天津	1.583	6	0.664	26	2.251	6
山东	1.399	7	0.737	25	2.141	7
福建	1.363	8	0.752	24	2.119	8
辽宁	1.072	9	0.869	23	1.945	9
山西	0.967	10	0.910	22	1.883	10
重庆	0.941	11	0.921	21	1.867	11
河北	0.817	12	0.970	20	1.793	12
内蒙古	0.771	13	0.989	19	1.765	13
云南	0.740	14	1.001	18	1.747	14
广西	0.703	15	1.016	17	1.725	15
河南	0.694	16	1.019	16	1.719	16
海南	0.679	17	1.025	15	1.711	17
湖南	0.662	18	1.032	14	1.701	18
陕西	0.660	19	1.033	13	1.699	19
四川	0.659	20	1.033	12	1.699	20
安徽	0.652	21	1.036	11	1.694	21
湖北	0.647	22	1.038	10	1.691	22
江西	0.619	23	1.050	9	1.674	23
黑龙江	0.579	24	1.066	8	1.650	24
新疆	0.576	25	1.067	7	1.649	25
贵州	0.574	26	1.068	6	1.648	26

续表

地区	人均财政收入指数		人均财政转移支付指数		人均财力指数	
	数量	排名	数量	排名	数量	排名
宁夏	0.495	27	1.099	5	1.600	27
吉林	0.491	28	1.101	4	1.598	28
甘肃	0.426	29	1.127	3	1.559	29
青海	0.306	30	1.175	2	1.487	30
西藏	0.108	31	1.254	1	1.369	31

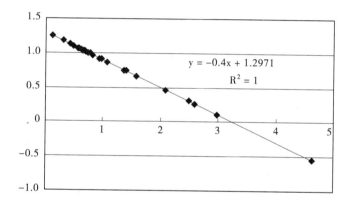

图 8 - 9 2005 年中国各地区人均财政收入指数（模拟 a＝-0.4）与人均财政收入指数的相关性分析

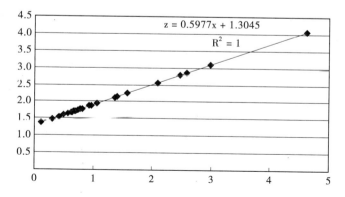

图 8 - 10 2005 年中国各地区人均财力指数（模拟 a＝-0.4）与人均财政收入指数的相关性分析

表 8 - 8　2005 年中国地区间适度财力差异的模拟结果($a=-0.5$)

地区	人均财政收入指数		人均财政转移支付指数		人均财力指数	
	数量	排名	数量	排名	数量	排名
上海	4.625	1	-0.899	31	3.724	1
北京	2.981	2	-0.077	30	2.904	2
浙江	2.585	3	0.121	29	2.706	3
广东	2.481	4	0.173	28	2.654	4
江苏	2.086	5	0.371	27	2.457	5
天津	1.583	6	0.622	26	2.207	6
山东	1.399	7	0.714	25	2.115	7
福建	1.363	8	0.732	24	2.097	8
辽宁	1.072	9	0.878	23	1.951	9
山西	0.967	10	0.930	22	1.899	10
重庆	0.941	11	0.943	21	1.886	11
河北	0.817	12	1.005	20	1.825	12
内蒙古	0.771	13	1.028	19	1.801	13
云南	0.740	14	1.044	18	1.786	14
广西	0.703	15	1.062	17	1.768	15
河南	0.694	16	1.067	16	1.763	16
海南	0.679	17	1.074	15	1.756	17
湖南	0.662	18	1.082	14	1.747	18
陕西	0.660	19	1.084	13	1.746	19
四川	0.659	20	1.084	12	1.746	20
安徽	0.652	21	1.088	11	1.742	21
湖北	0.647	22	1.090	10	1.739	22
江西	0.619	23	1.104	9	1.725	23
黑龙江	0.579	24	1.124	8	1.705	24
新疆	0.576	25	1.126	7	1.704	25
贵州	0.574	26	1.127	6	1.703	26

续表

地区	人均财政收入指数		人均财政转移支付指数		人均财力指数	
	数量	排名	数量	排名	数量	排名
宁夏	0.495	27	1.166	5	1.664	27
吉林	0.491	28	1.168	4	1.662	28
甘肃	0.426	29	1.201	3	1.629	29
青海	0.306	30	1.261	2	1.569	30
西藏	0.108	31	1.360	1	1.470	31

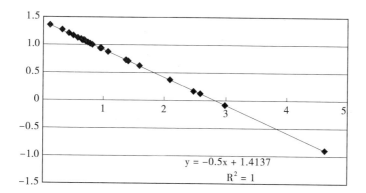

**图 8 - 11　2005 年中国各地区人均财政收入指数(模拟 a = -0.5)
与人均财政收入指数的相关性分析**

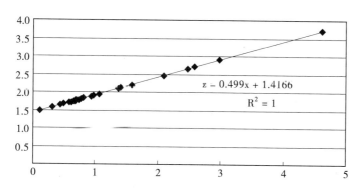

**图 8 - 12　2005 年中国各地区人均财力指数(模拟 a = -0.5)
与人均财政收入指数的相关性分析**

表 8-9　2005 年中国地区间适度财力差异的模拟结果($a=-0.6$)

地区	人均财政收入指数		人均财政转移支付指数		人均财力指数	
	数量	排名	数量	排名	数量	排名
上海	4.625	1	-1.248	31	3.375	1
北京	2.981	2	-0.261	30	2.719	2
浙江	2.585	3	-0.024	29	2.561	3
广东	2.481	4	0.039	28	2.520	4
江苏	2.086	5	0.276	27	2.362	5
天津	1.583	6	0.577	26	2.162	6
山东	1.399	7	0.688	25	2.088	7
福建	1.363	8	0.709	24	2.074	8
辽宁	1.072	9	0.884	23	1.958	9
山西	0.967	10	0.947	22	1.916	10
重庆	0.941	11	0.963	21	1.906	11
河北	0.817	12	1.037	20	1.856	12
内蒙古	0.771	13	1.065	19	1.838	13
云南	0.740	14	1.083	18	1.825	14
广西	0.703	15	1.105	17	1.811	15
河南	0.694	16	1.111	16	1.807	16
海南	0.679	17	1.120	15	1.801	17
湖南	0.662	18	1.130	14	1.795	18
陕西	0.660	19	1.131	13	1.794	19
四川	0.659	20	1.132	12	1.793	20
安徽	0.652	21	1.136	11	1.790	21
湖北	0.647	22	1.139	10	1.788	22
江西	0.619	23	1.156	9	1.777	23
黑龙江	0.579	24	1.180	8	1.761	24
新疆	0.576	25	1.182	7	1.760	25
贵州	0.574	26	1.183	6	1.759	26

续表

地区	人均财政收入指数		人均财政转移支付指数		人均财力指数	
	数量	排名	数量	排名	数量	排名
宁夏	0.495	27	1.230	5	1.728	27
吉林	0.491	28	1.233	4	1.726	28
甘肃	0.426	29	1.272	3	1.700	29
青海	0.306	30	1.344	2	1.652	30
西藏	0.108	31	1.462	1	1.573	31

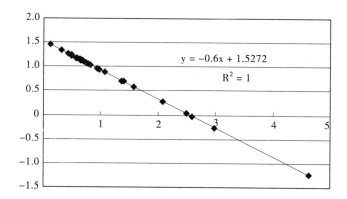

图 8-13 2005 年中国各地区人均财政收入指数（模拟 a=-0.6）
与人均财政收入指数的相关性分析

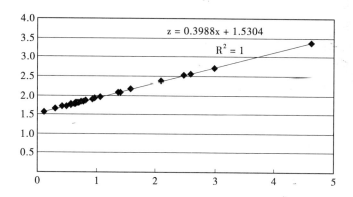

图 8-14 2005 年中国各地区人均财力指数（模拟 a=-0.6）
与人均财政收入指数的相关性分析

表 8−10　2005 年中国地区间适度财力差异的模拟结果（a=−0.7）

地区	人均财政收入指数		人均财政转移支付指数		人均财力指数	
	数量	排名	数量	排名	数量	排名
上海	4.625	1	−1.595	31	3.031	1
北京	2.981	2	−0.444	30	2.537	2
浙江	2.585	3	−0.167	29	2.418	3
广东	2.481	4	−0.094	28	2.387	4
江苏	2.086	5	0.183	27	2.268	5
天津	1.583	6	0.534	26	2.118	6
山东	1.399	7	0.663	25	2.062	7
福建	1.363	8	0.688	24	2.052	8
辽宁	1.072	9	0.893	23	1.964	9
山西	0.967	10	0.966	22	1.933	10
重庆	0.941	11	0.984	21	1.925	11
河北	0.817	12	1.071	20	1.888	12
内蒙古	0.771	13	1.103	19	1.874	13
云南	0.740	14	1.125	18	1.864	14
广西	0.703	15	1.150	17	1.853	15
河南	0.694	16	1.157	16	1.851	16
海南	0.679	17	1.167	15	1.846	17
湖南	0.662	18	1.179	14	1.841	18
陕西	0.660	19	1.181	13	1.840	19
四川	0.659	20	1.181	12	1.840	20
安徽	0.652	21	1.187	11	1.838	21
湖北	0.647	22	1.190	10	1.836	22
江西	0.619	23	1.210	9	1.828	23
黑龙江	0.579	24	1.238	8	1.816	24
新疆	0.576	25	1.240	7	1.815	25
贵州	0.574	26	1.241	6	1.814	26
宁夏	0.495	27	1.296	5	1.791	27

续表

地区	人均财政收入指数		人均财政转移支付指数		人均财力指数	
	数量	排名	数量	排名	数量	排名
吉林	0.491	28	1.299	4	1.790	28
甘肃	0.426	29	1.345	3	1.770	29
青海	0.306	30	1.429	2	1.734	30
西藏	0.108	31	1.567	1	1.675	31

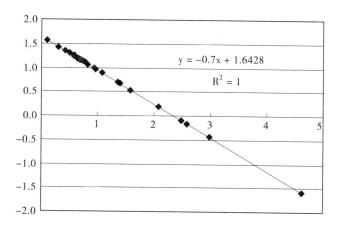

图 8－15　2005 年中国各地区人均财政收入指数（模拟 a＝−0.7）
与人均财政收入指数的相关性分析

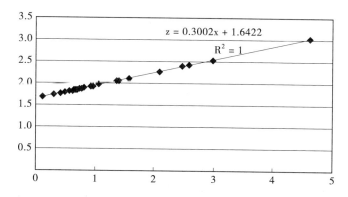

图 8－16　2005 年中国各地区人均财政收入指数（模拟 a＝−0.7）
与人均财政收入指数的相关性分析

表 8-11　2005 年中国地区间适度财力差异的模拟结果($a=-0.8$)

地区	人均财政收入指数		人均财政转移支付指数		人均财力指数	
	数量	排名	数量	排名	数量	排名
上海	4.625	1	-1.945	31	2.679	1
北京	2.981	2	-0.630	30	2.351	2
浙江	2.585	3	-0.313	29	2.272	3
广东	2.481	4	-0.229	28	2.251	4
江苏	2.086	5	0.087	27	2.172	5
天津	1.583	6	0.489	26	2.072	6
山东	1.399	7	0.636	25	2.036	7
福建	1.363	8	0.665	24	2.028	8
辽宁	1.072	9	0.898	23	1.970	9
山西	0.967	10	0.982	22	1.950	10
重庆	0.941	11	1.003	21	1.944	11
河北	0.817	12	1.101	20	1.920	12
内蒙古	0.771	13	1.139	19	1.910	13
云南	0.740	14	1.163	18	1.904	14
广西	0.703	15	1.193	17	1.897	15
河南	0.694	16	1.200	16	1.895	16
海南	0.679	17	1.212	15	1.892	17
湖南	0.662	18	1.225	14	1.889	18
陕西	0.660	19	1.227	13	1.888	19
四川	0.659	20	1.228	12	1.888	20
安徽	0.652	21	1.234	11	1.887	21
湖北	0.647	22	1.238	10	1.886	22
江西	0.619	23	1.260	9	1.880	23
黑龙江	0.579	24	1.292	8	1.872	24
新疆	0.576	25	1.295	7	1.871	25
贵州	0.574	26	1.296	6	1.871	26

续表

地区	人均财政收入指数		人均财政转移支付指数		人均财力指数	
	数量	排名	数量	排名	数量	排名
宁夏	0.495	27	1.359	5	1.855	27
吉林	0.491	28	1.362	4	1.855	28
甘肃	0.426	29	1.415	3	1.842	29
青海	0.306	30	1.511	2	1.818	30
西藏	0.108	31	1.669	1	1.778	31

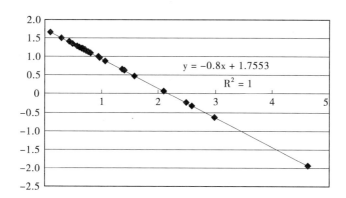

图 8-17 2005 年中国各地区人均财政收入指数（模拟 a=-0.8）
与人均财政收入指数的相关性分析

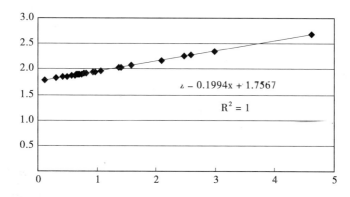

图 8-18 2005 年中国各地区人均财政收入指数（模拟 a=-0.8）
与人均财政收入指数的相关性分析

表 8-12　2005 年中国地区间适度财力差异的模拟结果（a=-0.9）

地区	人均财政收入指数		人均财政转移支付指数		人均财力指数	
	数量	排名	数量	排名	数量	排名
上海	4.625	1	-2.293	31	2.333	1
北京	2.981	2	-0.813	30	2.168	2
浙江	2.585	3	-0.457	29	2.129	3
广东	2.481	4	-0.363	28	2.118	4
江苏	2.086	5	-0.007	27	2.078	5
天津	1.583	6	0.445	26	2.028	6
山东	1.399	7	0.610	25	2.009	7
福建	1.363	8	0.643	24	2.006	8
辽宁	1.072	9	0.905	23	1.977	9
山西	0.967	10	0.999	22	1.966	10
重庆	0.941	11	1.023	21	1.963	11
河北	0.817	12	1.134	20	1.951	12
内蒙古	0.771	13	1.176	19	1.946	13
云南	0.740	14	1.204	18	1.943	14
广西	0.703	15	1.237	17	1.940	15
河南	0.694	16	1.245	16	1.939	16
海南	0.679	17	1.258	15	1.937	17
湖南	0.662	18	1.274	14	1.936	18
陕西	0.660	19	1.276	13	1.935	19
四川	0.659	20	1.276	12	1.935	20
安徽	0.652	21	1.283	11	1.934	21
湖北	0.647	22	1.288	10	1.934	22
江西	0.619	23	1.313	9	1.931	23
黑龙江	0.579	24	1.349	8	1.927	24
新疆	0.576	25	1.351	7	1.927	25
贵州	0.574	26	1.353	6	1.927	26

续表

地区	人均财政收入指数		人均财政转移支付指数		人均财力指数	
	数量	排名	数量	排名	数量	排名
宁夏	0.495	27	1.424	5	1.919	27
吉林	0.491	28	1.428	4	1.918	28
甘肃	0.426	29	1.487	3	1.912	29
青海	0.306	30	1.595	2	1.900	30
西藏	0.108	31	1.773	1	1.880	31

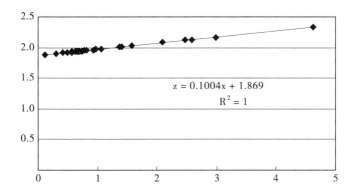

图 8-19　2005 年中国各地区人均财力指数（模拟 a=-0.9）

与人均财政收入指数的相关性分析

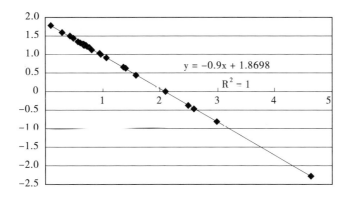

图 8-20　2005 年中国各地区人均财政收入指数（模拟 a=-0.9）

与人均财政收入指数的相关性分析

表 8–13 2005 年中国地区间适度财力差异的模拟结果（不同的 a）

a	Y_1	δ	人均财力指数的变异系数	人均财政收入指数的变异系数	财政转移支付效果	人均财力最高指数/人均财力最低指数	人均财力最低指数
−0.10	0.499	1.000	25.77%	55.52%	53.58%	4.84	1.06
−0.20	0.150	1.000	20.37%	55.52%	63.30%	4.11	1.16
−0.30	−0.197	0.997	15.64%	55.52%	71.83%	3.51	1.26
−0.40	−0.553	1.006	11.39%	55.52%	79.48%	2.97	1.37
−0.50	−0.899	1.002	7.95%	55.52%	85.68%	2.53	1.47
−0.60	−1.248	1.002	5.10%	55.52%	90.82%	2.14	1.57
−0.70	−1.595	1.002	2.91%	55.52%	94.76%	1.81	1.67
−0.80	−1.945	1.001	1.31%	55.52%	97.64%	1.51	1.78
−0.90	−2.293	1.000	0.37%	55.52%	99.34%	1.24	1.88

资料来源：根据《地方财政统计资料（2005）》计算得出。

二、应用多目标优化方法分析转移支付中公平与效率的关系

根据上述原理，我们分别计算 $a = -0.10$、-0.30、-0.40、-0.50、-0.60、-0.70、-0.80、-0.90 时的财政转移支付情况（见表 8–13），从表 8–13 中我们可以看出，随着 a 值的减小，人均财力指数的加权变异系数越来越小，越来越趋向于公平的目标；随着 a 值的减小，上海等一些发达地区的人均财政转移支付指数越来越小，可能为负数，即这些发达地区必须拿出一部分资金作为横向均等化转移支付资金，否则难以实现公平优先兼顾效率的目标；随着 a 值的减小，财政转移支付效果越来越显著（财政转移支付效果=［人均财政收入指数的变异系数—人均财力指数的变异系数］／人均财政收入指数的变异系数），财政转移支付效果由 53.58% 增加到 99.34%，从全国来讲，转移支付如果能够达到绝对公平和最高效率则是最理想的。从数学角度就是多目标优化问题：

$$\max y_1 = f_1(x_1, x_2, \cdots, x_n) \quad\cdots\cdots\cdots\cdots\cdots\cdots\cdots\cdots\cdots (8-15)$$

$$\max y_2 = f_2(x_1, x_2, \cdots, x_n) \quad\cdots\cdots\cdots\cdots\cdots\cdots\cdots\cdots\cdots (8-16)$$

但是，公平和效率只是相对的，绝对的公平和最高效率是难以实现的，所以我们必须考虑这两个目标在转移支付中所占的比重问题，设 $\lambda_1(t)$，$\lambda_2(t)$

分别为某一年公平的效用 y_1 和效率的效用 y_2 的权重,从而产生一个新的与时间相关的参数优化问题,在某一个阶段 $\lambda_1(t)$, $i=1,2$ 可以看为待定的常数,因此,转移支付的效用函数 u 是公平与效率的加权和。转移支付的目标就是要使这个效用函数达到最大值。最优目标为:

$$\max u = \lambda_1(t)y_1 + \lambda_2(t)y_2 \quad\cdots\cdots\cdots\cdots (8-17)$$
$$\lambda_1(t) + \lambda_2(t) = 1 \quad\cdots\cdots\cdots\cdots (8-18)$$

在不同的国家中关于 $\lambda_1(t)$, $\lambda_2(t)$ 的讨论,我们认为有下述五种可能:

1. 当国家内部各地区发展差距非常大时,即 $\lambda_1(t) \gg \lambda_2(t)$;

2. 当国家内部各地区发展差距较大时,即 $\lambda_1(t) > \lambda_2(t)$;

3. 当国家内部各地区发展差距一般时,即 $\lambda_1(t) = \lambda_2(t)$;

4. 当国家内部各地区发展差距较小时,即 $\lambda_1(t) < \lambda_2(t)$;

5. 当国家内部各地区发展差距非常小时,即 $\lambda_1(t) \ll \lambda_2(t)$ 。

由于中国地区间财力差异较大,财政转移支付政策应体现公平优先兼顾效率的原则,所以应该尽量取比较小的 a 值,例如取 $a=-0.90$ 。

表8–14　2005年现行财政体制下中国地区间适度财力差异的模拟结果

地区	人均财政收入指数		人均财政转移支付指数		人均财力指数	
	数量	排名	数量	排名	数量	排名
上海	4.625	1	−0.286	31	4.340	1
北京	2.981	2	0.113	30	3.094	2
浙江	2.585	3	0.210	29	2.795	3
广东	2.481	4	0.235	28	2.716	4
江苏	2.086	5	0.331	27	2.416	5
天津	1.583	6	0.453	26	2.036	6
山东	1.399	7	0.498	25	1.897	7
福建	1.363	8	0.506	24	1.869	8
辽宁	1.072	9	0.577	23	1.648	9
山西	0.967	10	0.603	22	1.569	10
重庆	0.941	11	0.609	21	1.550	11
河北	0.817	12	0.639	20	1.456	12
内蒙古	0.771	13	0.650	19	1.421	13

地区	人均财政收入指数		人均财政转移支付指数		人均财力指数	
	数量	排名	数量	排名	数量	排名
云南	0.740	14	0.658	18	1.397	14
广西	0.703	15	0.667	17	1.370	15
河南	0.694	16	0.669	16	1.363	16
海南	0.679	17	0.672	15	1.352	17
湖南	0.662	18	0.677	14	1.339	18
陕西	0.660	19	0.677	13	1.337	19
四川	0.659	20	0.677	12	1.336	20
安徽	0.652	21	0.679	11	1.330	21
湖北	0.647	22	0.680	10	1.327	22
江西	0.619	23	0.687	9	1.305	23
黑龙江	0.579	24	0.697	8	1.275	24
新疆	0.576	25	0.698	7	1.273	25
贵州	0.574	26	0.698	6	1.271	26
宁夏	0.495	27	0.717	5	1.212	27
吉林	0.491	28	0.718	4	1.209	28
甘肃	0.426	29	0.734	3	1.159	29
青海	0.306	30	0.763	2	1.068	30
西藏	0.108	31	0.811	1	0.919	31

资料来源：在 $a=-0.9$ 的条件下，根据公式 8 – 8、8 – 9、8 – 10、8 – 11、8 – 12、8 – 13、8 – 14 测算得出。

第五节　主要结论与政策建议

本章首先分析了财政转移支付政策在地区间财政能力差异的形成和调节中所发挥的作用，认为财政转移支付政策在公平与效率的权衡上经历了一个由"效率优先"→"效率优先兼顾公平"的演进过程，符合帕累托改进。针对中国当前地区间财政能力差异较大的现状，在实现基本公共服务均等化成为重要国策的背景下，提出财政转移支付政策应遵循"公平优先兼顾效率"的原则。据此构建了中国地区间适度财力差异数学模型，在考虑各地区公共支出成本差异并促进效率的前提下确保各地区基本公共服务均等化。模型建立在综合考虑各地区公共支出成本差异以及公平与效率原则的基础上,测算的结果是只有发达地区拿出一部分财力对不发达地区进行横向转移支付,中国才有可能实现地区间基本公共服务均等化的目标。因此,在现行体制下,由于中央可支配的财政转移支付资金有限以及地区间经济发展差异较大,即使中央政府在进行纵向转移支付时对于欠发达地区予以适当倾斜,仍然不能实现适度的地区财力差异。基于财政公平和基本公共服务均等化的考虑,有必要在中国探索建立横向转移支付模式,通过富裕地区对贫困地区的资金转移来弥补贫困地区的财政缺口,从而实现地区间财政横向均衡。

　　本章的不足之处在于:各地标准财政支出是依据财政部预算司2005年测算的数据推算得出的(见附表),这是目前唯一可以获得的官方数据,也是相对精确的,但并不代表这一数据是最接近事实的。如何计算出尽可能接近事实的公共支出成本,仍是我们需要继续努力研究的一个课题。不过这一问题的存在不会影响本书的方向性判断:中国地区间财政能力差异小于地区间财力差异、中国地区间财政能力差异依然很大,中国的财政转移支付政策取向要体现"公平优先兼顾效率"的原则。

附表　2005 年各地区人均公共支出成本的测算

地区	总人口 (万人)	标准财政支出 (亿元)	人均公共支出成本 (元/人)
上海	1778	306.44	1723.51
北京	1538	308.34	2004.81
浙江	4898	412.59	842.36
广东	9194	728.50	792.36
江苏	7475	634.21	848.44
天津	1043	209.59	2009.49
山东	9248	766.91	829.27
福建	3535	317.32	897.65
辽宁	4221	630.20	1493.01
山西	3355	380.83	1135.11
重庆	2798	272.93	975.45

地区	总人口 （万人）	标准财政支出 （亿元）	人均公共支出成本 （元/人）
河北	6851	630.88	920.86
内蒙古	2386	360.03	1508.93
云南	4450	422.51	949.46
广西	4660	402.41	863.54
河南	9380	774.54	825.74
海南	828	101.08	1220.77
湖南	6326	596.67	943.20
陕西	3720	417.03	1121.05
四川	8212	727.33	885.69
安徽	6120	512.59	837.57
湖北	5710	580.56	1016.74
江西	4311	408.84	948.36
黑龙江	3820	549.90	1439.53
新疆	2010	313.09	1557.66
贵州	3730	318.06	852.71
宁夏	596	96.40	1617.45
吉林	2716	421.82	1553.09
甘肃	2594	290.13	1118.47
青海	543	110.68	2038.31
西藏	277	111.51	4025.63

资料来源：标准财政支出数据来源于财政部预算司李萍、许宏才主编的《中国政府间财政关系图解》。总人口数据来源《中国统计年鉴(2006)》。各地人均公共支出成本＝各地标准财政支出/各地总人口。

第九章　中国地区间财政均等化的政策引申:地区间基本公共服务投入均等化研究①

我们通常将地区间基本公共服务差异归结为地方政府的财力差异,但地区间财政均等并不意味着基本公共服务的投入水平的均等。造成地区间基本公共服务(本章以小学教育为例)投入差异的原因很多,从客观角度看,主要有生均教育成本上的差异和财力上的差异;从主观角度看,主要是许多地方政府未能真正认识到小学教育投入的重要性,导致对教育的投入不足。在承认上述两者都是影响因素的前提下,本章主要研究地区间教育投入的主观因素,也就是要研究地方政府对教育投入的努力程度,依据当前各地区对小学教育经费投入现实,运用计量经济学的研究方法对各地区小学教育投入的努力程度予以评估,以期对政府间教育财政转移支付政策的制定有一定的参考和借鉴价值。

第一节　政府教育投入努力程度的研究:文献述评

一、国外关于衡量政府教育投入努力程度的研究

国际上一般用公共教育经费占国民生产总值(或国内生产总值)的比例来衡量政府对教育投入的努力程度。联合国教科文组织(UNESCO)的《世界教育报告》教育指标中关于政府教育投入的指标包括公共教育支出占国民生产总值的百分比、用于不同教育级别每个学生的支出、教师津贴的支出占经常性支出总额的百分比等。世界银行(WB)的《世界发展报告》所确立的一级教育投入指标为教育供给(资源),包括公共教育支出占国民生产总值的百分

---

① 本章主要观点作者曾以《中国地区间小学教育投入努力程度差异研究》为题目,发表在《中国财经信息资料》2010 年第 1 期上,与财政部财政科研所孟翠莲博士合作。

比、公共教育支出占政府公共支出的百分比、生均公共经费、生师比等指标。2003 年经济合作与发展组织(OECD)国家教育投入中的财政资源和人力资源指标的衡量指标,包括一级指标生均的教育成本、教育投入与国内生产总值、公共教育投入与私人教育投入的比值、教育公共投入、政府津贴对学生和家庭的资助以及教育支出结构。

美国全国教育统计中心(National Center for Education Statistics)用生均公共教育经费和生均公共教育经费占人均年收入的比例两项指标来衡量"政府教育投入的公共努力"(public effort to fund education)。

二、国内关于衡量政府教育投入努力程度指标的研究

刘泽云在《"九五"期间中国政府对教育投入努力程度的实证分析》一文中建立了衡量政府教育投入努力程度的五个指标,即"两个比例"、"三个增长"。"两个比例"指国家财政性教育经费占国民生产总值的比例和预算内教育投入(包括城市教育费附加)占财政支出的比例。[①] "三个增长"指预算内教育经费拨款(不含城市教育费附加)增长速度高于财政收入增长速度,生均预算内教育事业费逐年增长和生均预算内公用经费逐年增长。不仅有量化指标、增幅指标,还有比较指标,符合中国当前的教育投入实际和国家教育投入政策,具有一定的参考价值。结论就是"九五"期间,中国政府教育投入的总量水平增长迅速,但以五个指标来衡量,中国政府教育投入努力程度没有得到显著加强,若以某些指标来衡量,努力程度甚至是降低了。总体而言,省级政府对教育投入的努力程度比中央财政要高一些,但就东、中、西三个地区省级政府教育投入努力程度的比较结果还依赖于被选择的指标。

沈百福在《地方教育投资研究》中,研究政府教育投资评价时运用了政府教育投入的努力程度这个指标,选取了四个二级指标来表征政府教育投入的努力程度[②]:一是财政性教育经费占国民生产总值的比例;二是预算内教育经

---

① 参见刘泽云:《"九五"期间我国政府对教育投入努力程度的实证分析》,《高等教育研究》2003 年第 2 期,第 61—65 页。
② 参见沈百福、王红:《我国义务教育完成率和经费问题分析》,《教育发展研究》2003 年第 9 期,第 1—6 页。

费占财政支出的比例;三是预算内教育经费占教育总经费的比例;四是政府征收城市和农村教育费附加与应收比例(税费改革前)。此外还分析了如企业办学教育经费,校办产业、勤工俭学和社会服务收入等其他财政性教育经费在教育总经费中的比例。沈百福关于政府教育投入努力程度的指标范围比较广泛,不仅仅包括财政预算内的经费投入,还有其他变相的投入到教育事业中的资金。①

　　综合来看,许多研究在涉及政府教育投入努力程度问题时,基本上都采用财政性教育经费占国内生产总值的比重,财政性教育经费占教育总经费的比重,以及预算内财政性教育经费占财政支出的比重三个重点指标来衡量教育投入的努力程度。用以上的指标来衡量政府对教育投入的努力程度,有以下两个方面的缺陷。因为不同地区的产业结构和经济效益是不一样的,即使有相同的国内生产总值也不能够提供相同的财力,所以用财政性教育经费占国内生产总值的比重来衡量教育投入的努力程度对一些财政收入占国内生产总值比重较低的地区是不公平的;②另外,过去的研究只从供给上考虑政府教育投入努力程度,而没有考虑需求因素。没有考虑不同地区的生均教育成本的差异,例如两个地区财政性教育经费占财政支出的比重一样,但一个是中部省份,另外一个是西部省份,上级政府考虑到西部省份的生均教育成本较高,而相应给予了较多的财政转移支付,这样西部省份的财政性教育经费占财政支出的比重相应较高,用财政性教育经费占财政支出的比重来衡量教育投入努力程度对中部省份是不公平的。没有考虑不同地区受教育人口的比例是不一样的,受教育的人口比例越高,教育财政支出需求越大,也就是说没有考虑不同地区人口结构不一样,2008 年贵州省小学生占总人口的比例为 12.49%,而同期的上海市的小学生占总人口的比例只有 3.18%,③前者是后者的3.93 倍。

---

　　①　参见陈静漪:《我政府教育投入努力程度的考察与反思》,《当代教育科学》2006 年第 6期,第 25—28 页。
　　②　参见胡德仁、刘亮:《地方政府对基本公共服务投入努力程度研究——以河北省各地区农村小学教育投入为例》,《湖北经济学院学报》2009 年第 2 期,第 60—65 页。
　　③　数据来源:根据《中国统计年鉴(2009)》计算得出。

第二节　地方政府对小学教育投入努力度模型的构建

在进行教育投入努力程度的实证分析之前,首先需要明确教育投入努力程度这一概念所要解释的经济现象。现实中各地区教育投入水平主观上主要受当地政府教育投入努力程度的影响,客观上主要受当地财力水平和标准教育支出的影响。标准教育支出是指完成小学教育所需的师资和教学费用的基本支出,包括人员标准支出、公用经费标准支出。本章拟用各地区财力客观能够承受的教育投入这一概念替代财力水平和标准教育支出等因素对教育投入的影响,所以各地区教育投入努力程度=各地区实际教育投入/各地区财力客观能够承受的教育投入。

为了评估中国各地区财力客观能承受的小学教育投入,我们做以下两个基本假设:

1. 各地区财力客观能承受的教育投入水平从供给上看主要受到各地区财力的制约,我们假设各地区财力客观能够承受的教育投入与财力是正相关的,也就是财力高的地区,财力客观能够承受的教育投入也就越高,如果假设成立,回归系数应该是正的。

2. 各地区财力客观能承受的教育投入从需求上看主要受到各地区标准教育支出的制约,各地区标准教育支出取决于各地区的生均教育成本和学生数,我们假设各地区财力客观能够承受的教育投入与各地区标准教育支出是正相关的,也就是说标准教育支出越高的地区,财力客观能够承受的教育投入也就越高。如果假设成立,回归系数应该是正的,因为上级政府进行转移支付时,考虑到一些地区标准教育支出较高,而给予了较多的财政转移支付。如果假设成立,教育经费投入对标准教育支出的回归系数应该是正的。

基于上面的假设,我们做这样的计量模型:

$$\ln if_i = c + c(1) \times \ln cl_i + c(2) \times \ln bz_i + \varepsilon \quad\cdots\cdots\cdots\cdots\cdots\cdots (9-1)$$

其中:if_i、cl_i、bz_i 分别表示各地区财力客观能承受的小学教育投入(这里用各地区小学预算内教育事业费来表示各地区财力客观能承受的小学教育投入,主要包括人员经费和公用经费,不考虑各地区基建支出,因为各地区的基建支出变动较大,难以用回归的办法来评估,本章中提到的小学教育投入均指小学预算内教育事业费,单位:万元)、各地区财力水平(万元)、各地区标准教育支出(万元)。公式(10-1)中的 jf_i、cl_i 可以通过相应年份《中国教育经费统计年鉴》和《中国财政年鉴(2008)》获得,而各地区标准教育支出中的学生数可以从《中国教育经费统计年鉴》中获取,关键是对各地区生均教育成本如何评估。

第三节　生均教育成本模型的构建

一、生均教育成本差异的假定

由于各地自然条件与经济发展水平不同,工资水平、房租、教育投入所需的各种物质材料价格等方面存在着较大的差异,致使相同的生均教育经费的实际购买能力也存在着较大的差别,很多学者认为人口密度、城市化水平、人口结构和各地的物价水平等因素是影响生均教育成本的重要因素,杜育红以教育文化行业全国平均工资为1,用各省区教育文化行业平均工资除以全国平均工资,所得系数为成本调整系数,再用生均经费除以成本调整系数,从而计算出按实际购买力衡量的生均经费。[1] 我们认为仅仅依据各省区教育文化行业平均工资除以全国平均工资作为生均教育成本的调整系数不够全面。有的研究虽然综合考虑到其他相关因素,如钟晓敏等人建立的模型中生均教育成本调整系数考虑到人口密度、城市化水平等因素,但其权重的确定还具有一定的主观性。[2] 在影响生均教育成本的这些因素中,哪些是主要因素、哪些是次要因素,不能只凭研究者的主观判断,而要根据科学计量模型来确定。

本章测算生均教育成本的思路是这样的:先测算出各地区的生均标准人员经费和生均标准公用经费,将各地区生均标准人员经费和生均标准公用经费相加可以得到各地区标准教育支出。[3]

$$\text{某地区生均教育成本} = \text{该地区生均标准人员经费} + \text{该地区生均标准公用经费} \quad \cdots\cdots\cdots\cdots\cdots\cdots (9-2)$$

---

① 参见杜育红:《中国义务教育转移支付制度研究》,《北京师范大学学报(人文社会科学版)》,2000 年第 1 期,第 23—30 页。

② 参见钟晓敏、赵海利:《基本公共服务均等化下的我国义务教育转移支付模型》,《财政研究》2008 年第 3 期,第 13—16 页。

③ 参见刘亮、胡德仁:《地区间农村小学教育投入差异影响因素的分析——以河北省各县为例》,《清华大学教育研究》2009 年第 3 期,第 99—107 页。

二、各地区生均人员经费的测算

根据各地区的学生数、各地区学生密度和城镇化水平测算出各地区标准教师的数量,将各地区标准教师的数量和各地区教师的平均工资水平相乘得到各地区标准人员经费。这里之所以选择标准教师数而不是实际教师数,是因为只有根据各地区的学生数、学生密度、城镇化水平等因素测算的标准教师数才真正符合小学教育需要,而实际教师数则有可能存在冗员等不合理因素,按实际教师数测算生均人员经费不利于控制冗员的增长,上级政府也没有必要为下级政府的冗员买单。

关于标准教师数量的测算,我们假设一个地区的标准教师的数量应该与学生数呈正相关关系,与该地区学生密度呈负相关关系。这样的理论假设是基于这样的考虑,学校的配置一般根据两个因素:一是学校的地域配置,二是学校的规模。[①] 学校地域配置的主要原则是方便学生上学。对每个学生来说,上学的距离当然是越近越好。但是,如果点和点的距离过近,即学校配置过于密集,由于学生有限,每个学校就不可能有一定的规模。没有规模,资源(资金、设备、人员等)分散使用,办学的成本就会加大。在教育总的投入不变的前提下,如果办学成本加大,分配到每个学校的资源就会不足,进而影响到教育的质量。从另一方面说,如果规模过大,学校布点过少,学生上学的距离就要加大。对于小学生,尤其是低年级的学生,上学的距离过远显然是不合适的。所以,小学教育资源的合理配置是在小学生上学(一般是步行)可接受的距离内,并使学校有一定的规模。这就造成一些学生密度低的地区为了照顾学生就近入学,学校往往达不到一定的规模,师生比较高。如一些偏远山区由于受到自然条件限制,学生密度较低、人们居住分散、交通不便,造成了学校数量多、规模小,每个教师只带几个学生。[②] 虽然近年来有些农村小学通过寄宿制来解决班级规模较小的问题,但是寄宿制要增加生活老师和其他成本,根据《中国教育蓝皮书2009》中《中国中西部地区农村寄宿制中小学调查》,由于

---

① 参见胡德仁、刘亮:《农村小学教育投入影响因素的实证研究》,《新疆财经大学学报》2009年第2期,第35—42页。

② 参见申美云、张秀琴:《教育成本、规模效益与中小学布局结构调整研究》,《教育发展研究》2003年第12期,第15—19页。

寄宿制带来的新增成本占整个学校总经费的 16%。① 总体来说学生密度低的地区师生比相对较高，如果假设成立，标准教师数量对学生密度的回归系数应该是负的。同时假设各地区的标准教师的数量与各地区城镇化水平是正相关的。因为中国现行的教师编制标准规定城市、县镇和农村规定小学师生比分别为 1:19、1:21 和 1:23，所以城镇化水平高的地区师生比相对较高。

通过这些假设我们构建这样的模型：

$$\ln js_i = c(1) + c(2) \times \ln xs_i + c(3) \times \ln md_i + c(4) \times \ln cz_i + \varepsilon \quad \cdots\cdots \ (9-3)$$

其中，js_i、xs_i、md_i、cz_i 分别代表各地区教职工数量、学生数、学生密度、城镇化水平，各地区教职工数量、学生数的数据来源于《中国统计年鉴》，各地区城镇化水平的数据来源于相应年份的《中国人口统计年鉴》，学生密度根据各地区学生数和区域面积计算得出，各地区区域面积的数据来源于《中国统计年鉴》。将 2000—2007 年的数据分别代入模型(9-3)，用 EVIEWS6.0 进行回归，可以得到如表 9-1 所示的回归结果。

表 9-1　2000—2007 年模型(9—3)的回归结果

年份 类别	2000	2001	2002	2003
C	-1.640726 (-3.783093)	-1.775755 (-3.594125)	-1.816902 (-3.382818)	-1.882095 (-3.228143)
LNXS	0.955646 *** (27.56666)	0.970222 *** (24.35113)	0.977851 *** (22.41470)	0.985677 *** (20.69969)
LNMD	-0.041454 * (-1.719385)	-0.044712 (-1.612331)	-0.051253 * (-1.691038)	-0.057069 * (-1.724229)
LNCZ	0.503569 *** (6.108572)	0.577841 *** (5.795629)	0.631330 *** (5.523038)	0.667841 *** (5.129005)
R^2	0.979576	0.974286	0.969853	0.964810
$\overline{R^2}$	0.977307	0.971429	0.966503	0.960900
F	431.6664	341.0013	289.5383	246.7521

---

① 参见成刚、莫丽娟：《中国中西部地区农村寄宿制中小学调查》，社会科学文献出版社 2009 年版，第 245—247 页。

年份 \\ 类别	2004	2005	2006	2007
C	−1.827031 (−2.967166)	−1.937211 (−2.997131)	−1.827951 (−2.830706)	−2.079887 (−3.633398)
LNXS	0.984812 *** (19.46133)	0.993608 *** (18.64219)	0.987746 *** (18.51761)	1.003094 *** (21.28989)
LNMD	−0.055495 (−1.570111)	−0.058787 (−1.587951)	−0.064562 * (−1.73379)	−0.073140 ** (−2.212681)
LNCZ	0.718286 *** (4.961916)	0.729504 *** (4.633545)	0.742316 *** (4.53238)	0.692131 *** (4.651732)
R^2	0.960593	0.957561	0.956499	0.966080
$\overline{R^2}$	0.956215	0.952845	0.951665	0.962311
F	219.3869	203.0680	197.8913	256.3323

注:***、**、* 分别表示在1%、5%和10%的水平下显著,括号中的数字为t统计值。

从回归结果上看,2000—2007年的数据对模型(9-3)回归结果的拟合程度均在95%以上,学生数和城镇化水平对标准教师的影响均在1%的水平下显著,2000年、2002年、2003年、2006年学生密度对标准教师的影响在10%的水平下显著,2007年学生密度对标准教师的影响在5%的水平下显著,2001年、2004年、2005年学生密度对标准教师的影响在13%的水平下显著。我们认为完全可以根据模型(9-3)的回归结果来测算标准教师的数量。根据模型可以得到各地区标准教师的数量,将其与各地区教师平均工资水平相乘可以得到各地区标准人员经费。将各地区标准人员经费除以学生数可以得到各地区生均人员经费。

各地区标准人员经费=标准教师数×平均教师工资

各地区生均人员经费=各地区标准人员经费/学生数

三、各地区生均公用经费的测算

假设各地区生均公用经费与物价水平是正相关的,与学生密度是负相关的。这样假设既考虑了中国地区间物价水平的差异,也考虑了规模经济的要求。由于没有各地区物价水平的数据,以各地区教师工资水平的数据代替各

地区物价水平,基于这样的假设,我们可以构建这样的回归模型:

$$gy_i = c(1) + c(2) \times gz_i + c(3) \times md_i + \varepsilon \quad\cdots\cdots\cdots\cdots\cdots\cdots\cdots (9-4)$$

$$\ln gy_i = c(1) + c(2) \times \ln gz_i + c(3) \times \ln md_i + \varepsilon \quad\cdots\cdots\cdots\cdots (9-5)$$

其中:gy_i、gz_i、md_i分别表示各地区的公用经费、教师平均工资、学生密度,各地区公用经费的数据来源于相应年份的《中国教育经费统计年鉴》,各地区教师平均工资的数据来源于《中国统计年鉴》,学生密度根据各地区学生数和区域面积计算得出,各地区区域面积的数据来源于相应年份的《中国统计年鉴》。将 2000—2007 年的数据分别代入模型(9-4)和(9-5),用一年的数据回归,回归结果不理想,在这种情况下,可以增加样本的容量,于是我们利用 2000—2007 年堆砌的数据用 EVIEWS6.0 进行回归,可以得到如表 9-2 所示的回归结果。

表 9-2　2000—2007 年模型(9-4)和(9-5)的回归结果

	模型(10-4)	模型(10-5)
C	−338.8280 (−11.11302)	−18.18701 (−21.80059)
MD	2.673246 *** (4.859202)	−0.090431 *** (−3.415008)
GZ	0.025925 *** (16.77040)	2.372374 *** (27.76123)
R^2	0.580615	0.765956
$\overline{R}^2$	0.577191	0.764045
F	169.594200	400.905400
obs	248.000000	248.000000

注:***、**、* 分别表示在1%、5%和10%的水平下显著,括号中的数字为 t 统计值。

从回归结果上看,模型(9-4)拟合程度不高,而且回归系数与假设不符,但是模型(9-5)拟合程度较好,公用经费水平与各地区工资水平呈正相关,与各地区学生密度呈负相关,与预期的假设相符。根据模型(9-5)可以得到各地区生均标准公用经费。将得到的生均标准人员经费和生均标准公用经费相加即可得到各地区生均教育成本。将各地区生均教育支出和各地区学生数相乘可以得到各地区标准教育支出。

第四节 中国地区间小学教育投入努力程度差异的评估

我们根据 2000—2007 年中国各地区小学的预算内教育事业费、各地区财力和各地区标准教育支出的数据,采用 Eviews6.0 软件对模型(9-1)进行回归,可以得到如表9-3所示的回归结果。

表9-3 2000—2007年各地区财力可以承受的教育投入水平的模型回归结果

类别 \ 年份	2000	2001	2002	2003
c	0.415610 (0.637685)	0.184521 (0.258495)	0.303814 (0.427682)	−0.638968 (−0.908681)
cl	0.301809 *** (3.078014)	0.280477 *** (2.881793)	0.262817 *** (2.865747)	0.356935 *** (4.172847)
bz	0.659491 *** (7.322869)	0.700061 *** (7.982933)	0.718992 *** (9.029890)	0.679157 *** (8.433597)
R^2	0.948930	0.944788	0.949438	0.949256
$\overline{R^2}$	0.945283	0.940844	0.945826	0.945631
F	260.1354	239.5686	262.8855	261.8932
类别 \ 年份	2004	2005	2006	2007
c	−0.792047 (−1.108842)	0.056110 (0.072313)	−0.078982 (−0.105955)	3.088954 (4.318468)
cl	0.398912 *** (4.670276)	0.385656 *** (4.321628)	0.359849 *** (4.059833)	0.398462 *** (5.474750)
bz	0.644913 *** (7.955792)	0.601772 *** (7.404950)	0.639833 *** (7.735177)	0.634009 *** (9.104628)
R^2	0.948911	0.937282	0.943712	0.954351
$\overline{R^2}$	0.945262	0.932803	0.939691	0.951090
F	260.0340	209.2229	234.7205	292.6857

注:***、**、* 分别表示在1%、5%和10%的水平下显著,括号中的数字为 t 统计值。

从回归结果上看,所有的解释变量对被解释变量都在1%的水平下显著,而且拟合程度均在90%以上,说明方程的拟合程度较好,根据模型(9-4)可以计算得出各地区财力能够承受的教育投入,将各地区实际教育投入与各地区财力能够承受的教育投入相比较可以得到各地区教育投入努力程度,即各地区教育投入努力程度=各地区实际教育投入/各地区财力客观能够承受的教育投入,可以得到2000—2007年中国各地区教育投入努力程度(见表4)。

表9-4　2000—2007年中国各地区教育投入努力程度

年份 地区	2000	2001	2002	2003	2004	2005	2006	2007	平均
北京市	94.89%	87.27%	87.24%	78.36%	77.05%	73.24%	71.60%	81.55%	81.40%
天津市	101.28%	99.15%	91.00%	102.33%	99.63%	96.76%	94.86%	93.46%	97.31%
河北省	116.09%	118.87%	120.70%	129.52%	131.41%	140.31%	137.37%	129.48%	127.97%
山西省	109.04%	110.96%	108.34%	105.73%	101.40%	108.79%	99.51%	110.69%	106.81%
内蒙古	97.51%	99.40%	105.56%	100.67%	95.30%	90.22%	88.54%	84.59%	95.22%
辽宁省	79.57%	77.08%	76.67%	79.98%	85.39%	86.11%	92.88%	86.18%	82.98%
吉林省	90.36%	94.52%	100.27%	97.62%	94.97%	100.91%	104.82%	108.09%	98.95%
黑龙江	111.06%	118.13%	137.47%	117.61%	107.12%	115.48%	119.48%	114.65%	117.62%
上海市	104.00%	111.54%	106.88%	107.38%	104.42%	105.82%	109.18%	102.28%	106.44%
江苏省	103.19%	105.60%	104.99%	102.24%	105.76%	110.63%	103.37%	111.27%	105.88%
浙江省	89.51%	86.14%	90.97%	84.33%	82.83%	81.85%	81.39%	81.28%	84.79%
安徽省	113.72%	115.75%	120.65%	115.58%	117.21%	117.01%	114.98%	104.57%	114.93%
福建省	115.75%	107.59%	104.85%	111.80%	112.75%	111.03%	110.41%	110.25%	110.55%
江西省	113.94%	120.69%	116.52%	117.69%	112.79%	106.36%	103.93%	113.36%	113.16%
山东省	98.32%	99.65%	102.19%	100.88%	99.77%	98.25%	91.61%	99.90%	98.82%
河南省	102.68%	106.24%	106.94%	104.22%	108.35%	103.36%	98.42%	99.29%	103.69%
湖北省	68.04%	70.97%	82.80%	84.45%	89.90%	86.98%	86.97%	99.37%	83.68%
湖南省	89.94%	91.79%	105.48%	105.38%	109.25%	109.91%	103.39%	95.00%	101.27%
广东省	81.76%	74.35%	70.40%	72.45%	71.49%	71.65%	71.70%	71.74%	73.19%
广　西	137.06%	133.22%	109.55%	126.46%	125.95%	120.17%	131.59%	123.68%	125.96%
海南省	86.18%	91.23%	100.48%	93.21%	98.51%	100.89%	104.23%	114.28%	98.63%
重庆市	82.05%	84.73%	75.97%	73.68%	74.06%	71.43%	81.28%	86.49%	78.71%
四川省	102.64%	102.34%	94.98%	93.96%	91.51%	92.74%	102.07%	103.48%	97.97%
贵州省	111.24%	107.82%	105.86%	119.71%	125.60%	127.74%	123.09%	117.89%	117.37%
云南省	146.65%	143.31%	134.57%	139.61%	139.20%	135.68%	127.34%	118.68%	135.63%

续表

年份 地区	2000	2001	2002	2003	2004	2005	2006	2007	平均
西 藏	97.14%	92.14%	81.91%	85.65%	89.23%	83.72%	87.36%	83.28%	87.55%
陕西省	84.72%	91.16%	90.61%	93.56%	93.97%	99.00%	112.31%	105.18%	96.31%
甘肃省	103.66%	103.24%	104.38%	106.41%	107.12%	107.55%	115.37%	111.13%	107.36%
青海省	84.85%	81.28%	82.84%	96.72%	92.98%	97.05%	85.97%	84.44%	88.27%
宁 夏	98.73%	95.64%	98.67%	83.06%	80.57%	80.37%	79.13%	82.81%	87.37%
新 疆	125.13%	119.32%	119.24%	110.45%	115.36%	114.56%	108.03%	103.57%	114.46%

将表9－4进行整理可以得到2000—2007年中国地区间教育投入努力程度的分布(见表9－5)。

表9－5　2000—2007年中国地区间教育投入努力程度的分布

分 布	个数	百分比(%)	累计个数	累计百分比(%)
[0.6,0.7]	1	0.40	1	0.40
[0.7,0.8]	21	8.47	22	8.87
[0.8,0.9]	43	17.34	65	26.21
[0.9,1]	49	19.76	114	45.97
[1,1.1]	64	25.81	178	71.77
[1.1,1.2]	43	17.34	221	89.11
[1.2,1.3]	14	5.65	235	94.76
[1.3,1.4]	10	4.03	245	98.79
[1.4,1.5]	3	1.21	248	100.00
合 计	248	100.00	248	100.00

资料来源:根据表9－4整理得出。

从表9－5可以看出:

1. 2000—2007年80.25%的省份教育投入努力程度在80%—120%之间,说明模型设计是科学合理的。

2. 2000—2007年中国地区间小学教育投入的努力程度有一定的差异,最低的只有68.04%,最高的为146.65%,最高的是最低的2.16倍。8.87%的省份投入努力程度在80%以下,10.89%的省份投入努力程度在120%以上,说明一些地区小学教育投入不足的原因不是财力不足,而是地方政府对教育投入努力程度的不足。

第五节　主要结论与政策建议

一、主要结论

从供给和需求两方面构建了各地区财力客观可承受的小学教育投入水平模型,将各地区财力客观可承受的教育投入水平与各地区实际的教育投入水平相比较,得出中国地区间小学教育投入努力程度差异较大的结论。在某种程度上,我们认为一些地区的小学教育投入不足是由于地方政府对教育投入努力程度不够造成的,而不是财力不足①。

二、政策建议

导致地方政府对小学教育投入努力程度不足的原因很多,很多学者从不同的层面对此进行了分析,认为原因主要包括小学教育的外部效应、各级政府对小学教育支出责任不清、地方政府的"政治利益最大化"行为、中国式的财政分权等。②

我们认为除了地方政府对小学教育的重要性认识不足等因素,现行的财政转移支付政策设计也存在问题。当前中国上级政府对下级政府的小学教育转移支付与下级政府的本级财政收入和教育投入力度呈负相关关系,即本级财政收入多,小学教育投入水平高③,获得转移支付的数额就要相对减少;本级财政收入少,小学教育投入水平低,获得转移支付的数额就会相对提高,这样的转移支付分配模式显然不能鼓励地方政府增加对小学教育的投入。因为

---

① 参见胡德仁、刘亮:《地方政府对基本公共服务投入努力程度研究——以河北省各地区农村小学教育投入为例》,《湖北经济学院学报》2009年第2期,第60—65页。

② 参见乔宝云、范剑勇、冯兴元:《中国的财政分权与小学小学教育》,《中国社会科学》2005年第6期,第25—28页。

③ 参见刘剑、张筱峰:《我国义务教育财政转移支付的目标框架》,《当代财经》2005年第3期,第34—37页。

中央和地方政府之间难免会产生博弈,中央政府希望地方政府多增加自己本级财政收入从而增加对小学教育等方面的投入,减少对教育转移支付的依赖;而地方或下级政府为了获取较多的教育财政转移支付,有时甚至会减少本级财政收入以及对小学教育的投入。笔者的研究证明在一定条件下上级政府的教育专项转移支付可能会对下级政府的教育投入产生"挤出效应"。[1]

所以,要解决政府对小学教育投入努力程度不够的问题,我们需要构建科学的转移支付制度来引导地方政府增加对小学教育投入的意愿,教育财政转移支付项目的数额应与本级财政收入及其配套投入规模呈正相关关系,即本级财政收入增加(意味着配套投入的能力增加)和对小学教育投入的增加,能得到上级政府更多的教育转移支付,这样会刺激下级政府增加本级财政收入和小学教育投入的积极性。这一制度应包括如下两个方面:

1. 建立激励性财政转移支付机制

在分配专项转移支付时,首先根据各地区的财力计算出各地区财力客观能够承受的教育投入水平,为了刺激地方政府增加对教育的投入,只对实际教育投入大于各地区财力客观能够承受的教育投入水平的地区进行转移支付。具体做法是:比较各地区财力可承受的小学教育投入与小学教育实际投入,当小学教育实际投入大于该地财力可承受的小学教育投入时,就其差额乘以一定的奖励系数,得到各地区小学教育投入的激励性财政转移支付数额。奖励系数根据上级政府财力的大小确定。

2. 逐步形成以一般性教育转移支付为主、激励性教育转移支付为辅的教育财政转移支付机制

引入激励性财政转移支付机制并非不考虑各地区小学教育投入可能存在的缺口,为此建立一般性教育转移支付。应逐步形成以一般性教育转移支付为主、激励性教育转移支付为辅的教育财政转移支付制度。一般性教育转移支付是通过规范的公式计算出来的对某一地区教育资金的整体补充[2],建立

---

[1] 参见刘亮、胡德仁:《教育专项转移支付挤出效应的实证评估》,《经济与管理研究》2009年第10期,第116—121页。

[2] 参见李祥云:《论义务教育财政转移支付类型与不同政策目标组合》,《教育与经济》2002年第4期,第32—36页。

一般性教育转移支付的关键在于:一是根据各地区财力、生均教育成本和学生数等因素,衡量各地财力客观可承受的小学教育投入水平;二是要衡量各地区小学教育的标准支出,对于财力客观可以承受的小学教育投入小于标准教育支出的地区给予一定的补助。一般性教育转移支付在缩小地区间教育水平差距中起着主体性和根本性作用,激励性教育转移支付是为引导地方政府加大对教育的投入,激励性转移支付具有机动灵活、拾遗补缺的辅助性作用。目前,一方面要加大一般性教育转移支付的力度,使之形成规范、稳定的制度体系,这样可以扶持落后地区教育事业的发展;另一方面又要加大激励性转移支付的力度,这样可以引导地方政府加大对教育投入的努力程度,只有两者并举,综合应用,才能有效地促进地区间教育均等化的目标。

　　本章的不足之处在于:一是影响生均教育成本的因素很多,本章只考虑了各地区教师工资水平、城镇化水平、物价水平和学生密度这四个主要因素,有些次要因素没有考虑进去;二是用各地区教师工资水平来代替各地区物价水平,而各地区的教师工资水平不一定真实反映各地的物价水平;三是本章中教育投入以教育事业性经费支出为依据,主要包括人员经费和公用经费,而没有考虑基本建设支出,因为教育事业性经费支出是维持性支出,每年的变动不大,用回归来分析比较有说服力,而基本建设支出每年的变动较大,难以用回归来分析;四是本章的研究实际上承认现行地区间教师工资水平的差异是合理的,但是现行各地区的教师工资水平与各地区的经济发展水平是否相适应呢? 这些有待在以后的研究中进一步深化;五是根据规模经济的原理要求农村地区比城镇地区的师生比高,但是制度供给上教师编制是向城镇化水平高的地区倾斜的,在制度供给上出现"错位"。

第十章　河北省政府间财政转移支付
影响因素的实证研究

第一节　河北省政府间财政转移支付
影响因素模型的构建

　　理论上,省级政府的财政转移支付应当主要用于处理各县之间财政能力的不平衡。但实际上,财政转移支付是各级政府相互博弈的产物,现实中的财政转移支付政策往往受到多种力量的左右。省级政府需要通过集中财力实现均等化的目标,同时又要消弭下级政府的不满和改革的阻力,在对贫困地区转移支付的同时还要激励其自我发展。为此,本章选取了三种类型的独立变量。

一、上级政府对地方既得利益的考虑

　　上年财政转移支付的规模,这是表示地方政府既得利益的指标。在现有关于分税制的定性分析中,都认为分税制财政体制呈现渐进性的特征。由于纵向集中的财政体制的贯彻执行需要地方、特别是财力雄厚的地方政府的支持,财政转移支付政策需要维护地方政府的既得利益。1994 年的改革没有对各地区的支出基数进行调整,而是选择了采取"存量不动,增量调整"的原则,旨在通过渐进性改革,逐步加大所控制的增量,用增量部分进行以公共服务水平均等化为目标的地区间财力再分配①。有意思的是这一点从没有得到实证检验,也没有学者证明上级政府对地方既得利益的考虑在多大程度上左右了财政转移支付政策。本章创新性地引入上年财政转移支付的规模这一指标,

---

　　①　参见倪红日:《中国政府间财政转移支付制度改革的渐进性与推进制度建设的建议》,《调查研究报告》2002 年第 16 期,第 27　32 页。

试图在此问题上实现突破。如果现行财政转移支付遵循的是增量调整的原则,充分考虑到地方政府的既得利益,那么财政转移支付对上年财政转移支付的回归系数应该为正数。

二、上级政府对地区间财政能力均等化目标的考虑

人均财政收入,这是描述财力大小的指标。财政不平衡的主要根源就在于各地区人均财力的不对称,如果财政转移支付的目的是缩小地区间财力差异,那么回归系数就应当是负的。

人口密度,这是描述地区间公共支出成本差异的指标。财政不平衡可能是地区间财力差异所致,也可能是地区间公共服务的单位成本上的差异所致。影响公共支出成本的因素很多,我们认为在县域之间人口密度是影响地区间公共支出成本差异的最重要的因素。在面积广阔、人口稀少的地区,其教育、道路、自来水、下水道等公共设施及其运行成本相应较高,而由于区域面积大,警察、消防和医疗救护等紧急性公共服务的反应时间就比较长,使居民安全面临风险,不难推测,人口密度越低的地区,传递任何水平的服务成本都会更高。因此要保持与人口密度较高地区相同标准的公共服务,人均公共支出成本就比较高①。如果上级财政转移支付政策是为了补偿地区间公共支出成本上的差异,那么财政转移支付对人口密度的回归系数应该为负数。

标准财政供养人口比重,这是用于衡量政府规模的指标。当前,县级财政支出中超过三分之二来自上级财政转移支付,但上级财政转移支付应该用于维持地方政府合理的财政供养人口规模。所以在现行省级财政对县(市)转移支付的办法中把各地区标准财政供养人口作为重要依据,而不是实际财政供养人口。只有依据标准财政供养人口进行转移支付,上级财政转移支付资金才不会为下级政府供养的"冗员"买单。考虑到绝对数无法进行比较,本章采用标准财政供养人口比例(即标准财政供养人口比例=标准财政供养人口/总人口)来衡量各地区的政府规模。如果财政转移支付政策是维持地方政府合理的政府规模,那么财政转移支付对标准财政供养人口比例的回归系

---

① 参见王德祥、李建军:《辖区人口、面积与地方财政支出》,《财贸经济》2009 年第 2 期,第 28—32 页。

数应该是正的。

对于标准财政供养人口规模的界定,既有的研究表明影响标准财政供养人口规模的主要因素有总人口和人口密度因素,财政供养人口与总人口正相关,而与人口密度负相关①。参照财政部预算司的计算办法②,建立模型如下:

$$\ln gy_i = c + c(1) \times \ln rk_i + c(2) \times \ln md_i + \varepsilon \quad \cdots\cdots\cdots\cdots\cdots (10-1)$$

$$gy_i = c + c(1) \times rk_i + c(2) \times md_i + \varepsilon \quad \cdots\cdots\cdots\cdots\cdots\cdots (10-2)$$

其中 gy_i、rk_i、md_i 分别表示各地区财政供养人口(单位:人)。总人口(单位:万人)、人口密度(单位:人/平方公里),根据《河北财政年鉴(2008)》和《河北经济年鉴(2008)》有关数据,将河北省 2007 年各县财政供养人口、总人口、人口密度的数据,采用 Eviews6.0 软件对模型进行回归,可以得到表 10-1 所示的回归结果。

表 10-1　标准财政供养人口模型(10-1)、(10-2)的回归结果

	(10-1)	(10-2)
c	6.766016 *** (55.54160)	3957.221 *** (10.54147)
rk	0.762975 *** (25.15296)	184.6988 *** (22.65571)
md	-0.057265 *** (-3.477287)	-2.309385 *** (-4.269928)
R-squared	0.832450	0.800091
Adjusted R-squared	0.829930	0.797085
F-statistic	330.3960	266.1518
obs	136	136

注:括号中的数据为 t 统计值,***、**、* 分别表示在 1%、5% 和 10% 的水平下果显著。

从回归结果看,人口密度和总人口对财政供养人口的影响都在 1% 的水平下显著,但是模型(10-2)没有模型(10-1)拟合程度高。我们选择模型

---

① 参见胡德仁、刘亮:《财政转移支付对地方财政供养人口规模控制努力程度的影响》,《公共管理研究》2009 年第 12 期,第 24—38 页。
② 参见李萍、许宏才:《中国政府间财政关系图解》,中国财政经济出版社 2006 年版,第 63 页。

(10-1)来测算河北省各县标准财政供养人口,得到某地区标准财政供养人口比例(bl_i)=该地区标准财政供养人口/该地区总人口。

是否为民族地区。在少数民族占人口比重较大的地区,居民对公共品偏好的不一致性也越强,公共品提供无法形成规模效应,因而扩大了公共支出成本。加上少数民族地区往往经济比较落后,按照国家政策财政转移支付应对民族地区有所倾斜。mz 是一个虚拟变量,为1或0,1表示民族地区,0表示非民族地区,如果财政转移支付政策对民族地区有照顾,那么回归系数应该为正数。

三、上级政府对财政收入努力程度的考虑

财政收入努力程度,这是衡量上级政府财政转移支付激励效应的指标。财政转移支付最大的副作用是容易诱使某些经济落后地区对上级财政的过度依赖。地方政府在接受转移支付时,往往会把上级的补助当作地方财政收入的替代,降低对本地税收资源的征收力度,导致财政努力下降,反而加重了地方财政对上级财政补助的依赖,使财政转移支付的政策效果受到严重削弱。为此需要通过财政收入努力程度来衡量上级财政转移支付的激励效应。如果财政收入努力程度的回归系数为正数,表明财政转移支付提高了下级政府财政收入努力程度,如果回归系数为负数,则表明对下级政府的财政努力产生消极影响。

在现行财政体制下,第一产业基本不提供财政收入,第二产业和第三产业与财政收入相关性较高;同时我们认为人均国内生产总值水平高的地区,产业结构和经济效益一般要高于人均国内生产总值水平低的地区;利润总额高的地区经济效益较好,相同的国内生产总值能够提供更多的财政收入。而现有的研究往往只依据国内生产总值来评估预期财政收入[1],这样的测算存在内在缺陷,因为相同的国内生产总值往往因产业结构和经济效益不同,提供的财政收入有差异。因此,可以构建如下模型来评估预期财政收入:

$$\ln rev_i = c + c(1) \times \ln ec_i + c(2) \times \ln sc_i + \varepsilon \quad\cdots\cdots\cdots\cdots (10-3)$$

---

[1]　参见张伦伦:《我国地区间财政努力度差异研究》,《财经问题研究》2006年第5期,第63—66页。

$$\ln rev_i = c + c(1) \times \ln ec_i + c(2) \times \ln sc_i + c(3) \times \ln gdp_i + \varepsilon \cdots\cdots\cdots$$
$$\cdots\cdots\cdots\cdots\cdots\cdots\cdots\cdots\cdots\cdots\cdots\cdots\cdots\cdots\cdots\cdots\cdots\cdots\cdots (10-4)$$

$$\ln rev_i = c + c(1) \times \ln ec_i + c(2) \times \ln sc_i + c(3) \times \ln lr_i + \varepsilon \cdots (10-5)$$

$$\ln rev_i = c + c(1) \times \ln ec_i + c(2) \times \ln sc_i + c(3) \times \ln gdp_i + c(4) \times \ln lr_i +$$
$$\varepsilon \cdots\cdots\cdots\cdots\cdots\cdots\cdots\cdots\cdots\cdots\cdots\cdots\cdots\cdots\cdots\cdots\cdots\cdots\cdots (10-6)$$

其中：rev_i、ec_i、sc_i、gdp_i、lr_i 分别表示各地区地方财政收入、第二产业产值、第三产业产值、人均国内生产总值、利润总额。数据来源于《河北经济年鉴(2008)》。

从表 10-2 中可以看出，所有解释变量的系数都在 5% 的水平下显著，模型(10-6)的拟合程度最高，可以通过该模型来评估各地区预期财政收入，财政收入努力的定义是各地区实际财政收入与预期财政收入的比值[1]，本章中对于各地区财政收入努力程度的评估适当考虑了各地区实际财政收入水平（依据《河北省财政厅 2008 年省对下均衡性转移支付方案》（以下简称《方案》）中标准财政收入的测算适当考虑各地区实际财政收入水平），即某地区财政收入努力程度=该地区实际财政收入/（该地区实际财政收入×60% +该地区预期财政收入×40%）。

表 10-2　模型(10-3)、(10-4)、(10-5)、(10-6)的回归结果

	(10-3)	(10-4)	(10-5)	(10-6)
c	-2.753121 (-4.252036)	-3.974528 (-5.120533)	-2.011670 (-2.655547)	-3.080336 (-3.406734)
ec	0.506114 *** (5.691741)	0.319722 *** (2.887636)	0.418721 *** (3.616439)	0.290371 ** (2.241025)
sc	0.485582 *** (4.337030)	0.464066 *** (4.231865)	0.544204 *** (4.415071)	0.516001 *** (4.215795)
gdp	—	0.398705 *** (2.714868)	—	0.309363 ** (2.101847)
lr	—	—	0.113967 ** (2.312070)	0.096283 ** (1.950084)

① Bahl, R. W. 1971, *A Representative Tax System Approach to Measuring Tax Effort in Developing Countries*, International Monetary Fund Staff Papers.

续表

	（10-3）	（10-4）	（10-5）	（10-6）
R-squared	0.754717	0.767689	0.773348	0.780910
Adjusted R-squared	0.751029	0.762409	0.768077	0.774063
F-statistic	204.6159	145.4013	146.7184	114.0587
obs	136	136	136	136

注:括号中的数据为 t 统计值,***、**、* 分别表示在 1%、5% 和 10% 的水平下显著。

第二节　河北省政府间财政转移支付影响因素的实证分析

以河北省对各县的人均财政转移支付作为解释变量,对是否为民族地区、人均财政收入、人口密度、标准财政供养人口比例、上年人均财政转移支付规模、财政收入努力程度等因素作为自变量进行回归分析,我们采用如下横截面数据模型,模型代号依次为(10-7)、(10-8)、(10-9)、(10-10)、(10-11)、(10-12)。

$$\ln trans_{it} = c + c(1) \times \ln trans_{i(t-1)} + c(2) \times \ln sr_{i(t-1)} + c(3) \times \ln md_{i(t-1)} + c(4) \times \ln bl_{i(t-1)} + c(5) \times \ln nl_{i(t-1)} + c(6) \times mz_{i(t-1)} + \varepsilon \quad\quad (10-7)$$

$$\ln trans_{it} = c + c(1) \times \ln trans_{i(t-1)} + c(2) \times \ln sr_{i(t-1)} + c(3) \times \ln md_{i(t-1)} + c(4) \times \ln bl_{i(t-1)} + \varepsilon \quad\quad (10-8)$$

$$\ln trans_{it} = c + c(1) \times \ln trans_{i(t-1)} + c(2) \times \ln md_{i(t-1)} + c(3) \times \ln bl_{i(t-1)} + \varepsilon \quad\quad (10-9)$$

$$\ln trans_{it} = c + c(1) \times \ln trans_{i(t-1)} + c(2) \times \ln sr_{i(t-1)} + c(3) \times \ln md_{i(t-1)} + c(4) \times \ln nl_{i(t-1)} + c(5) \times mz_{i(t-1)} + \varepsilon \quad\quad (10-10)$$

$$\ln trans_{it} = c + c(1) \times \ln trans_{i(t-1)} + \varepsilon \quad\quad (10-11)$$

$$\ln trans_{it} = c + c(1) \times \ln trans_{i(t-1)} + c(2) \times \ln md_{i(t-1)} + c(3) \times \ln bl_{i(t-1)} + c(4) \times mz_{i(t-1)} + \varepsilon \quad\quad (10-12)$$

其中下标 $i = 1, 2, \cdots, n$,表示特定地区。下标 $t = 1, 2, \cdots, T$,代表特定年份。$trans_{it}$ 代表对第 i 个地区第 t 年的人均财政转移支付。$trans_{i(t-1)}$、$sr_{i(t-1)}$、$md_{i(t-1)}$、$bl_{i(t-1)}$、$mz_{i(t-1)}$ 为滞后一期的解释变量,分别表示第 i 个地区第 $t-1$

年的人均财政转移支付、人均财政收入、人口密度、标准财政供养人口比例、民族地区,因为当年的财政转移支付均是根据上年的财政经济数据测算出来的,所以本章引入滞后一期的变量。ε 为误差项。对模型进行回归分析,可以得到如表 10 - 3 所示的回归结果。

表 10 - 3   财政转移支付影响因素模型的回归结果

	(10 - 7)	(10 - 8)	(10 - 9)
c	3.163158 (5.437492)	2.762845 (4.751490)	2.571036 (4.444584)
$trans_{i(t-1)}$	0.759318 *** (16.22899)	0.797863 *** (17.19226)	0.819858 *** (18.05546)
$sr_{i(t-1)}$	0.037746 *** (2.972317)	0.019360 * (1.910968)	—
$md_{i(t-1)}$	-0.041198 ** (-2.573496)	-0.026312 * (-1.784849)	-0.030004 ** (-2.032731)
$bl_{i(t-1)}$	0.351021 *** (3.656279)	0.306989 *** (3.159046)	0.259023 *** (2.731779)
$nl_{i(t-1)}$	-0.206384 ** (-2.469258)	—	—
$mz_{i(t-1)}$	0.082171 * (2.096422)	—	—
R-squared	0.909493	0.902611	0.899897
Adjusted R-squared	0.905283	0.899638	0.897621
F-statistic	216.0509	303.5314	395.5451
obs	136	136	136
	(10 - 10)	(10 - 11)	(10 - 12)
c	1.368863 (4.187359)	0.440406 (2.169657)	2.747937 (4.789496)
$trans_{i(t-1)}$	0.860697 *** (21.82357)	0.968638 *** (32.35004)	0.807929 *** (17.87922)
$sr_{i(t-1)}$	0.023307 * (1.845287)	—	—
$md_{i(t-1)}$	-0.055611 *** (-3.425010)	—	-0.036624 *** (-2.306053)

续表

	（10－10）	（10－11）	（10－12）
$bl_{i(t-1)}$	—	—	0.272897 *** （2.918470）
$nl_{i(t-1)}$	−0.150844 * （−1.753793）	—	—
$mz_{i(t-1)}$	0.079594 ** （1.940795）	—	0.087466 *** （2.178207）
R-squared	0.900114	0.886491	0.904585
Adjusted R-squared	0.896272	0.885644	0.900915
F-statistic	234.2962	1046.525	246.4946
obs	136	136	136

注:括号中的数据为 t 统计值,***、**、* 分别表示在1%、5%和10%的水平下显著。

根据表 11－3 可以看出:

1. 对地方既得利益的考虑是河北省财政转移支付政策的决定性因素。通过对 t 统计值比较可以看出在影响财政转移支付的诸多因素中,上年财政转移支付规模对当年财政转移支付的影响是最大的。模型（10－7）、（10－8）、（10－9）、（10－10）、（10－12）中,将上年财政转移支付规模作为解释变量之一,调整后的 R^2 都在 0.90 左右,模型（10－11）中,上年财政转移支付规模作为唯一的解释变量,调整后的 R^2 也达到了 0.885644。说明上年财政转移支付规模对当年财政转移支付的影响不仅最大,更是决定性的,这是个很有意义的结论。以往关于财政转移支付的实证研究都没有涉及这一点。这充分说明了当前的财政转移支付制度的首要目标仍是维护地方既得利益。即便是公认的均等化效应最强的一般性转移支付,其中的农村税费改革转移支付、缓解县乡困难转移支付补助、调整工资转移支付的数额也是在办法开始实行时确定的,之后每年都按照这个数额进行转移支付,变动很小,并且 2008 年这三项转移支付占一般性转移支付的比重达到 46.17%。因此,可以说尽管转移支付的形式有多种,但每年各县级政府的转移支付规模都是在上年的基数上做一些微调。例如《河北省财政厅 2008 年省对下一般性转移支付方案》(以下简称《方案》)规定:"对刚摆脱财政困难的地区实行均衡性转移支付逐步退出机制,保留上年均衡性转移支付 80% 作为基数,以调动其发展经济的积极性。"

2. 现行的财政转移支付政策有一定的均等化效应。标准财政供养人口比例、人口密度、民族因素、财政收入都是影响财政转移支付的因素,但影响程度远小于上年的财政转移支付。模型(10-7)、(10-8)、(10-9)、(10-10)、(10-12)中,人口密度与财政转移支付呈负相关,模型(10-7)、(10-8)、(10-9)、(10-12)中,标准财政供养人口比例与财政转移支付呈正相关,模型(10-7)、(10-10)、(10-12)中,是否为民族地区的虚拟变量与财政转移支付呈正相关,说明财政转移支付考虑了由人口密度、民族自治地区、标准财政供养人口比例所导致的公共服务成本的差异,体现了均等化的原则。如《方案》明确指出一般性转移支付资金分配的首要基本原则就是"保障基本公共支出",并且鼓励控编减员,在核定标准财政供养人数时,依据总人口、区域面积和地区生产总值等相关因素进行回归测算,总量超过测算人数的不予承认。控编减员工作做得好的地方不会减少转移支付,反之自己负担养人成本①。此外,是否为民族地区的虚拟变量与财政转移支付正相关,说明民族自治县可以比其他县得到更多的财政转移支付,如《方案》规定对民族自治县的转移支付补助系数,在统一测算的基础上提高一个百分点。说明当前的财政转移支付制度在维护地方既得利益的前提下,也在一定程度上考虑了均等化等因素,整体呈现渐进性的改革特征。

从模型(10-7)、(10-8)、(10-10)中可以看出人均财政收入与人均财政转移支付正相关,这主要是由于现行的财政转移支付政策中返还性收入是依据各地返还性收入的基数和各地增值税、消费税、企业所得税、个人所得税的增长速度来确定的,这与均等化原则相违背。由于各地经济发展水平、产业结构等条件不同,同样的财政收入努力程度并不能带来相同的增收效果②,财政收入与财政转移支付正相关,拉大了地区之间的财力差异。

3. 现行财政转移支付政策对财政努力产生了反向激励。从模型(10-

---

① 河北省财政厅:《河北省财政厅 2008 年省对下一般转移支付方案》。

② 参见傅志华、李三秀:《转移支付制度设计中的激励与约束机制》,《地方财政研究》2007年第 2 期,第 9—13 页。

7)、(10－10)中可以看出地方政府财政努力程度与财政转移支付呈负相关,说明财政转移支付对地方政府财政努力产生了反向激励作用,财政收入努力程度越高,获得的财政转移支付相对越低。现行的财政转移支付政策中只有均衡性财政转移支付政策考虑了财政努力因素,均衡性财政转移支付得测算以标准财政收入与标准财政支出的测算数值为基础,而不是以某地的实际收支为依据,这对下级政府的财政努力是一种激励,但是2008年均衡性财政转移支付占全部财政转移支付的比重只有16.37%,而其他的财政转移支付办法几乎都没有考虑财政努力因素。乔宝云等的研究也指出,税收返还和总量转移支付抑制了地方财政努力,这种抑制作用导致地方政府本身征收税收的积极性降低①。张恒龙、陈宪的研究认为不同类型的转移支付对地方财政努力的影响不尽相同,旨在鼓励地方增收的税收返还产生了正向激励,而作为总量补贴的一般性和专项转移支付产生了负向激励②。

第三节　主要结论与政策建议

一、主要结论

对地方既得利益的考虑是影响河北省财政转移支付政策的决定性因素,在此基础上,财政转移支付政策对公共支出成本高的地区、标准财政供养人口比例高的地区和民族自治县有所照顾,具有一定的均等化效应。但同时也对人均财政收入高的地区倾斜,存在非均等效应。整体呈现渐进性的改革特征,政策取向仍是维护地方既得利益,而不是均等化。此外,由于过度地考虑既得利益,财政转移支付对地方政府财政努力产生了反向激励作用。

二、政策建议

政府间转移支付制度设计的政策取向应是均等化和提高地方政府的财政

---

① 参见乔宝云、范剑勇、彭骥鸣:《政府间转移支付与地方财政努力》,《管理世界》2006年第3期,第50—56页。

② 参见张恒龙、陈宪:《政府间转移支付对地方财政努力与财政均等的影响》,《经济科学》2007年第1期,第15—23页。

努力程度。为了实现这两个目标,财政转移支付的对象与额度并不是一个静态的概念,应该随着条件和环境的发展变化,结合地区实际情况来动态考察,比如可以将一般性转移支付中的农村税费改革转移支付、缓解县乡困难转移支付补助、调整工资转移支付三项财政转移支付并入均衡性转移支付中,把这些支出因素纳入标准财政支出因素中,因为这三项转移支付不能随着各地区经济发展水平的变化而变化,强化了地方既得利益。保证地方既得利益是分税制改革之初是为了保障改革顺利进行的不得已之举,但在基本公共服务均等化已经成为财政政策主要目标的背景下,过度地考虑地方政府的既得利益,既无法实现地区间财政能力均等化,也对地方政府的财政努力起不到激励作用。此外,有必要在财政转移支付资金的分配中加入财政努力因素。

第十一章　河北省地区间财政均等化的
度量及政策取向[①]

第一节　河北省地区间财政能力差异的度量

一、对河北省预算处测算的公共支出成本的合理性评价

实际上哪些因素影响公共支出成本呢？我们认为影响公共支出成本的因素主要有各地区人口规模、人口密度、经济发展水平、物价水平等（具体理论分析详见本书第六章）。

由于没有各地区物价水平的数据，以各地区工资水平代替各地区物价水平，基于这样的假设，我们可以构建如下的回归模型来验证 2008 年河北省财政厅预算处测算的公共支出成本是否合理。

$$\ln cb_i = c + c(1) \times \ln rk_i + c(2) \times \ln md_i + c(3) \times \ln sr_i + \varepsilon \cdots (11-1)$$

$$\ln cb_i = c + c(1) \times \ln rk_i + c(2) \times \ln md_i + c(3) \times \ln gz_i + \varepsilon \cdots (11-2)$$

$$\ln cb_i = c + c(1) \times \ln rk_i + c(2) \times \ln mj_i + c(3) \times \ln sr_i + \varepsilon \cdots (11-3)$$

其中：cb_i、rk_i、gz_i、md_i、sr_i、mj_i 分别表示各地区的公共支出成本、总人口、平均工资水平、人口密度、人均财政收入、区域面积，各地区公共支出成本的数据来源于河北省财政厅预算处的测算（某地区公共支出成本＝该地区标准财政支出/该地区总人口），各地区的总人口、平均工资水平、人口密度、区域面积的数据来源于《河北经济年鉴（2009）》。

运用 EVIEWS6.0 软件对上面的模型（11-1）、（11-2）、（11-3）进行回归，可以得到如表 11-1 所示的回归结果。

---

① 本章的主要观点作者曾以《地区间财政能力差异及财政转移支付政策的目标定位》发表在《经济研究参考》2010 年第 31 期上，与财政部财政科学研究所孟翠莲博士合作。

表 11-1　模型(11-1)、(11-2)、(11-3)的回归结果

	(11-1)	(11-2)	(11-3)
C	7.203019 (77.23638)	5.468722 (11.28779)	6.625677 *** (70.35043)
RK	-0.209588 *** (-10.92745)	-0.214474 *** (-9.491910)	-0.272272 *** (-14.86638)
MD	-0.062684 *** (-5.985828)	-0.067791 *** (-5.635678)	—
SR	0.077217 *** (8.303314)	—	0.077217 *** (8.303340)
GZ	—	0.229593 *** (4.575876)	—
mj	—	—	0.062684 *** (5.985825)
R-squared	0.694181	0.598187	0.694181
Adjusted R-squared	0.687231	0.589055	0.687231
F-statistic	99.87605	65.50362	99.87602
obs	136	136	136

　　从回归结果中可以看出各地区人口规模、人口密度、平均工资水平、人均财政收入对公共支出影响均是在1%的水平下显著的,而且模型(11-1)的拟合程度达到68.72%,模型(11-1)中人口的回归系数为-0.209588,总人口每增加1%,公共支出成本将下降0.209588,人均财政收入的回归系数为0.077217,人均财政收入每增加1%,公共支出成本将上升0.077217,人口密度的回归系数为-0.062684,人口密度每增加1%,公共支出成本将下降0.062684,得出的结果与理论分析是吻合的,说明河北省财政厅预算处测算的公共支出成本是科学合理的。从表11-1中可以看出公共支出成本与人口规模、人口密度是负相关的,公共支出成本与经济发展水平、各地区平均工资水平、区域面积是正相关的。

二、河北省地区间财政能力差异的度量

　　计算2000—2008年每年的CV_X与CV_Y(见表11-2),可得到这一时期河

北省各地区的财政能力差异及财政转移支付均等化效应。

从表 11 - 2 可以看出,2000—2008 年河北省地区间财政能力差异呈现逐渐扩大到基本稳定的态势,从 2000 年的 23.84% 上升到 2008 年的 34.97%,财政转移支付均等化效应逐渐增强,从 2000 年的 40.62% 增加到 2008 年的 63.83%。

我们还可以测算出没有考虑公共支出成本的地区间财力的加权变异系数,将其与考虑了公共支出成本的财政能力的加权变异系数做比较(见表 11 - 2),可以看出,从 2000—2008 年,两者均呈现逐渐下降的趋势,这也反映出财政转移支付政策的均等化效应逐渐增强,但是地区间财政能力差异依然很大,2008 年最高的任丘市的人均财力指数为 6.59,而最低的蠡县只有 1.52,前者是后者的 4.32 倍。综合考虑了财力和公共支出成本后的地区间财政能力差异整体水平低于地区间财力差异,两者相差 6—8 个百分点。

表 11 - 2 2000—2008 年河北省地区间财政能力和
财力差异及财政转移支付均等化效应

年份	考虑地区间公共支出成本的差异			没有考虑地区间公共支出成本的差异		
	人均财政收入指数的变异系数	人均财力指数的变异系数	财政转移支付的均等化效应	人均财政收入的变异系数	人均财力的变异系数	财政转移支付的均等化效应
2000	40.15%	23.84%	40.62%	40.94%	29.61%	27.67%
2001	47.65%	23.85%	49.95%	49.62%	30.99%	37.56%
2002	53.13%	23.36%	56.03%	52.13%	29.37%	43.65%
2003	58.29%	25.60%	56.08%	58.57%	31.48%	46.26%
2004	75.23%	32.21%	57.19%	77.60%	39.15%	49.55%
2005	89.07%	33.57%	62.31%	92.46%	41.04%	55.62%
2006	94.41%	34.13%	63.85%	98.54%	41.97%	57.41%
2007	96.97%	34.99%	63.92%	101.26%	42.69%	57.84%
2008	96.69%	34.97%	63.83%	101.03%	42.95%	57.49%

资料来源:根据相应年份的《河北财政年鉴》计算得出。

第二节 对河北省财政转移支付政策的评价：
基于公平和效率的视角

在运用财政转移支付制度调节河北省地区间财政能力差异的过程中，公平和效率原则始终都是需要兼顾的。公平原则意味着在对各地财政状况（需求与能力）和税收努力统一评估的基础上，通过财政转移支付实现各地基本公共服务水平的均等化。一般来说人均财政收入能力指数低的地区获得的财政转移支付资金应该较高，确保贫困地区财政能够提供基本的公共服务，确保最不发达地区的人均财政能力大于1，也就是人均财力大于人均公共支出成本。如果财政转移支付是基于公平的原则，人均财政转移支付指数与人均财政收入指数就会呈负相关。①

效率原则意味着确保经过转移支付以后经济发达地区的财政状况在一定程度上仍然优于经济欠发达地区，从而鼓励各类地区都积极致力于发展经济和依法加强税收收入征管，防止挫伤发达地区发展经济的积极性，同时避免欠发达地区安于现状、坐享其成。如果财政转移支付是基于效率的原则，人均财力指数与人均财政收入指数就会呈正相关。

根据公平和效率原则对 2000—2008 年河北省财政转移支付政策进行评价。从表 11-3 可以看出，2000—2002 年人均财政收入指数和人均财政转移支付指数基本都呈负相关，但是 2003—2008 年都呈正相关，说明河北省财政转移支付政策有违公平的原则。而 2000—2008 年人均财政收入指数和人均财力指数一直都呈正相关，且相关系数都很高，这说明财政转移支付制度一贯遵循效率优先的原则。

① 参见齐守印：《建立我国政府间转移支付制度的初步设想》，《财政研究》1994 年第 9 期，第 37—40 页。

表 11 - 3 2000—2008 年河北省各县人均财政收入指数和
财力指数及财政转移支付指数的相关性

年份	人均财政收入指数 与财政转移支付指数	人均财政收入指数 与财力指数	财政转移支付 的政策取向
2000	−34.28%	77.37%	效率优先兼顾公平
2001	−34.95%	79.44%	效率优先兼顾公平
2002	−6.97%	78.38%	效率优先兼顾公平
2003	6.90%	85.83%	效率优先
2004	24.53%	90.03%	效率优先
2005	3.72%	91.03%	效率优先
2006	5.82%	89.55%	效率优先
2007	10.21%	92.40%	效率优先
2008	10.21%	89.38%	效率优先

资料来源:根据相应年份的《河北财政年鉴》计算得出。

第三节 河北省财政转移支付政策取向: 基于公平与效率的视角

那么河北省现阶段的财政转移支付政策如何正确处理公平与效率的关系呢?从全省来讲,现阶段河北省财政转移支付政策应该体现"公平优先兼顾效率"的原则,[1]因为目前河北省地区间财政能力和地区间基本公共服务差异较大。根据前文的测算办法,2008 年人均财力指数大于 3 的县有 12 个(见表11 - 4),分别是鹿泉市、迁西县、唐海县、迁安市、遵化市、涉县、武安市、涿州市、任丘市、三河市、宽城县、滦平县。人均财力指数大于 2.5 小于 3 的县有13 个,分别是平山县、井陉县、滦南县、磁县、赤城县、怀来县、涞源县、黄骅市、青龙县、抚宁县、沙河市、内邱县、霸州市。针对河北省地区间财政能力差异和基本公共服务差异较大的现状,政府间转移支付制度首先要致力解决的就是公平问题,应充分发挥财政转移支付制度的再分配职能,缩小地区间财政能力

---

[1] 参见胡德仁:《公平与效率:财政转移支付的政策取向》,《中国财政》2007 年第 10 期,第68—69 页。

和基本公共服务的差距。否则会直接影响到整体水平（效率）的提高，这也就是所谓的"木桶效应"。

表 11 - 4   2008 年河北省财政能力的地区分布

区间	数量	百分比（％）	累计数量	累计百分比（％）
[1,2]	68	50.00	68	50.00
[2,3]	56	41.18	124	91.18
[3,4]	8	5.88	132	97.06
[4,5]	1	0.74	133	97.79
[5,6]	2	1.47	135	99.26
[6,7]	1	0.74	136	100.00
合计	136	100.00	136	100.00

第十二章　河北省地区间财政均等化的政策引申：地区间基本公共服务投入均等化研究

第一节　地方政府对基本公共服务投入努力程度研究[①]

一、地方政府对小学教育投入努力程度模型的构建

为了评估河北省各地区财力客观能承受的教育投入水平，我们做以下三个基本假设：

1. 各地区财力客观能承受的教育投入水平从供给上看主要受到各地区财力的制约，我们假设各地区财力客观能够承受的教育投入与财力是正相关的，也就是财力多的地区，财力客观能够承受的教育投入也就越高，如果假设成立，教育经费投入对财力的回归系数应该是正的。

2. 各地区财力客观能承受的教育投入水平从需求上看主要受到各地区生均教育成本和学生数的制约，我们假设各地区财力客观能够承受的教育投入与生均教育成本是正相关的，也就是说生均教育成本越高的地区，财力客观能够承受的生均教育投入也就越高。因为上级政府进行转移支付时，考虑到一些地区生均教育成本较高，而给予了较多的财政转移支付。如果假设成立，教育经费投入对生均教育成本的回归系数应该是负的。同时我们假设教育经费投入与各地区学生数是正相关的，学生越多，就越需要更多的教师和教室以及其他的教育设施，如果假设成立，教育经费投入对学生数的回归系数应该是

① 本节主要观点作者曾以《地区间小学教育投入努力程度差异问题研究——以河北省为例》为题发表在《教育科学》2009 年第 5 期上（与中共河北省委党校刘亮博士合作）。有的观点作者曾以《地方政府对基本公共服务投入努力程度研究——以河北省各地区农村小学教育投入为例》为题发表在《湖北经济学院学报》2009 年第 2 期（与中共河北省委党校刘亮博士合作）。

正的。

3. 由于我们没有各地区小学生均教育成本的数据,我们假设各地区小学生均教育成本与各地区人口密度是负相关的,人口密度越大,小学教育生均成本就越低。人口密度越小,小学教育生均成本就越高。我们做这样的假设是基于这样的考虑,学校的配置要考虑两个重要方面:一是学校的地域配置,二是学校的规模。学校地域配置的主要原则是方便学生上学。从每个学生来说,上学的距离当然是越近越好。但是,如果点和点的距离过近,即学校配置过于密集,由于学生有限,每个学校就不可能有一定的规模。没有规模,资源(资金、设备、人员等)分散使用,办学的成本就会加大。在教育总的投入不变的前提下,如果办学成本加大,分配到每个学校的资源就会不足,进而影响到教育的质量。从另一方面说,如果规模过大,学校分布点过少,学生上学的距离就要加大。对于小学生,尤其是低年级的学生,上学的距离过远显然是不合适的。所以,小学教育资源的合理配置是在小学生上学(一般是步行)可接受的距离内,并使学校有一定的规模。这就造成对于一些人口密度低的地区为了照顾学生就近入学,学校往往达不到一定的规模,存在师生比较高的现象,造成生均教育成本较高。虽然近年来有些农村小学搞寄宿制,解决班级规模较小的问题,但是寄宿制要增加生活老师和其他成本,我们把样本校的数据进行了分析,由于寄宿制带来的新增成本占整个学校总经费的16%。也就是说人口密度低的地区生均教育成本相对较高,如果假设成立,教育经费投入对人口密度的回归系数应该是负的。同时,假设各地区小学生均教育成本与各地区教师平均工资水平是正相关的,如果假设成立,教育经费投入对教师平均工资水平的回归系数应该是正的。

根据这些基本假设,可以得出下面的计量模型:

$$\ln jf_i = c(1) + c(2) \times \ln cl_i + c(3) \times \ln xs_i + c(4) \times \ln md_i +$$
$$c(5) \times \ln gz_i + \varepsilon \quad \cdots\cdots\cdots\cdots\cdots\cdots\cdots\cdots\cdots\cdots\cdots\cdots\cdots\cdots\cdots (12-1)$$

$$jf_i = c(1) + c(2) \times cl_i + c(3) \times xs_i + c(4) \times md_i + c(5) \times$$
$$gz_i + \varepsilon \quad \cdots\cdots\cdots\cdots\cdots\cdots\cdots\cdots\cdots\cdots\cdots\cdots\cdots\cdots\cdots\cdots\cdots (12-2)$$

在模型中,jf_i、cl_i、xs_i、md_i、gz_i 分别表示各地区小学教育预算内教育事业费(主要包括人员经费和公用经费,不考虑各地区基建支出,因为各地区的基建支出变动较大,难以用因素法评估)(单位:元)、财力(单位:元)、学生数(单位：生)、人口密度(单位：人/平方公里)、教师平均工资(单位：元)，ε 为随机扰动项。一般来讲，回归方程中的系数代表了样本中自变量对因变量影响的平均水平。其中，各县人均财力的数据来源于《河北省 2008 年财政决算》，各县学生数和人口密度的数据来源于《河北经济年鉴(2008)》，各县小学生均预算内教育经费来源于河北省教育厅，我们用 86 个样本县小学生均预算内教育事业费这个指标来衡量小学教育的投入水平。

之所以选择这 86 个样本县是因为：在经济关系中常有这样的现象，当解释变量 x 的值达到某一水平 x^* 之前①，与被解释变量存在某种线性关系；当解释变量 x 的值达到某一水平 x^* 之后，与被解释变量关系就会发生改变。此时，如果已知 x^*，我们就可以分段来进行回归，这就是所谓的分段线性回归。我们将河北省各地区数据按照人口密度的高低进行重新排序，根据人口密度的高低将数据分成两组，对于人口密度较高的县(前 86 位的县，本章如果没有特殊说明，河北省各地区均指人口密度较高的 86 个县)，将河北省 2007 年各地区小学的预算内教育事业费、财力、学生数、人口密度和教师平均工资的数据，采用 Eviews5.0 软件对模型进行回归，可以得到如表 12 - 1 和表 12 - 2 所示的回归结果。

表 12 - 1　模型(12 - 1)的回归结果

变量	系数	标准误差	t -统计值	显著水平
C	1. 627676	1. 343184	1. 211805	0. 2291
LNCL	0. 227242 ***	0. 055425	4. 100009	0. 0001
LNXS	0. 678506 ***	0. 057557	11. 788440	0
LNMD	−0. 024679	0. 087601	−0. 281720	0. 7789
LNGZ	0. 700406 ***	0. 104929	6. 675018	0
统计检验	调整的 R^2 = 0. 834178，F = 107. 8993			

注：***、**、* 分别表示在 1%、5%、10% 的水平上显著。

---

① 参见孙敬水：《计量经济学教程》，清华大学出版社 2005 年版，第 216—217 页。

表 12 - 2　模型(12 - 2)的回归结果

变量	系数	标准误差	t -统计值	显著水平
C	-33891254	9906983	-3. 420946	0. 0010
CL	254. 3244 ***	58. 04748	4. 381317	0. 0000
XS	1460. 8260 ***	110. 54190	13. 215130	0. 0000
MD	-3267. 5980	8872. 37500	-0. 368289	0. 7136
GZ	1788. 9550 ***	280. 201200	6. 384539	0. 0000
统计检验	调整的 $R^2 = 0.822159$, $F = 99.23867$			

注:***、**、* 分别表示在 1% 、5% 、10% 的水平上显著。

从回归结果上看,回归系数符合基本假设,但是人口密度因素对教师数量的影响不显著。我们引入生均教育成本的概念(用 cb 来表示),生均教育成本与各地区人口密度是负相关的,与各地区教师平均工资水平是正相关的,那么 $cb_i = k \times gz_i / md_i$,我们改变模型的形式继续采用 $Eviews5.0$ 软件对模型(12 - 3)和(12 - 4)进行回归。得到如表 12 - 3 和表 12 - 4 所示的回归结果。

$$\ln jf_i = c(1) + c(2) \times \ln cl_i + c(3) \times \ln xs_i + c(4) \times \ln(gz_i/md_i) + \varepsilon \quad\quad\quad (12-3)$$

$$jf_i = c(1) + c(2) \times cl_i + c(3) \times xs_i + c(4) \times gz_i/md_i + \varepsilon \quad (12-4)$$

表 12 - 3　模型(12 - 3)的回归结果

变量	系数	标准误差	t -统计值	显著水平
C	7. 256350	0. 604334	12. 007190	0. 0000
LNCL	0. 244294 ***	0. 061668	3. 961432	0. 0002
LNXS	0. 676613 ***	0. 064184	10. 541790	0. 0000
LN(GZ / MD)	0. 310762 ***	0. 068489	4. 537389	0. 0000
统计检验	调整的 $R^2 = 0.793784$, $F = 110.0630$			

注:***、**、* 分别表示在 1% 、5% 、10% 的水平上显著。

表 12 - 4　模型(12 - 4)的回归结果

变量	系数	标准误差	t -统计值	显著水平
C	−12250303	6064710	−2.019932	0.0467
CL	255.9129 ***	64.62415	3.960020	0.0002
XS	1514.7930 ***	120.94550	12.524590	0.0000
GZ/ MD	476838.20 ***	113851	4.188266	0.0001
统计检验	调整的 R^2 = 0.778673,F = 100.6821			

注: ***、**、* 分别表示在1%、5%、10%的水平上显著。

从回归结果上看,所有的解释变量对被解释变量都在1%的水平下显著,而且调整的 R^2 接近0.80,说明方程的拟合程度较好,只是在拟合程度上略有差异,模型(12 - 3)的拟合程度比模型(12 - 4)要好,我们根据模型(12 - 3)来测算各地区财力可以承受的教育投入水平。

当 jf_i 、cl_i 、xs_i 、gz_i/md_i (cb_i)都以对数形式出现时, $c(2)$ 则代表了各地区预算内教育经费变化对财力变化的弹性, $c(3)$ 则代表了各地区预算内教育经费变化对学生数变化的弹性, $c(4)$ 则代表了各地区预算内教育经费变化对生均成本变化的弹性。根据模型(12 - 3)的回归结果我们可以得到以下几点结论:

1. 回归模型中财力的回归系数 $c(2)$ 为0.244294,0.244294 表示在其他变量保持不变的条件下,财力每增加一个百分点,预算内教育经费将增加0.24%,而且回归系数是正的,得出的结论与基本假设吻合。

2. 回归模型中学生数自变量的回归系数 $c(3)$ 为0.676613,0.676613 表示在其他变量保持不变的条件下,学生数每增加一个百分点,小学教育经费增加0.68%,而且回归系数是正的,得出的结论与基本假设吻合。

3. 回归模型中生均教育成本自变量的回归系数 $c(4)$ 为0.310762,0.310762 表示在其他变量保持不变的条件下,生均教育成本每增加一个百分点,小学的教育经费增加0.31%,而且回归系数是正的,得出的结论与基本假设吻合。

根据各地区财力、人口密度、教师平均工资水平、 $c(1)$ 、$c(2)$ 、$c(3)$ 和 $c(4)$,我们可以计算得出各地区财力能够承受的教育投入,将各地区实际投入与各地区财力能够承受的教育投入相比较可以得到各地区教育投入努力程度,即某地区教育投入努力程度=该地区实际教育投入/该地区财力客观能够承受的教育投入(见表12-5)。

表12-5 2007年河北省样本县小学教育投入努力程度的分析

各县	各地区实际教育投入(1)(单位/元)	各地区财力客观可以承受的教育投入(2)(单位/元)	地方政府对教育投入的努力程度(3)=(1)/(2)
卢龙县	53679287	66110371	81.20%
沧县	98912584	93411259	105.89%
文安县	74738842	75873898	98.50%
深州市	73114405	67330333	108.59%
昌黎县	80109309	83127920	96.37%
南皮县	71739833	61577621	116.50%
滦南县	87136472	103959047	83.82%
新河县	24436843	33780063	72.34%
遵化市	91583513	122306084	74.88%
永清县	58781548	57045528	103.04%
沙河市	84777566	101199446	83.77%
武强县	25398902	36942752	68.75%
吴桥县	45896073	40051358	114.59%
阜城县	38904699	56376082	69.01%
献县	92177077	82182005	112.16%
邱县	35708892	37292514	95.75%
孟村县	35921414	41364878	86.84%
东光县	68104707	51442760	132.39%
饶阳县	32487723	34807132	93.34%
大城县	74315766	64975582	114.37%
故城县	50600833	72720705	69.58%
曲阳县	82343124	75546657	109.00%
盐山县	54771733	67234246	81.46%
滦县	59622486	78287391	76.16%
南宫市	66783557	63723741	104.80%

续表

各县	各地区实际教育投入（1）（单位/元）	各地区财力客观可以承受的教育投入（2）（单位/元）	地方政府对教育投入的努力程度（3）=（1）/（2）
广宗县	32969658	43876209	75.14%
威县	72563726	80611351	90.02%
泊头市	87728360	77182729	113.66%
玉田县	98011875	91783955	106.79%
迁安市	123894291	124802089	99.27%
安新县	50296747	46386873	108.43%
固安县	56508909	46275871	122.11%
河间市	101065119	79791677	126.66%
巨鹿县	52635500	49347148	106.66%
元氏县	70207569	70775026	99.20%
满城县	53566281	51653774	103.70%
鹿泉市	79411697	69538904	114.20%
曲周县	56349572	59112277	95.33%
肥乡县	47516693	52465508	90.57%
临西县	62504475	65934521	94.80%
辛集市	65797766	75554394	87.09%
磁县	86300738	84637239	101.97%
安平县	52898009	40970010	129.11%
肃宁县	54426631	44387402	122.62%
高阳县	36006520	40076082	89.85%
大厂县	19358305	17954090	107.82%
隆尧县	71502296	61383232	116.49%
香河县	47466655	43582300	108.91%
雄县	41760826	42152495	99.07%
柏乡县	30935143	29062161	106.44%
宁晋县	80942047	68977351	117.35%
馆陶县	26315803	58680507	44.85%
平乡县	37138397	46194958	80.39%
清苑县	75046198	70622956	106.26%

各县	各地区实际教育投入 （1）（单位/元）	各地区财力客观可以 承受的教育投入 （2）（单位/元）	地方政府对教育投入的 努力程度（3）=（1）/（2）
清河县	40564737	42337454	95.81%
大名县	63408445	80862332	78.42%
霸州市	120304314	98872119	121.68%
任县	40433760	44440515	90.98%
博野县	27901880	30689610	90.92%
蠡县	59690293	64098203	93.12%
徐水县	53864133	58980677	91.33%
三河市	101203784	76121469	132.95%
鸡泽县	42819037	52033024	82.29%
任丘市	131529902	79041495	166.41%
南和县	37844135	45883704	82.48%
高邑县	28778506	20216482	142.35%
定兴县	66330521	54565617	121.56%
广平县	28606673	30647260	93.34%
容城县	42738272	33605086	127.18%
望都县	23278894	27274067	85.35%
安国市	60785697	45968098	132.23%
涿州市	60847718	66698495	91.23%
邯郸县	82799961	67244894	123.13%
赵县	66366576	72969371	90.95%
深泽县	28019535	28136214	99.59%
晋州市	62818720	61528923	102.10%
临漳县	65049744	66058160	98.47%
高碑店市	82039704	62062562	132.19%
新乐市	54248377	56355029	96.26%
藁城市	80010446	80362334	99.56%
定州市	171798103	141189101	121.68%
无极县	76342881	55845535	136.70%
正定县	73604448	58292988	126.27%

续表

各县	各地区实际教育投入 (1)(单位/元)	各地区财力客观可以 承受的教育投入 (2)(单位/元)	地方政府对教育投入的 努力程度(3)=(1)/(2)
栾城县	39205104	40183288	97.57%
魏县	97910938	106400731	92.02%
永年县	139769246	125496351	111.37%

注:各地区实际教育投入、各地区财力客观可以承受的教育投入、转移支付基数的单位均为元。

各地区财力客观可以承受的教育投入根据模型(12-3)计算得出。

根据测算结果,可以得出:投入努力程度在80%以下的县有九个,占总数的10.47%;投入努力程度在80%—90%之间的县有11个,占总数的12.79%;投入努力程度在90%—100%之间的县有25个,占总数的29.07%;投入努力程度在100%—120%之间的县有24个,占总数的27.91%;投入努力程度在120%以上的县有17个,占总数的19.77%。

二、地方政府对小学教育投入努力程度不高的原因

由此可见,在中国财政供给能力逐渐增强的情况下,一些地方政府对小学教育投入还不能够满足当前国民教育需求,尤其在欠发达地区,小学教育方面出现公用经费短缺,教师工资很难及时足额发放、基建费不足、危房面积超标等一系列问题,"三保"(保运转,保工资,保安全)的目标难以兑现。究其原因可以归结为以下几点:

(一)小学教育的外部效应

按照布坎南和斯塔布尔宾的观点,由于小学教育对提高国民素质具有基础性的地位和作用,因而世界各国一般将其划为纯公共产品并作为一种制度安排由政府通过财政预算向其提供充足的资金,但在由地方政府作为教育经费支付主体时小学教育的收益往往会溢出辖区边界使其他地区受益,尤其是在地区经济差距不断扩大的背景下,不发达地区培养的小学生将有可能在其他辖区就业,不发达地区地方政府承受了小学教育的成本却无法获取相应的教育收益,而对于发达地区来说,它们在没有支付不发达地区小学教育费用或给予相应补偿的情况下却享受到了不发达地区小学教育投资的收益,正如私人产品的外部效应将导致资源的低效或无效配置一样。在市场经济条件下，地方政府作为代表本地区利益主体在对教育投资进行成本、收益分析时只会计算由其所提供的小学教育服务在本辖区内产生的收益与成本，而对外溢到其他辖区的利益则不予考虑，即它按照辖区边际收益与边际成本相等的条件来决定小学教育的供应，由于把部分外溢到其他辖区的收益排除在外，所提供的小学教育服务水平必然要小于最佳水平，从而导致地方政府对小学教育投入努力程度不高。

（二）各级政府对小学教育支出责任划分不清

由于各级政府对小学教育投入的责任划分不清，各级政府之间存在财政博弈，当县级财政"统筹"不起来时，只能加大中央和省级政府的转移支付。2005年中央政府为了减缓地区教育财政压力，对农村贫困地区实施小学教育的"两免一补"工程和加大对贫困地区财政转移支付的力度，同时为了调动地方办学的积极性，规定中央财政负责免除书本费，并补助寄宿学生生活费，地方财政落实配套措施，负责免除学杂费。当中央和省级政府加大转移支付力度时，却引发了下级政府财政资金分配的"挤出效应"，一定程度上降低了县级财政的努力程度，形成了中央与地方政府间的财政博弈。其结果仍然是教育投入总量不足和教育发展区域不均衡。因此要解决以上问题关键还是要明确各级政府责任，对各级教育所需经费逐项划分，多级政府共同分担，并实行严格的评价和监督机制，确保各级教育经费的基本需求。

（三）地方政府的"政治利益最大化"行为

中国政府行政体制的垂直集权是非常明显的。地方主要领导由上级政府任命，党管干部使得上级政府对下级政府官员具有几乎绝对的权威。为了强化领导和便于官员的管理，上级政府往往依赖一些可以度量的指标来考核下级政府官员，目前流行的"一票否决"制度就是一个明显的例子。由此造成的结果是，下级政府只重视上级政府的行政命令，而忽视本地民众对基本公共服务的需求。在这样的体制下，地方政府为了追求自身利益最大化，地方官员为了仕途的发展，往往努力完成甚至超额完成上级的指标，甚至不惜牺牲地方的利益。因为地方官员的升迁往往取决于上一级政府对其"政绩"的考核，中国的基本国情决定了我们仍然要把经济建设作为国家当前的主要任务和基本发展路线，而"经济建设为中心"似乎成了中央考核和评价地方以及地方显示政绩的关键因素,于是地方政府热衷于筹资引资开发房地产,建高楼架大桥,大搞"形象"工程,追求经济上的短期繁荣,而小学教育作为"百年树人"的事业,其作用发挥的滞后性降低了政府官员对教育的重视程度,在一级政府财力有限的情况下,教育的优先发展根本无法得到保障,相反会因为经济的优先发展而占用部分的教育资金。

乔宝云等在《中国的财政分权与小学的小学教育》一文研究中也表明,中国的财政分权使得贫困与富裕地区为吸引外资而进行的地区间财政竞争可能在总体上导致基本公共服务供给的减少,当然也包括教育公共服务供给。同时国家对地方政府的教育投入缺少约束机制,尽管《教育法》规定:每年教育投入的增长要高于财政收入的增长速度,人均教育经费要逐年增长,但在有些地区很难做到,而国家又没有相应的补缺措施,结果就是地方政府教育投入不足。

(四)中国式的财政分权体制

在 Tiebout 与 Oates 的俱乐部思想中由于地方政府比中央政府更了解当地居民的需求,财政分权可以发挥地方政府在提供地方公共产品方面的信息优势,并借此改善社会福利状况。那么,地方政府是如何被激励提供有效率的基本公共服务,即财政分权是怎样促使地方政府提高地方社会福利水平的?实际上,财政分权发挥作用的前提条件是居民"用脚投票"和"用手投票"两种机制。如果这两种机制不能成立的话,财政分权提高教育等方面的社会福利水平这一命题就不一定成立。相对于西方国家建立在联邦制基础上的财政分权实践,中国财政分权制度是建立在中央与上级政府委任制的框架基础上的。这种体制在一定程度上限制了地方政府对当地居民需求的重视程度。同时,"用脚投票"的人口跨区域迁移,尤其对缺少劳动技能的农村劳动力来说,是比较困难的,且当前中国的人口迁移在绝大多数情况下并不能改变户口身份。事实上,对进城打工的农村劳动力来说,他们没有被认为是合法的城市居民,也没有享受到与城市居民同样的小学教育等公共产品,他们依然是流出地的农民身份。因此,西方的"用脚投票"机制在中国并不存在,中国也没有出现通过居民与地方政府的双向选择而在地理空间上进行类聚的由多个俱乐部式的地方社区组成的社会。一般说来,居民对公共产品的偏好和需求并不在地方政府的优先考虑范围内。

三、小结

从供给和需求两方面构建了各地区财力客观可承受的小学教育投入水平,将各地区财力客观可承受的教育投入水平与各地区实际的教育投入水平相比较,得出河北省各地区对小学教育投入努力程度的差异较大的结论。在某种程度上,我们认为一些地区的小学教育投入不足是由于地方政府对教育投入努力程度不够造成的,而不是财力不足。[①]

基本公共服务均等化的主要实现手段是政府间转移支付制度,构建一套符合各地实际情况的财政转移支付制度是小学教育均等化的必然选择。上级政府设立专项拨款的目的通常是改善教育、卫生等外溢性公共服务供给;而下级政府的支出项目排序则一般是政府工作人员工资、福利和其他行政管理费、住宅、宾馆招待所建设、直接生产项目投资、工业交通商业等部门事业费等,而教育、卫生等项目的位次都排在稍后的位置上。因此,无论是对本级财政收入,还是对获得的一般性转移支付和专项转移支付,当地政府都会尽可能地依据以上顺序安排支出项目。因此安排专项转移支付时不仅要考虑地方政府的人均财政收支指标,最重要的是必须考虑其外溢性基本公共服务投入和供给水平。以小学教育转移支付为例,上级政府必须引导下级政府增加小学教育投入的意愿,而当前中国上级政府对下级政府的小学教育转移支付与下级政府的本级财政收入和教育投入力度呈负相关关系[②],即本级财政收入多,小学教育投入水平高,获得转移支付的数额就要相对减少;本级财政收入少,小学教育投入水平低,获得转移支付的数额就会相对提高,这样的转移支付分配模式不利于地方政府增加自己的财政收入和增加对小学教育的投入,因为财政收入和小学教育投入的增加会减少其从上级政府获得的转移支付额,所以,中央和地方政府、上级和下级政府之间难免会产生博弈,中央(或上级)政府希望地方(或下级)政府多增加自己本级财政收入,从而增加对小学教育等方面的投入,减少对教育转移支付的依赖;而地方或下级政府为了获取较多的教育

---

① 胡德仁、刘亮:《地区间小学教育投入努力程度差异问题研究——以河北省为例》,《教育科学》2009 年第 5 期,第 1—6 页。

② 参见刘剑、张筱峰:《我国义务教育财政转移支付的目标框架》,《当代财经》2005 年第 3 期,第 34—37 页。

财政转移支付,有时甚至会减少本级财政收入以及对小学教育的投入,为了消除这一冲突,教育财政转移支付项目的数额应与本级财政收入及其配套投入规模呈正相关关系,即本级财政收入增加(意味着配套投入的能力增加)和对小学教育的投入增加,能得到上级政府更多的教育转移支付,这样会刺激下级政府增加本级财政收入和小学教育投入的积极性。笔者初步设想在分配专项转移支付时,考虑各地区的财力水平,计算出各地区财力客观能够承受的投入水平,为了刺激地方政府增加对教育的投入,有必要引入激励性财政转移支付机制,只对实际教育投入大于各地区财力能够承受的教育投入水平的地区进行转移支付。

值得一提的是,引入激励性财政转移支付机制并不排除针对各地区小学教育投入可能存在的缺口,建立一般性教育转移支付机制,本章第四节着重探讨如何建立一般性教育转移支付机制。其实影响地区间教育投入的因素还有人口结构等其他因素,在模型的设定中由于研究能力的限制忽略了这些因素,有待在以后的研究中进一步深化。

第二节　地区间基本公共服务投入 影响因素的实证研究①

主流的财政分权理论一般认为,通过"用手投票"和"用脚投票"两种机制可以提高教育、卫生、社会保障等基本公共服务的水平。本章将这一理论应用于 2007 年河北省部分县小学教育投入的案例,发现财政分权并没有增加小学义务教育的投入。出现这一结果的原因是,西方通行的财政分权促进社会福利水平提高的两种机制在中国并未发挥作用,尤其是人口流动障碍及其地区性差异导致地方政府过分追求资本投资与经济增长,导致各地区激烈的财政竞争并相应挤占了小学教育等外部性较强的准公共产品性质的财政投入。

---

① 本节主要观点作者曾以《地区间农村小学教育投入差异影响因素的分析——以河北省各县为例》为题发表在《清华大学教育研究》2009 年第 3 期上(与中共河北省委党校刘亮博士合作)。

一、地区间基本公共服务投入影响因素的理论分析

我们认为影响地方政府对小学教育投入的因素主要有两个方面,从供给上看,主要受到地方财力和地方政府对于小学教育投入的努力程度的影响,地方的财力构成主要包括财政收入和上级的财政转移支付,按照财政部的分类办法,将财政转移支付分为三大类,即返还性收入(包括增值税、消费税税收返还、所得税基数返还)、一般性转移支付收入(包括体制补助、均衡性转移支付补助、民族地区转移支付补助、调整工资转移支付补助、农村义务教育补助、农村税费改革补助、缓解县乡困难转移支付补助、结算补助、企事业单位预算划转补助、其他一般性转移支付)和专项转移支付。地方政府对于小学教育投入的努力程度,也就是政府对于基本公共服务投入的相对偏好,这种偏好表示了政府在多大程度上愿意将财力投入到基本公共服务领域。从需求上看主要受到基本公共服务成本的影响。归纳起来,地方政府对小学教育投入影响因素主要有六个方面:一是人均财政收入;二是人均返还性收入;三是来自上级政府的一般性转移支付;四是来自上级政府的专项转移支付;五是地方政府对于小学教育投入的努力程度,这五个方面决定了地方政府能够提供基本公共服务的能力;六是基本公共服务的成本,一般来说,人口密度越低的地区,小学教育生均成本相对要高些,基本公共服务的投入水平要高些。

如果地方政府的本级收入不能满足它的支出需求,而是主要依赖上级的财政转移支付,特别是那些不指定用途的一般性转移支付。在这种情况下,它会怎样影响到本级财政收入对义务教育的支出偏好呢?即政府会如何重新分配它的财政收入呢?上级政府对下级政府的这种财政援助可能会刺激下级政府增加教育投入,也可能抑制下级政府增加教育投入,甚至导致其减少教育投入。具体说来,主要有以下两种情况[1]。

第一,收入效应。财政转移支付使地方政府增加了收入,并把其中的一部分直接投入教育;或者是因为转移支付要求地方政府为教育资助专项项目提供配套资金,促使地方政府把更多的自有财政收入投入教育。

---

① 参见刘书祥、童光辉:《财政分权、软预算约束与地区间义务教育差异分析》,《地方财政研究》2008 年第 3 期,第 22—27 页。

第二,替代效应或挤出效应。[1] 地方政府将转移支付资金用来办教育,而把本来应该投入教育的资金用于别处;或者是将自有资金为非教育项目的转移支付提供配套,就可能出现地方政府获得的转移支付越多,教育财政投入却越少。[2] 替代效应程度的大小取决于地方政府对转移支付的依赖程度及其预算约束:其一,转移支付依赖程度越大,意味着自有资金的相对有限和各项支出之间的"争夺"就会相对激烈,替代效应的程度就会越大;其二,如果缺乏强有力的预算约束,地方政府在支出结构上往往会优先满足行政管理费开支和安排经济建设性支出等,因而这些优先项目的支出很可能会挤占本来应该投入教育的资金或者是用于教育转移支付的配套资金。[3]

二、地区间基本公共服务投入影响因素模型的构建

(一)数据来源和数据分析

在中国现有的教育财政体制下,义务教育的经费大多是由各地区县级政府来承担的,各项教育转移支付项目也是以县、区为项目实施的基本单位,因而针对县、区进行分析更符合中国的教育财政体制。本章使用的是 2007 年河北省 86 个县的数据(人口密度较高的县)。其中,各县人均财政收入、人均返还性收入、人均一般性转移支付数据来源于《河北省 2008 年财政决算》,生均义务教育专项资金的数据来源于河北省财政厅教科文处的《2007 年农村义务教育经费保障机制专项资金分担额度表》,各县总人口数据来源于《河北经济年鉴(2008)》,各县小学生均预算内教育经费来源于河北省教育厅,我们用 86 个县小学生均预算内教育事业费这个指标来衡量小学教育的投入水平。

(二)指标选取和计量模型

基于现有的文献和本章的研究重点,我们建立如下回归模型:

①　所谓"挤出效应"(*crowding-out effect*),原本是财政学的一个概念,作为财政支出的乘数效应的对立面被提出来。我们这里用"挤出效应"指由于上级财政转移支付的增加,挤出了县级财政用于农村义务教育的经费。

②　Henry M. Levin. "*The Impact of Intergovernmental Grants on Educational Expenditure*," Review of Educational Research, 1983(3):329 – 367.

③　Gordon, Nora. "*Do Federal Grants Boost School Spending? Evidence from Title I*," Journal of Public Economics, 2004(9 – 10):1771 – 1792.

$$\ln sjjf_i = c(1) + c(2) \times \ln sr_i + c(3) \times \ln cl_i + c(4) \times \ln fh_i + c(5) \times$$

$$\ln zx_i + c(6) \times \ln md_i + c(7) \times \ln nl_i + \varepsilon \quad \cdots\cdots\cdots\cdots\cdots\cdots\cdots (12-5)$$

$$sjjf_i = c(1) + c(2) \times sr_i + c(3) \times cl_i + c(4) \times fh_i + c(5) \times zx_i + c(6) \times$$

$$md_i + c(7) \times nl_i + \varepsilon \quad \cdots\cdots\cdots\cdots\cdots\cdots\cdots\cdots\cdots (12-6)$$

在模型中，$sjjf_i$、sr_i、cl_i、fh_i、zx_i、md_i、nl_i 分别表示各地区小学教育的生均预算内教育经费（单位：元/生）、人均财政收入（单位：元/人）、人均一般性转移支付（单位：元/人）、人均返还性收入（单位：元/人）、生均义务教育专项转移支付（单位：元/生）、人口密度（人/平方公里）、对小学教育的投入努力程度（数据来源于上一节的分析），ε 为随机扰动项。

我们将河北省 2007 年 86 个样本县小学的生均预算内教育事业费、人均财力和人口密度的数据，采用 *Eviews*5.0 软件对模型进行回归，可以得到如表12-6 和表 12-7 所示的回归结果。

表 12-6　模型（12-5）的回归结果

变量	系数	标准误差	t-统计值	显著水平
C	7.941291	0.117900	67.356190	0.0000
LNSR	0.082925 ***	0.007914	10.477910	0.0000
LNCL	0.126923 ***	0.016977	7.476102	0.0000
LNFH	0.013986	0.010100	1.384805	0.1685
LNZX	−0.060503 ***	0.016269	−3.718993	0.0003
LNMD	−0.151591 ***	0.007181	−21.109350	0.0000
LNNL	0.977815 ***	0.013624	71.773430	0.0000
统计检验	$F = 1283.539$，调整的 $R^2 = 0.982759$			

注：***、**、* 分别表示在 1%、5%、10% 的水平上显著。

从表 12-6 中可以看出，只有返还性收入对教育投入的影响是不显著的，其他因素从单个上看对教育投入的影响是显著的。调整的 $R^2 = 0.982759$，说明模型的拟合程度较好。

表 12 - 7　模型(12 - 6)的回归结果

变量	系数	标准误差	t - 统计值	显著水平
C	135. 225000	108. 145500	1. 250399	0. 2134
SR	0. 455147 ***	0. 064118	7. 098530	0. 0000
CL	0. 788511 ***	0. 125760	6. 269974	0. 0000
FH	−0. 616750	0. 424427	−1. 453135	0. 1486
ZX	−0. 011860 ***	0. 002652	−4. 472724	0. 0000
MD	−1. 023952 ***	0. 088893	−11. 518910	0. 0000
NL	2457. 030000 ***	61. 821250	39. 744090	0. 0000
统计检验	$F = 379. 2286$,调整的 $R^2 = 0. 943852$			

注:***、**、* 分别表示在 1%、5%、10% 的水平上显著。

表 12 - 7 中可以看出,只有返还性收入对教育投入的影响是不显著的,其他因素从单个上看对教育投入的影响也是显著的。调整的 $R^2 = 0. 943852$,说明方程的拟合程度较好。

从模型(12 - 5)和模型(12 - 6)可以看出返还性收入对各县小学教育投入的影响是不显著的,我们将返还性收入剔除用下面的模型对河北省各县小学教育投入的影响因素进行回归分析,得到如表 12 - 8 和表 12 - 9 所示的回归结果。

$$\ln sjjf_i = c(1) + c(2) \times \ln sr_i + c(3) \times \ln cl_i + c(4) \times \ln zx_i + c(5) \times \ln md_i + c(6) \times \ln nl_i + \varepsilon \cdots\cdots (12 - 7)$$

$$sjjf_i = c(1) + c(2) \times sr_i + c(3) \times cl_i + c(4) \times zx_i + c(5) \times md_i + c(6) \times nl_i + \varepsilon \cdots\cdots (12 - 8)$$

表 12 - 8　模型(12 - 7)的回归结果

变量	系数	标准误差	t - 统计值	显著水平
C	7. 934134	0. 118202	67. 123730	0. 0000
LNSR	0. 091684 ***	0. 004774	19. 204210	0. 0000
LNCL	0. 131537 ***	0. 016705	7. 873897	0. 0000
LNZX	−0. 062795 ***	0. 016241	−3. 866381	0. 0002

续表

变量	系数	标准误差	t-统计值	显著水平
LNMD	−0.149471 ***	0.007041	−21.229020	0.0000
LNNL	0.976985 ***	0.013658	71.52998	0.0000
统计检验	$F = 1529.069$，调整的 $R^2 = 0.982637$			

注：***、**、* 分别表示在1%、5%、10%的水平上显著。

表 12-9　模型(12-8)的回归结果

变量	系数	标准误差	t-统计值	显著水平
C	84.421920	102.775100	0.821424	0.4129
SR	0.386801 ***	0.043764	8.838379	0.0000
CL	0.804594 ***	0.125806	6.395494	0.0000
ZX	−0.011650 ***	0.002659	−4.381375	0.0000
MD	−1.010783 ***	0.088807	−11.381760	0.0000
NL	2455.759000 ***	62.078790	39.558740	0.0000
统计检验	$F = 450.7974$，调整的 $R^2 = 0.943372$			

注：***、**、* 分别表示在1%、5%、10%的水平上显著。

从回归结果上看，所有的变量对被解释变量的都在1%的水平下显著，而且调整的 R^2 都在0.95左右，说明方程的拟合程度较好，差异只是在拟合程度上，模型(12-7)的拟合程度比模型(12-8)要好，从模型(12-7)的回归结果，可以发现以下几点：

1. 回归模型中人均财政收入的回归系数 $c(2)$ 为0.091684，0.091684 表示在其他变量保持不变的条件下，人均财政收入每增加一个百分点，生均预算内教育事业费将增加0.09%，得出的结论与基本假设是吻合的。

2. 回归模型中人均一般性转移支付自变量的回归系数 $c(3)$ 为0.131537，0.131537 表示在其他变量保持不变的条件下，也就是说在2007年的上级对各县人均一般性转移支付每增加一个百分点，生均预算内教育事业费将增加0.13%，得出的结论与基本假设是吻合的。

3. 回归模型中生均农村义务教育专项转移支付自变量的回归系数 $c(4)$ 为 -0.062795，-0.062795 表示在其他变量保持不变的条件下，也就是说在 2007 年的上级对各县人均专项转移支付每增加一个百分点,生均预算内教育事业费将减少 0.06%,说明河北省义务教育专项转移支付有挤出效应,即当中央与省级加大专项转移支付力度时,引发下级财政对基本公共服务投入的减少。也就是说单凭增加上级财政转移支付并不能促使县级政府把更多资源投入到教育方面,反而会对教育投入产生"挤出效应"。之所以造成这种状况,主要是因为我们现行的义务教育专项转移支付资金的分配政策不合理。

《河北省人民政府关于农村义务教育经费保障机制改革的通知》(冀政[2006]86 号)规定,从 2007 年起,在省内全部免除农村义务教育阶段学生杂费。因免除学生杂费需政府投入的资金,由中央和地方政府按照农村小学年生均 160 元、初中年生均 235 元,县镇小学年生均 190 元、初中年生均 265 元的标准和一定比例分别承担。除中央财政承担 60% 部分外,省、设区市、县(市、区)各级财政分别按照下述比例承担:2003—2005 年三年平均人均可用财力在全省排名前 30 位的县(市),省、设区市、县(市)分担比例为 15%、10%、15%;2003—2005 年三年平均人均可用财力在全省排名后 50 位的县(市),分担比例为 25%、10%、5%;其他县(市、区)分担比例为 20%、10%、10%。扩权县(市)除本级负担部分外,其余部分由省级负担(下同)。义务教育专项资金的分配只考虑人均可用财力情况,而没有考虑到各地区对义务教育投入的实际情况、各地区财力可以承受的教育投入水平和各地区标准教育支出的规模,导致专项转移支付出现财力化的倾向[1],这样的分配办法起不到引导地方政府增加对教育投入的作用。安排专项转移支付时不仅要考虑地方政府的人均财政收支指标,最重要的是必须考虑各地区财政能力和财政需求、各地区基本公共服务的投入和供给水平,只有这样才能起到引导地方政府增加对基本公共服务的投入和供给。

4. 回归模型中人口密度自变量的回归系数 $c(5)$ 为 -0.149471，-0.149471 表示在其他变量保持不变的条件下,也就是说在 2007 年的人口密度每增加一

---

① 参见张弘力:《继续完善分税制改革》,《人民日报》2004 年 1 月 16 日。

个百分点,小学教育的生均经费会减少0.15%,得出的结论与基本假设是吻合的。随着人口密度的提高,小学教育的投入就会达到规模经济,所以经费的投入就会减少。

5. 回归模型中教育投入努力程度自变量的回归系数 $c(6)$ 为 0.976985,0.976985 表示在其他变量保持不变的条件下,也就是说在 2007 年的各县对小学教育投入的努力程度每增加一个百分点,生均预算内教育事业费将增加0.98%,得出的结论与基本假设是吻合的。

三、小结

本研究的目的在于分析河北省 86 个县小学教育投入的影响因素。使用河北省 2007 年 86 个县的财政和教育数据,对小学教育投入的影响因素进行了实证分析。用一个指标分别来度量小学教育投入水平,即各地区小学生均预算内教育经费,所考虑的影响因素包括供给和需求两个方面:从供给上看,主要包括人均财政收入、人均返还性收入、人均一般性转移支付、生均义务教育专项转移支付和各县对小学教育投入的努力程度;从需求看,主要考虑各地区生均教育成本,即各地区的人口密度,重要的研究发现包括:

1. 人均财政收入、人均一般性转移支付与各县小学教育投入水平之间存在着正相关关系。

2. 人均返还性收入(包括中央核定的增值税及消费税税收返还、所得税基数返还)与各县小学教育投入水平的关系不显著。《教育法》关于教育经费"三个增长"的规定,各级人民政府教育财政拨款增长应当高于财政经常性收入增长;要使在校学生人数平均的教育费用逐步增长;保证教师工资和学生人均公用经费逐步增长。而《财政部关于统一界定地方财政经常性收入口径的意见》(财预[2004]20 号)规定,财政经常性收入原则上包括以下三个方面:地方一般预算收入(剔除城市维护建设税、罚没收入、专项收入及国有资产经营收益等一次性收入);中央核定的增值税及消费税税收返还、所得税基数返还及出口退税基数返还;中央通过所得税分享改革增加的一般性转移支付收入。河北省各县的小学教育生均投入与返还性收入的关系不显著,说明河北省部分县"三个增长"的落实情况仍不够理想。根据笔者的测算,河北省部分县"三个增长"的落实情况不够理想。

3. 生均义务教育专项转移支付与各县小学教育投入水平之间存在着负相关关系。说明上级的财政转移支付对义务教育经费造成了"挤出效应",其原因主要在于以下两个方面:其一,衡量义务教育的指标目前只有"普九标准",但"普九标准"是一个及格性指标,在达到"普九标准"后,就很难继续衡量义务教育政策执行的优劣,所以地方政府在实现"普九"的硬性指标后,就不再有动力继续投入义务教育;其二,上级政府下达给地方政府的政策也是多元的,除了义务教育以外,地方经济发展特别是国内生产总值增长率和财政收入增长率是地方政府更为重视的政策目标。国内生产总值增长率和财政收入增长率都是见效显著、成效大的执政目标,而义务教育投入则见效缓慢。短期内,尤其是在一届政府任期内,是不会对当地社会经济发展有明显推动作用的。对于地方政府而言,当国内生产总值增长和增加财政收入与提高教育投入水平的目标争夺财政资源时,明智的选择是把更多资源投入到地方经济发展方面,而在教育方面适可而止;其三,义务教育专项资金的分配只考虑各地区人均可用财力情况,而没有考虑到各地区对义务教育投入的实际情况,专项转移支付出现财力化的倾向,这样的分配办法起不到引导地方政府增加对义务教育的投入。

4. 地方政府对小学教育投入努力程度与各县小学教育投入水平之间存在着正相关关系。

5. 人口密度与各县小学教育投入水平之间存在着负相关关系。

6. 作为影响政府基本公共服务投入的人均财政收入、人均一般性转移支付、生均义务教育专项资金、人口密度、教育投入努力程度五个变量,在四次回归中都在较高水平上通过了显著性检验。这表明这些因素对于小学教育投入有着直接而显著的影响。

现行的河北省义务教育财政转移支付对样本县小学教育的投入造成了"挤出效应",因此安排专项转移支付时不仅要考虑注意地方政府的人均财政收支指标,最重要的是必须考虑各地区基本公共服务的投入和供给水平。而现行河北省的一些专项转移支付只考虑地方政府的财力水平,而没有考虑地方政府对基本公共服务的投入和供给,造成了"挤出效应",因此有必要改革义务教育专项转移支付资金分配办法。

第三节 教育专项转移支付挤出效应的实证评估：基于面板数据模型的实证分析[1]

本节采用面板数据设计了可以用于衡量教育专项转移支付的挤出效应的模型，证明教育专项转移支付确实对样本县的教育投入产生了挤出效应，其原因来自两个方面，即上级政府的教育专项转移支付资金的分配政策不合理及县级政府自身缺乏对教育投入的积极性。并就此提出相关政策建议。

一、问题的提出

财政部、教育部 2006 年 1 月颁发的《财政部、教育部关于确保农村义务教育经费投入加强财政预算管理的通知》（财教[2006]3 号）中明确指出：各级财政在改革前已经安排用于农村义务教育的经费不能减少，不得搞"挤出效应"。之后在中央不断加大对义务教育转移支付力度的同时，财政部、教育部的高层曾多次强调不能搞"挤出效应"。[2] 所谓"挤出效应"（crowding-out effect），原本是财政学的一个概念，作为财政支出的乘数效应的对立面被提出来。本节中"挤出效应"指由于上级政府教育专项转移支付的增加，挤出了下级政府用于教育的投入。

在理论研究方面，上级政府的财政转移支付对下级政府支出的"挤出效应"不是一个新问题，Bradford 和 Oates 最早指出，中央政府的转移支付对地方政府支出存在挤出效应，致使地方公共品总投入水平没有增加或增加很少。[3]

在国内的研究中，张欢、张强、朱琴对 109 个农业县（市）农村税费改革前

---

① 本节主要观点作者曾以《教育专项转移支付挤出效应的实证评估——基于面板数据模型的实证分析》发表在《经济与管理研究》2009 年第 10 期上（与中共河北省委党校刘亮博士合作）。

② 陈至立：《分步免除农村义务教育学杂费 提高经费保障水平 构建农村义务教育经费保障新机制》（在全国农村义务教育经费保障机制改革工作会议上的讲话）[EB/OL]. http://www.gov.cn/ldhd/2005—12/26/content_137929.htm,2005—12—26。

③ Bradford,David F. and Oates,Wallace E,1971,The Analysis of Revenue Sharing in a New Approach to Collective Fiscal Decisions. Quarterly Journal of Economics,85(3),416–39.

后教育经费和县级财政统计数据进行实证研究发现,各地主要通过上级财政转移支付来确保农村义务教育经费,县级财政获得上级转移支付大幅增加的同时,教育经费占全县财政支出的比例反而下降了,农村义务教育经费出现"挤出效应"。① 江依妮、张光等人以各省(排除京津沪和西藏)小学教育为例,分析不同程度的省内财政分权和转移支付对农村义务教育投入的影响。认为由于教育专项资金拨付和使用的不规范,转移支付对于农村预算内教育投入的刺激作用削弱。② West 和 Wong(1995)发现,财政分权导致配置在卫生和教育的基本公共服务投入的减少,尤其是在经济不发达地区,分权明显恶化了当地居民的福利状况。中国的财政分权改革向地方政府提供了经济发展的激励,也增加了其可支配的资源和操作的自由度。由于不同类型的财政支出对推动地区经济增长(尤其是任期内的增长)的作用是不同的——基本建设投资能够直接推动增长并有助于吸引资本,而教育投资尤其是义务教育的短期经济增长效应不明显,在中国以国内生产总值考核为主的官员晋升体制下,③地方政府以发展地区经济为己任而相互竞争,对资本这一流动性较强的稀缺要素有发自本能的强烈兴趣,存在偏向基本建设而忽视教育投入的制度激励。④

概括来说,教育专项转移支付对地方政府教育投入的"挤出效应"这一问题在政府文件中提得很多,但理论研究尚显贫乏,现有文献大多是以财政分权为视角研究财政转移支付对教育投入的影响,但对一些具体问题研究不够。本研究试图回答以下问题:对某地区而言,教育专项转移支付资金是否产生了挤出效应? 如果产生了挤出效应,强度有多大? 本节对此做实证评估,以期对现行的教育专项转移支付政策的改进提出相应的政策建议。

---

① 参见张欢、张强、朱琴:《农村义务教育经费"挤出效应"研究》,《清华大学教育研究》2004 年第 5 期,第 54—59 页。

② 参见江依妮、张光:《中国省内财政分权的演进与农村义务教育投入》,《教育与经济》2008 年第 3 期,第 57—61 页。

③ Li,Hongbin and Li-An Zhou, 2005, "Political Turnover and Economic Performance: the Incentive Role of Personnel Control in China",Journal of Public Economics,89,1743 - 1762.

④ 参见傅勇、张晏:《中国式分权与财政支出结构偏向:为增长而竞争的代价》,《管理世界》2007 年第 3 期,第 4—11 页。

二、数据来源、指标选取和计量模型

(一)面板数据模型

面板数据(panel data)指在时间截面上取多个截面,在这些截面上同时选取若干样本观测值所构成的样本数据。面板数据模型是近 20 年来计量经济学重要的发展内容之一,它能充分利用时间及截面数据信息描述变量之间的关系。

面板数据的一般形式为:

$$y_{it} = \alpha_i + x_{it}\beta_i + \mu_{it} \qquad i = 1,2,\cdots,n \qquad t = 1,2,\cdots,T \quad\cdots\cdots\cdots\cdots (12-9)$$

其中, x_{it} 为 $1 \times k$ 向量, β_i 为 $k \times 1$ 向量, k 为解释变量个数, n 表示个体截面成员的个数, T 表示每个截面成员的观测时期总数。

根据截距项 α 及系数 β 的不同取值,模型(Ⅰ)可分为如下三种情形:

(1) $\alpha_i = \alpha_j$, $\beta_i = \beta_j$ $\cdots\cdots\cdots\cdots\cdots\cdots\cdots\cdots\cdots\cdots\cdots\cdots\cdots\cdots$ (12-10)

即对于各个体成员方程,截距项 α 及系数 β 均相同,称为联合回归模型。

(2) $\alpha_i \neq \alpha_j$, $\beta_i = \beta_j$ $\cdots\cdots\cdots\cdots\cdots\cdots\cdots\cdots\cdots\cdots\cdots\cdots\cdots$ (12-11)

即各个体成员方程的截距项 α 不同,而系数 β 相同,称为变截距模型,变截距模型表明,对各个体成员方程而言,解释变量对被解释变量的影响相同,但是,各个体成员对被解释变量的影响不同,这种影响是解释变量无法说明的,要用模型截距表示。

(3) $\alpha_i \neq \alpha_j$, $\beta_i \neq \beta_j$ $\cdots\cdots\cdots\cdots\cdots\cdots\cdots\cdots\cdots\cdots\cdots\cdots\cdots$ (12-12)

即各个体成员方程的截距项 α 及系数 β 均不同,称为变系数模型。该模型表明,对各个体成员方程而言,既存在个体影响,也存在结构变化,即解释变量对被解释变量的影响随个体差异而变化。

建立面板数据模型的第一步是要检验模型是上述(1)、(2)、(3)三种情形中的哪一种,经常使用的方法是协方差分析检验方法。检验提出如下两个假设:

$H_1 : \beta_1 = \beta_2 = \cdots = \beta_n$

$H_2 : \alpha_1 = \alpha_2 = \cdots = \alpha_n , \beta_1 = \beta_2 = \cdots = \beta_n$

若接受 H_2 ,则模型为联合回归模型,无须进一步检验;若拒绝 H_2 ,则需检验 H_1 ,若接受 H_1 ,则为变截距模型;若拒绝 H_1 ,则为变系数模型。假设检验使用 F 统计量,模型(12-12)、(12-11)、(12-10)的剩余平方和分别为 S_1 、 S_2 、 S_3 , F 检验的本质是看三个模型的剩余平方和有无显著性差异,从而决定是哪个模型。在 H_2 成立的条件下, F 统计量为:

$$F_2 = \frac{(S_3 - S_1)/[(n-1)(K+1)]}{S_1/[(nT - n(K+1)]} \sim F[(n-1)(K+1), nT - n(K+1)];$$

给定显著性水平 α ,若 $F_2 > F_\alpha$,则拒绝原假设,检验 H_1 ;反之,则认为是模型(12 - 10)。

在 H_1 成立的条件下, F 统计量为:

$$F_1 = \frac{(S_2 - S_1)/[(n-1)K]}{S_1/[(nT - n(K+1)]} \sim F[(n-1)K, nT - n(K+1)];$$

给定显著性水平 α ,若 $F_1 > F_\alpha$,则拒绝 H_1 ,接受模型(12 - 12);反之,则认为是模型(12 - 11)。

(二)数据来源及指标选取

在中国现有的教育财政体制下,义务教育经费大多是由各地区县级政府来承担的,各项教育转移支付项目也以县、区为项目实施的基本单位,因而针对县、区进行分析更符合中国教育的财政体制。但是,当前政府间转移支付情况的不透明与不公开使得实证研究难以从总体上来揭示问题。基于数据的可得性,本节使用的是 2002—2006 年河北省保定市和沧州市 36 个县的数据。其中,各县财政收入、一般性转移支付、各县教育投入来源于相应年份的《河北财政年鉴》,教育专项转移支付来源于河北省财政厅预算处。

(三)计量模型及实证分析

当地方政府的本级收入不能满足它的支出需求,而是主要依赖上级的财政转移支付,上级政府对下级政府的这种财政援助可能会刺激下级政府增加教育投入,也可能抑制下级政府增加教育投入,甚至导致其减少教育投入。具体说来,主要有以下两种效应:第一,引致效应。教育专项转移支付往往要求地方政府为教育资助专项项目提供配套资金,促使地方政府把更多的自有财力投入教育;第二,挤出效应。[1] 地方政府将教育专项转移支付资金用来办教

---

① Mum Tsang, Henry M. Levin. "The Impact of Intergovernmental Grants on Educational Expenditure," Review of Educational Research3 (1983):329 - 367; Gordon, Nora. "Do Federal Grants Boost School Spending? Evidence from Title I," Journal of Public Economics 9 - 10 (2004):1771 - 1792; Baicker, Katherine, Nora Gordon. "The Effect of State Education Finance Reform on Total Local Resource," Journal of Public Economics8 - 9(2006):1519 - 1535.

育,而把本来应该投入教育的资金用于别处,即教育专项财政转移支付使得地方政府的教育投入变少了,教育专项转移支付将地方财政资金挤出了教育领域。挤出效应程度的大小取决于地方政府对转移支付的依赖程度及其预算约束:其一,转移支付依赖程度越大意味着自有资金的相对有限和各项支出之间的"争夺"就会相对激烈,挤出效应的程度就会越大;其二,如果缺乏强有力的预算约束,地方政府在支出结构上往往会优先满足行政管理费开支和经济建设性支出等,因而这些优先项目的支出很可能会挤占本来应该投入教育的资金或者是用于教育转移支付的配套资金。①

从财力供给的构成来看,某地区的教育投入主要来自地方政府对教育的投入和上级政府的教育专项转移支付,本节主要考察地方政府的教育投入和地方政府的财政收入、上级政府的一般性转移支付、上级政府的教育专项转移支付之间的关系。也就是以下三个关系:一是随着地方财政收入的增加,地方政府的教育投入是否会增加;二是随着上级政府一般性转移支付的增加,地方政府的教育投入是否会增加;三是随着上级政府教育专项转移支付的增加,地方政府的教育投入是否会增加。我们考察的重点是上级政府教育专项转移支付对地方政府教育投入的影响,如果教育专项转移支付资金对地方政府教育投入产生了引致效应,那么随着教育专项转移支付的增加,地方政府教育投入也会增加。如果教育专项转移支付资金对地方政府教育投入产生了挤出效应,那么随着教育专项转移支付的增加,地方政府教育投入会减少。为此构建如下回归模型:

$$jy_{it} = c(1) + c(2) \times zx_{it} + c(3) \times sr_{it} + c(4) \times cl_{it} + \varepsilon \quad \cdots\cdots (12-13)$$

$$\ln jy_{it} = c(1) + c(2) \times \ln zx_{it} + c(3) \times \ln sr_{it} + c(4) \times \ln cl_{it}$$

$$+ \varepsilon \quad \cdots\cdots\cdots\cdots\cdots\cdots\cdots\cdots\cdots\cdots\cdots\cdots\cdots\cdots (12-14)$$

其中 jy_{it}、zx_{it}、sr_{it}、cl_{it} 分别表示地方政府的教育投入(不含上级教育专项转移支付)、上级政府教育专项转移支付、地方政府的财政收入、地方政府获得的一般性转移支付。接下来需要识别到底应该选择联合回归模型、变截距模型还是变系数模型?

① 参见刘亮、胡德仁:《地区间农村小学教育投入差异影响因素的分析——以河北省各县为例》,《清华大学教育研究》2009 年第 3 期,第 35—42 页。

表 12 - 10　模型(12 - 13)、(12 - 14)的协方差检验和 Hausman 检验

	(12 - 13)	(12 - 14)
S_1	9813827	0. 194476
S_2	48843607	1. 033569
S_3	273000000	5. 215508
F_2	0. 25	0. 25
F_1	−0. 28	−0. 28
F_α	$F_{0.05}(140,36) = 1.51$ $F_{0.05}(105,36) = 1.58$	$F_{0.05}(140,36) = 1.51$ $F_{0.05}(105,36) = 1.58$
Chi-Sq. Statistic	20. 903616	23. 447684
Prob.	0. 0001	0

由于 $F_2 = \dfrac{(S_3 - S_1)/[(n-1)(K+1)]}{S_1/[(nT - n(K+1)]} = 0.25$

而 $F_\alpha = F[(N-1)(k+1), N(T-k-1)] = F_{0.05}(140,36) = 1.51$,可以得到 $F_2 < F_\alpha$,则接受 H_2,应该选择联合回归模型。另外 Correlated Random Effects-Hausman Test 即是是否存在个体固定效应的 Hausman 检验。表 12 - 10 给出了 Hausman 检验的部分结果。Hausman 的统计量的值分别是 20. 903616 和 23. 447684,相对应的概率分别是 0. 0001 和 0,说明检验结果拒绝了随机效应模型的原假设,应该建立个体固定效应模型。[①] 我们选择联合回归模型对模型(12 - 13)、(12 - 14)进行回归,可以得到如表 12 - 11 所示的回归结果。

表 12 - 11　模型(12 - 13)、(12 - 14)的回归结果

	(12 - 13)	(12 - 14)
C	1481. 400 (12. 17146)	0. 718347 (3. 700526)
ZX	−1. 563760 *** (−3. 775864)	−0. 025989 * (−1. 852226)

---

① 参见张晓峒:《Eviews 使用指南与案例》,机械工业出版社 2007 年版,第 268 页。

续表

	(12－13)	(12－14)
SR	0. 130338 *** (18. 02461)	0. 329410 *** (19. 07154)
CL	0. 292526 *** (25. 833930)	0. 550799 *** (20. 870060)
R-squared	0. 891056	0. 912118
Adjusted R-squared	0. 889199	0. 910620
F-statistic	479. 83710	608. 89720
obs	36	36

注:***、**、* 分别表示 t 检验值在 1%、5% 和 10% 的水平下显著。括号内的数据为 t 统计值。

从回归结果看,模型中所有变量对被解释变量的影响都是非常显著的,而且拟合程度均在 90% 左右,说明方程的拟合程度较好,回归模型中教育专项转移支付的回归系数 $c(2)$ 均为负数,表示在其他变量保持不变的条件下,随着上级政府教育专项转移支付的增加,下级政府会减少对教育的投入,模型(Ⅴ)表明,随着上级政府教育专项转移支付每增加一万元,地方政府的教育投入会减少 1. 563760 万元,模型(Ⅵ)表明,随着上级政府教育专项转移支付每增加 1%,地方政府的教育投入会减少 0. 025989%,说明样本县的教育专项转移支付存在挤出效应。

三、教育专项转移支付对地方政府教育投入"挤出效应"的原因分析

"挤出效应"产生的原因来自两个方面:从上级政府来说,教育专项转移支付资金的分配政策不合理;从地方政府来说,自身缺乏对教育投入的积极性。

上级政府制定的义务教育专项转移支付资金的分配政策不合理。以河北省为例,《河北省人民政府关于农村义务教育经费保障机制改革的通知》(冀政[2006]86 号)规定,从 2007 年起,在省内全部免除农村义务教育阶段学生杂费。因免除学生杂费需政府投入的资金,由中央和地方政府按照一定比例分别承担。除中央财政承担 60% 部分外,省、设区市、县(市、区)各级财政的分担比例按照各市、县 2003—2005 年三年平均人均可用财力在全省的排名确

定。显然这种以人均可用财力为标准的分配办法没有考虑到各地区对农村小学教育的实际投入,起不到引导地方政府增加对教育投入的作用。财政部张弘力明确指出,专项转移支付出现财力化的倾向①。

对县级政府来说,首先,衡量义务教育的指标目前只有"普九标准",但"普九标准"是一个及格性指标,在达到"普九标准"后,就很难继续衡量义务教育政策执行的优劣,所以地方政府在实现"普九"的硬性指标后,就不再有动力继续投入义务教育。其次,上级政府下达给地方政府的政策是多元的,除了义务教育以外,地方经济发展、特别是国内生产总值增长率和财政收入增长率是地方政府更为重视的政策目标。国内生产总值增长率和财政收入增长率都是相对见效显著、成效大的执政目标,而义务教育则见效缓慢。短期内,尤其是在一届政府任期内,是不会对当地社会经济发展有明显推动作用的。对于地方政府而言,当国内生产总值增长和增加财政收入与提高教育投入水平的目标争夺财政资源时,明智的选择是把更多资源投入到地方经济发展方面,而在教育方面适可而止②。最后,现行的行政体制上的集权特征导致地方政府忽视对地方公共品的提供。行政垂直集权的一个表现是地方领导是由上级政府任命,由此造成的结果是下级领导只重视上级政府的行政命令,而忽视本地民众的要求。这种垂直集权关系对消减财政分权的负面影响(如地方保护主义)有一定的作用,但是,起作用的前提条件是地方官员受到来自辖区内的横向制约以及来自民众的监督。如果没有这种制衡,财政分权就会因为垂直行政集权而产生负面作用,其主要表现就是地方政府可能忽视对教育等地方公共产品的提供。

四、小结

影响地方政府教育投入的财政收入、一般性转移支付、教育专项转移支付这三个变量,在两次回归中都在较高水平上通过了显著性检验。其中,教育专项转移支付对地方政府教育投入的回归系数均为负数,即教育专项转移支付

---

① 参见张弘力:《继续完善分税制改革》,《人民日报》2004 年 1 月 16 日。
② 参见张欢、张强、朱琴:《农村义务教育经费"挤出效应"研究》,《清华大学教育研究》2004 年第 5 期,第 47—52 页。

与地方政府教育投入水平之间存在着负相关关系,表明某种程度上随着上级政府教育专项转移支付的增加,地方政府对教育的投入会减少,说明上级政府的教育专项转移支付对样本县的教育投入产生了"挤出效应"。

主流的财政分权理论一般认为,通过"用手投票"和"用脚投票"两种机制可以提高教育、卫生、社会保障等基本公共服务的水平。很显然,这两种机制在中国并不发挥作用,尤其是人口流动障碍、地区性差异、行政集权体制导致地方政府过分追求资本投资与经济增长,导致各地区激烈的财政竞争并相应挤占了义务教育等外部性较强的准公共产品性质的投入,目前中国的财政体制上的分权与行政体制上集权的矛盾一时难以解决,为了减少教育专项转移支付挤出效应,所能做的就是改革现行的教育专项转移支付分配政策,从制度上减少挤出效应的产生,这就要求义务教育的转移支付政策要特别注重引导和鼓励地方政府加大对教育的投入。

在现有的财政分权体制下,对教育的转移支付资金的分配应该基于财政能力与财政需要的角度,充分考虑各地区间财力差异、政府投入努力程度差异及生均教育成本差异等因素,这样才能既弥补教育的缺口,又可引导当地政府增加对教育的投入,避免"挤出效应"产生。具体到转移支付规模的测算上,首先,基于公平的原则测算各地区教育经费缺口。在考虑各地区生均教育成本差异的基础上确定各地标准教育支出;并根据财力、生均教育成本和学生数等因素,测算各地财力客观可承受的教育投入,并将各地区标准教育支出和各地财力客观可承受的教育投入两者进行比较。当一地财力客观可承受的教育投入小于标准教育支出时,即为该地教育经费缺口。在此基础上,为体现效率原则,应就其缺口乘以一定的转移支付系数,转移支付系数根据各地区对教育投入的努力程度而定。[①] 最后,基于效率的原则,财政转移支付应鼓励地方政府加大对教育投入的原则,可以进一步比较各地区财力可承受的教育投入与教育实际投入,当教育实际投入大于该地财力可承受的教育投入时,就其差额乘以一定的奖励系数,得到各地区教育投入的激励性财政转移支付数额。

由于能力有限,本节的研究尚有许多不足之处:我们认为影响地方政府教

---

① 参见胡德仁、刘亮:《地方政府对基本公共服务投入努力程度研究——以河北省各地区农村小学教育投入为例》,《湖北经济学院学报》2009 年第 2 期,第 60—65 页。

育投入的因素从供给上看主要受到各地区财力的影响;从需求上看,主要受到各地区标准教育支出的影响,但是各地区标准教育支出的测算比较复杂,本节模型的估计忽略了标准教育支出对地方政府教育投入的影响,这些工作有待于在以后的研究中予以完善。

第四节 促进地区间基本公共服务 投入均等化的财政政策①

教育财政转移支付制度的实行,对于解决在"以县为主"的义务教育管理体制实施中,因县级财力差异而造成的教育发展不均衡问题起到了较好的作用。然而,在财政转移支付制度实施的具体过程中,由于经费划拨缺乏比较规范、可靠的量化依据,使有限的财政转移支付难以实现效益最大化,因此进行教育财政转移支付制度研究无疑具有较大的理论和现实意义。为此本节在借鉴教育财政转移支付已有研究成果的基础上,利用财政转移支付中公平和效率的原则,结合河北省小学教育区域发展的实际,对现有的小学教育经费转移支付量化模型进行了全面的加工修正,旨在解决小学教育财政转移支付中的技术缺陷,促进公共财政在小学教育领域中使用效益的提高,推动地区间小学教育均衡发展。

一、教育均等化的财政转移支付的几种模式

教育转移支付制度有多种模式,不同模式设计的思想与达到的目标存在一定的差异。以美国为例,缩小生均教育经费差异转移支付可分为三类:最低标准模式、机会均等模式与完全均等模式。②

---

① 本章的主要观点作者曾以《地区间农村小学教育均等化的财政转移支付模型》为题发表在《山西财经大学学报(高等教育版)》2009 年第 3 期上(与中共河北省委党校刘亮博士合作)。

② James W. Gruthrie, Walter I. Garms, Lawrence C. Pierce. School Finance and Education Policy: Enhancing Educational Efficiency, Equality and Choice. Englewood Cliffs, New Jerzey, Prentice Hall, 1988.

（一）最低标准模式

最低标准模式是依据这样的思想设计的：即州政府为每一个学生提供一个最低标准的教育，这些教育是年轻人就业，以及在民主社会中明智地做出选择所必需的。依据这样的思想设计的转移支付方法有两种：（1）基础拨款方式（Flat grant program）。这种拨款方式不考虑各学区的财政能力，每个学生补助相同数量的经费。（2）补助拨款方式（Foundation program）。由于州政府往往没有足够的财力为每个学生均财产提供最低的教育服务，基础拨款方式受到很大限制。补助拨款方式则规定地方必需的努力程度，这种努力一般体现为一定的税率。州政府只补助可征税额与政府所规定的最低教育标准的差值。

（二）机会均等模式

机会均等模式认为所有学区都应该有同等的机会获得所需的教育经费，但学区到底应该提供多少教育服务应该由学区独立决定。这种模式认为真正的公平不单单是生均经费的均等，真正的均等是各学区具有均等的支持学校的财政能力。因为从决策角度看，微观事务的决策权应该放到最基层的政府，学校经费应该由学区独立决定。为此，机会均等方法将税率与生均最低保障经费额建立了联系，税率代表着学区的财政努力程度，努力程度低的最低保障额也低，努力程度高的最低保障额也高，这就为学区制定教育财政预算提供了更为广阔的空间。

（三）完全均等模式

按照完全均等模式，教育被认为是州政府的责任，州政府有责任使全州的孩子都平等地接受教育。不能因为地理环境、教育需求与教育成本的差异而造成教育服务水平的差异。为获得这样的教育公平，要求教育经费要由全州统一的税收来提供。但在实践中完全均等情况是很少见的，依据完全均等模式思想设计的转移支付办法大多是提高州政府资助额占生均教育经费的比例。有一些州还制定了成本模型，将教育投入分为几大类，各学区的教育经费按其所提供的教育服务分别计算其生均经费，州政府依据这些计算结果确定对各学区的补助额。

那么河北省对各县的教育转移支付应该采用上面三种模式中的哪一种呢？从河北省的现实情况看，机会均等模式中的第二种方法似乎更符合河北的省情。因为这种方法根据教育的实际需要可以确定生均经费的最低标准，而且考虑到专项转移支付可能具有的挤出效应，将生均经费与地方的教育投资努力程度挂钩，有利于调动地方办教育的积极性。当然，这里首先还有一个最低教育需求问题，根据中国义务教育法规定，中国现阶段的义务教育年限为九年，同时也确定了在 2000 年基本普及义务教育的目标。为了照顾各地方发展水平的差异，20 世纪 90 年代初又确定了在占总人口 85% 的地区普及九年义务教育，在占总人口 10% 的地区普及初等教育，在占总人口 5% 的地区普及小学教育。这样的政策变动正与机会均等模式有不谋而合处，给地方以较大的选择权力。

二、地区间教育投入均等化财政转移支付模型的构建

（一）模型的理论假定

1. "缺口补助"的假定

所谓某地区小学教育缺口补助假定是指该地区财力可以承受的教育投入水平小于该地区小学教育的标准支出。这一假定的意义在于：一是它为建立相应的小学教育转移支付模型提供了思路。就是说，我们可以建立一个"缺口指标"，对于哪些地区进行补助，补助多少；二是它为这一资金的管理和考核提供了理论依据。即一旦补助了这部分资金，则该地区在小学教育上不应存在"资金缺口"，就应当达到普及义务教育标准。

应以县级政府作为义务教育财政转移支付的接受单位。建立教育财政转移支付制度的基础是确定各县义务教育的最低经费需求和测定各县的财政负担能力，计算义务教育经费供需差额。在供需差额确定后，凡是需求大于财政供给能力的县，其差额由上级政府补助。

为了计算各地区是否存在缺口，有必要测算各地区财力客观能承受的教育投入水平和各地区小学教育的标准支出。关于各地区财力客观能承受的教育投入水平的测算见本章第一节，本节主要测算各地区小学教育的标准支出。

2. 生均教育成本差异的假定

由于各地自然条件与经济发展水平不同，工资水平、房租、教育投入所需的各种物质材料价格等方面存在着较大的差异，致使相同的生均教育经费的实际购买能力也存在着较大的差别，因此在计算中需要考虑各县在提供相同

教育服务时的成本差异,生均预算内教育事业经费主要包括人员经费、公用经费,我们假定生均公用经费是相同的(其实生均公用经费也是有差异的,但差异不大),生均教育成本的差异主要体现在人员经费上,因为人口密度不同的地区,师生比是不一样的,我们在这里引入师生比的概念,是因为师生比一方面影响生均教育成本,另一方面也影响着教育质量,是我们所关注的对象。由于不同的地区师生比是不一样的,这样分摊到每个学生的人员经费必然有差异,同时不同地区的教师工资水平也是不一样的。

(二)模型构建与思路

本研究在借鉴已有研究的基础上,对于各地区财政需要(教育标准支出)测算的思路是这样的:根据各地区的学生数测算出各地区标准教师的数量,将各地区标准教师的数量和各地区教师的平均工资水平相乘得到各地区标准人员经费,将各地区学生数与最低公用经费保障标准相乘,可以得到各地区标准公用经费,将各地区标准人员经费和标准公用经费相加可以得到各地区标准教育支出。对于标准教育支出大于财力可以承受的教育投入水平的地区进行适当的补助。

使用因素法构建合理的计算公式,准确确定转移支付对象和转移支付资金数量。而且,已有研究的测算大都是从中央对省级政府的转移支付,很少有涉及省级政府对县级政府义务教育转移支付规模的。本研究利用调研数据和构建的模型尝试模拟测算省对县一级政府的小学教育转移支付。我们认为宜以县作为测算和落实单位采用公式化的均等转移支付模式。其所以选择以县为单位,主要考虑到中国目前实行的是"以县为主"的义务教育管理体制,这样可以显著增强转移支付的目的性和针对性,提高资金使用效率。这正是本研究的主要创新之处。

基于公平的原则,构建一般性教育财政转移支付模型,以县为计算单位,运用以"因素法"为基础的计量经济模型来测算各地区财力可以承受的教育投入水平和教育标准支出,以各县财力可以承受的教育投入水平和标准教育支出计算出各县的教育支出缺口,并以此确定对各县教育转移支付的规模。教育一般性转移支付模型为:

某县小学教育一般性转移支付额=(该县教育标准支出-该县财力可以承受的教育投入水平)×转移支付系数 ·······················(12-15)

　　有些国家的均等化的财政转移支付构建了激励与约束机制,在财政能力和财政需要测算的基础上,在公式中还加入了针对标准收入进行调整以使下级政府保有机动财力的系数设计(如日本、韩国)。这样,对地方政府的补助与其财政努力直接相关,努力程度越高,补助就越多;反之,就越少。我们设想,在小学教育均等化转移支付中也应该设计这样的机制,考虑各地区对教育投入的努力程度,对教育投入努力程度高的地区多补助,对教育投入努力程度低的地区少补助。公式中的转移支付系数为各地区对小学教育的投入努力程度。

　　基于效率的原则,构建激励性财政转移支付模型,目的是通过建立激励约束机制,在兼顾县级教育基本保障的同时,激励各地区增加对教育的投入。激励性转移支付只对教育实际投入大于财力客观可以承受的教育投入的地区进行补助,小学教育激励性财政转移支付模型为:

$$
\begin{array}{l}
\text{某县小学教育激} \\
\text{励性转移支付额}
\end{array} = \left(\begin{array}{l}\text{该县教育实际投入} - \text{该县财} \\ \text{力客观可以承受的教育投入}\end{array}\right) \times \text{激励系数} \cdots\cdots (12-16)
$$

　　公式中的激励系数为根据省级政府财力的大小进行设定,如果省级政府可以拿出 T 元进行激励性财政转移支付补助,那么:

$$
\text{激励系数} = \frac{T}{\sum(\text{该县小学教育实际投入} - \text{该县财力客观可以承受的教育投入})}
$$

$$
\cdots\cdots\cdots\cdots\cdots\cdots\cdots\cdots\cdots\cdots (12-17)
$$

　　设立激励性财政转移支付的目的在于鼓励地方努力加大对教育投入的力度。

　　(三)对转移支付对象的确定和转移支付总额的测算

　　测算各地区小学教育是否存在"缺口",首先有必要测算各地区小学教育的标准支出,将其与本章第一节测算的各地区财力能力承受的教育投入水平相比较。

　　1. 小学教育标准支出模型

　　小学教育标准支出是指完成小学教育所需的师资和教学费用的基本支出,包括人员标准支出、公用经费标准支出。人员标准支出的测算应根据学生数和人口密度测算出各地标准教师的数量,并结合各地区教师的工资水平测算各地标准人员经费,关于标准教师的计算,应采用统一的计量模型。标准公用经费标准根据财政部门核定的公用经费的最低标准。可以采用下面的模型来测算各地区小学教育标准支出。

某县小学教育标准支出=标准教师数×平均工资+学生数×公用经费 ……
……………………………………………………………………………… (12－18)

我们假设一个地区标准教师的数量应该与学生数呈正相关关系,与该地区人口密度呈负相关关系,人口密度高的县由于存在规模经济,标准师生比会低些。人口密度低的县由于不存在规模经济,标准师生比会高些。也就是各县人口密度与标准师生比是负相关。一些地区由于受到自然条件限制,人口密度较低,人们居住分散,交通不便,造成了学校数量多、规模小。在不少偏远山区的学校,每个教师只带几个、十几个学生,造成师生比例不平衡。

通过这些假设我们构建这样的模型:

$$js_i = c(1) + c(2) \times xs_i + c(3) \times md_i + \varepsilon \quad \cdots\cdots\cdots\cdots\cdots\cdots (12－19)$$

其中 js_i、xs_i、md_i 分别表示各地区教师数(单位:人)、学生数(单位:生)、人口密度(单位:人/平方公里),如果以上两个假设成立,我们得到的 $c(2)$ 将为正数、$c(3)$ 将为负数。我们以河北省 2007 年样本县小学的教师数、学生数、人口密度的数据,采用 Eviews5.0 软件进行回归,可以得到如表12－12 所示的模拟结果。

表12－12　2007年河北省样本县标准教师数量的回归结果

变量	系数	标准误差	t－统计值	显著水平
C	951.250300 ***	220.541200	4.313253	0.0000
XS	0.055261 ***	0.003572	15.470550	0.0000
MD	−0.728933 **	0.322768	−2.258378	0.0265
统计检验	调整的 $R^2 = 0.738649$, $F = 121.1169$			

注:***、**、* 分别表示在1%、5%、10%的水平上显著。

2. 一般性教育转移支付的测算

根据测算的标准教师数量和河北省公用经费标准,我们可以得到河北省样本县小学教育标准支出,将小学教育标准支出与各地区财力可承受的教育投入水平相比较,可以得到各地区小学教育投入的缺口,得出要对哪些县进行财政转移支付。根据模型(12-19)的回归结果可以得到各地区标准教师的数量,将测算的标准教师数量、各地区教师平均工资水平、各地区小学生数量和公用经费保障标准代入公式(12-18)可以测算出各地区小学教育标准支出,将其与本章第一节的各地区财力可承受的教育投入水平相比较,可以得到各地区小学教育支出的缺口,为了体现效率原则,将缺口与各地区教育投入努力程度相乘,可以得到各地区的补助额(见表12-13)。

表12-13　2007年河北省样本县小学教育支出缺口的测算结果

各　县	各地区财力可以承受的小学教育投入(1)	各地区小学教育标准支出(2)	教育投入缺口(3)=(2)-(1)	努力程度(4)	财政转移支付规模(5)=(3)×(4)
卢龙县	66110371	60840898	0	81.20%	0
沧县	93411259	96231824	2820565	105.89%	2986678.20
文安县	75873898	71225514	0	98.50%	0
深州市	67330333	71170891	3840558	108.59%	4170484.50
昌黎县	83127920	85869949	2742029	96.37%	2642458.10
南皮县	61577621	75868984	14291363	116.50%	16649880.00
滦南县	103959047	106551711	2592664	83.82%	2173121.10
新河县	33780063	46868240	13088177	72.34%	9468121.10
遵化市	122306084	96903088	0	74.88%	0
永清县	57045528	61889678	4844150	103.04%	4991568.10
沙河市	101199446	111955333	10755887	83.77%	9010503.10
武强县	36942752	48403708	11460956	68.75%	7879643.00
吴桥县	40051358	45632160	5580802	114.59%	6395211.30
阜城县	56376082	56677251	301169	69.01%	207834.40
献县	82182005	88567554	6385549	112.16%	7162167.00
邱县	37292514	42934237	5641723	95.75%	5402147.90
孟村县	41364878	47346523	5981645	86.84%	5194482.80
东光县	51442760	59195415	7752655	132.39%	10263685.00
饶阳县	34807132	40167173	5360041	93.34%	5002869.20
大城县	64975582	61970505	0	114.37%	0
故城县	72720705	78275866	5555161	69.58%	3865416.00
曲阳县	75546657	87534964	11988307	109.00%	13066821.00

各 县	各地区财力可以承受的小学教育投入 （1）	各地区小学教育标准支出 （2）	教育投入缺口 （3）=（2）-（1）	努力程度 （4）	财政转移支付规模 （5）=（3）×（4）
盐山县	67234246	70020783	2786537	81.46%	2270025.60
滦县	78287391	74653211	0	76.16%	0
南宫市	63723741	70120303	6396562	104.80%	6703705.00
广宗县	43876209	47607192	3730983	75.14%	2803552.00
威县	80611351	96568975	15957624	90.02%	14364536.00
泊头市	77182729	83556382	6373653	113.66%	7244498.00
玉田县	91783955	99807216	8023261	106.79%	8567672.40
迁安市	124802089	96948396	0	99.27%	0
安新县	46386873	45282303	0	108.43%	0
固安县	46275871	46764104	488233	122.11%	596196.54
河间市	79791677	78451062	0	126.66%	0
巨鹿县	49347148	59046730	9699582	106.66%	10345934.00
元氏县	70775026	88949766	18174740	99.20%	18029019.00
满城县	51653774	57394223	5740449	103.70%	5952992.00
鹿泉市	69538904	84654769	15115865	114.20%	17261941.00
曲周县	59112277	60699457	1587180	95.33%	1513000.70
肥乡县	52465508	67044859	14579351	90.57%	13204152.00
临西县	65934521	78784008	12849487	94.80%	12181031.00
辛集市	75554394	70612683	0	87.09%	0
磁县	84637239	89958661	5321422	101.97%	5426011.70
安平县	40970010	46006950	5036940	129.11%	6503393.50
肃宁县	44387402	53300709	8913307	122.62%	10929256.00
高阳县	40076082	38518560	0	89.85%	0
大厂县	17954090	25585778	7631688	107.82%	8228573.20
隆尧县	61383232	73694824	12311592	116.49%	14341166.00
香河县	43582300	43032072	0	108.91%	0
雄县	42152495	45980260	3827765	99.07%	3792198.50
柏乡县	29062161	40256606	11194445	106.44%	11915898.00
宁晋县	68977351	92816844	23839493	117.35%	27974652.00
馆陶县	58680507	48499124	0	44.85%	0

续表

各 县	各地区财力可以承受的小学教育投入 (1)	各地区小学教育标准支出 (2)	教育投入缺口 (3)=(2)-(1)	努力程度 (4)	财政转移支付规模 (5)=(3)×(4)
平乡县	46194958	55284974	9090016	80.39%	7307910.60
清苑县	70622956	83092962	12470006	106.26%	13251025.00
清河县	42337454	43714299	1376845	95.81%	1319194.90
大名县	80862332	74018100	0	78.42%	0
霸州市	98872119	113710967	14838848	121.68%	18055418.00
任县	44440515	58558380	14117865	90.98%	12844999.00
博野县	30689610	40842391	10152781	90.92%	9230540.10
蠡县	64098203	70910194	6811991	93.12%	6343543.50
徐水县	58980677	62762972	3782295	91.33%	3454182.80
三河市	76121469	67260592	0	132.95%	0
鸡泽县	52033024	49878580	0	82.29%	0
任丘市	79041495	101448958	22407463	166.41%	37287395.00
南和县	45883704	59216559	13332855	82.48%	10996723.00
高邑县	20216482	23974642	3758160	142.35%	5349804.70
定兴县	54565617	53764038	0	121.56%	0
广平县	30647260	31228881	581621	93.34%	542894.92
容城县	33605086	42196182	8591096	127.18%	10925983.00
望都县	27274067	27009399	0	85.35%	0
安国市	45968098	52814988	6846890	132.23%	9053952.60
涿州市	66698495	60575646	0	91.23%	0
邯郸县	67244894	83704587	16459693	123.13%	20267144.00
赵县	72969371	87482443	14513072	90.95%	13199825.00
深泽县	28136214	29421707	1285493	99.59%	1280162.10
晋州市	61528923	71153344	9624421	102.10%	9826172.40
临漳县	66058160	78204413	12146253	98.47%	11960833.00
高碑店市	62062562	68863011	6800449	132.19%	8989426.20
新乐市	56355029	60679542	4324513	96.26%	4162855.00
藁城市	80362334	83942008	3579674	99.56%	3563999.40
定州市	141189101	196824268	55635167	121.68%	67696558.00
无极县	55845535	70024999	14179464	136.70%	19383844.00

续表

各 县	各地区财力可以承受的小学教育投入（1）	各地区小学教育标准支出（2）	教育投入缺口(3)=(2)-(1)	努力程度(4)	财政转移支付规模(5)=(3)×(4)
正定县	58292988	65457480	7164492	126.27%	9046345.00
栾城县	40183288	38258818	0	97.57%	0
魏县	106400731	132789868	26389137	92.02%	24283528.00
永年县	125496351	173275215	47778864	111.37%	53212828.00

注:各地区财力可以承受的教育投入、各地区小学教育标准支出、教育投入缺口、财政转移支付规模的单位均为元。

3. 激励性财政转移支付的测算

为了引导地方政府加大对教育的投入,对于一些教育投入努力程度高的地区应该给予一定的奖励,根据表 12-5,可以得到激励性教育转移支付基数,激励系数的确定,我们认为根据省级政府的财力水平,可以选择 5%、10%、15%、20% 几个档次,如果省级政府财力水平好,可以选择 20%,如果省级政府可用财力不多,可以选择 5%。根据不同水平的激励系数,我们可以得到激励性财政转移支付总额(见表 12-15),将一般性转移支付和激励性转移支付相加,可以得到小学财政转移支付规模(见表 12-15)。

小学教育转移支付模拟结果分析:2007 年河北省 86 个样本县中小学教育投入存在缺口的县有 67 个,不存在教育投入缺口的县有 19 个。

表 12-14 2007 年获取一般性和激励性教育转移支付县的分布

类型	分 布
得到一般性教育转移支付的县(67)	沧县、深州市、昌黎县、南皮县、滦南县、新河县、永清县、沙河市、武强县、吴桥县、阜城县、献县、邱县、孟村县、东光县、饶阳县、故城县、曲阳县、盐山县、南宫市、广宗县、威县、泊头市、玉田县、固安县、巨鹿县、元氏县、满城县、鹿泉市、曲周县、肥乡县、临西县、磁县、安平县、肃宁县、大厂县、隆尧县、雄县、柏乡县、宁晋县、平乡县、清苑县、清河县、霸州市、任县、博野县、蠡县、徐水县、任丘市、南和县、高邑县、广平县、容城县、安国市、邯郸县、赵县、深泽县、晋州市、临漳县、高碑店市、新乐市、藁城市、定州市、无极县、正定县、魏县、永年县

续表

类型	分布
得到激励性教育转移支付的县(41)	大城县、安新县、河间市、香河县、三河市、定兴县、沧县、深州市、南皮县、永清县、吴桥县、献县、东光县、曲阳县、南宫市、泊头市、玉田县、固安县、巨鹿县、满城县、鹿泉市、磁县、安平县、肃宁县、大厂县、隆尧县、柏乡县、宁晋县、清苑县、霸州市、任丘市、高邑县、容城县、安国市、邯郸县、晋州市、高碑店市、定州市、无极县、正定县、永年县
没有得到任何补助的县(12)	卢龙县、文安县、遵化市、滦县、迁安市、辛集市、高阳县、馆陶县、大名县、鸡泽县、望都县、涿州市、栾城县
得到一般性和激励行转移支付的县(35)	沧县、深州市、南皮县、永清县、吴桥县、献县、东光县、曲阳县、南宫市、泊头市、玉田县、固安县、巨鹿县、满城县、鹿泉市、磁县、安平县、肃宁县、大厂县、隆尧县、柏乡县、宁晋县、清苑县、霸州市、任丘市、高邑县、容城县、安国市、邯郸县、晋州市、高碑店市、定州市、无极县、正定县、永年县

注：括号中的数据为县的个数。

表 12－15　2007 年河北省样本县小学教育财政转移支付规模的测算

激励系数	激励性教育转移支付（单位:元）	一般性教育转移支付（单位:元）	合 计（单位:元）
0.05	23011900	719519583	742531483
0.10	46023801	719519583	765543384
0.15	69035701	719519583	788555284
0.20	92047601	719519583	811567184

注：根据表 12－5 和表 12－13 的计算结果得出。

三、小结

本章主要运用因素法的计量模型，结合影响小学教育转移支付额的因素，并根据河北省样本县地区的经济差异状况，依据公平和效率原则设计了教育均等化财政政策目标。借鉴国外均等化财政需要研究经验，构建了符合教育费用负担模式与经济发展状况的教育支出需要模型，并从政府可控性角度对变量进行区分，详细地计算了河北省小学教育的标准经费支出需要与转移支付需要。需要强调的是，采用尽量客观的方法，衡量、确定小学教育合意的财政需要水平，并通过财政转移支付实现该支出水平。运用河北省部分县级数据来模拟测算 2007 年的小学教育转移支付额。由于数据统计上的误差及某

些数据缺失,可能影响结果的精确性。但得出的基本结论是:

1. 逐步形成以一般教育转移支付为主、激励性教育转移支付为辅的教育财政转移支付制度,一般性教育转移支付是通过规范的公式计算出来的对某一地区的整体补充,其资金由受补助的地方政府自行决定。激励性教育财政转移支付是为引导地方政府加大对教育的投入。一般性转移支付在缩小地区间公共服务水平差距中起着主体性和根本性作用,激励性转移支付则具有机动灵活、拾遗补缺的辅助性作用。目前,一方面要加大一般教育转移支付的力度,使之形成规范、稳定的制度体系,这样可以从资源配置的整体性上扶持落后地区教育事业的发展;另一方面又要加大激励性转移支付的力度,这样可以引导地方政府加大对教育投入的努力程度,只有两者并举,综合应用,才能有效地促进和保障教育公平。

2. 转移支付的对象与额度并不是一个静态的概念,应该是随着条件和环境的发展变化,结合地区实际情况来动态考察。省级地方政府形成一种兼顾公平与效率的、激励与约束机制相结合的保障机制,认真考察各县市的财政能力和财政需要,也就是要科学测算各地区财力可承受的教育投入水平和标准教育支出,这样就可以形成一个有效的系统,保障小学教育逐步发展。还要指出的是,这个上级政府要守住的底线是一个动态的指标,当落后地区也能够达到这个指标时,则在新一期这个指标就要上升,省级政府则可以在新的水平上争取和维持一种均衡。

本节的不足之处:本节中生均公用经费标准是按学生人数和最低公用经费保障标准来测算的,其实小规模学校的学生人数少,办学成本相对较高,因此,在进行转移支付中有必要提高小规模学校的生均公用经费标准,弥补办学经费的不足。影响生均教育成本的因素很多,本节中只考虑到各地区教师工资水平的差异和各地区人口密度的差异,有些次要因素没有考虑进去,因为本研究是以河北省各县为样本,河北省各县的城市化水平和人口结构的差异并不大,如果以各省为样本进行转移支付时,这些因素必须考虑进去。另外,本节中教育经费投入以教育事业性经费支出为依据,主要包括人员经费和公用经费,而没有考虑基本建设支出,因为教育事业性经费支出是维持性支出,每年的变动不大,用回归分析比较有说服力,而基本建设支出每年的变动较大,难以用回归来分析,这些有待在以后的研究中进一步深化。

后　记

　　奉献给读者的这本书,是我这些年来运用财政学基本理论和计量经济学的方法,研究中国地区间财政均等化的初步成果。

　　本书的脉络是发现问题、剖析问题到解决问题的思路。第一部分为地区间财政均等化的理论分析;第二部分为中国地区间财政均等化程度的现状分析及中国地区间财政不均等化形成的机制;第三部分为对策篇,实现中国地区间财政均等化的政策建议。之所以做这样安排,主要是因为这些年来作者对中国地区间财政均等化的研究和认识是个不断深入的过程,开始对地区间财政均等化的研究侧重现状的描述和分析,对地区间财政不均等的理解停留在地区间财力差异上,例如发表在《广东商学院学报》2006年第4期上的《中国地区间财力差异的度量及分解》、《审计与经济研究》2008年第4期上的《中国政府间财政转移支付横向均等化效应分析》、《财贸研究》2007年第4期上的《地区间财力差异适度性模型及应用》、《探索》2007年第1期上的《中国地区间财力差异的变化趋势及因素分解》等文。后来逐渐发展到应从人均财力和公共支出成本两个变量来研究地区间财政均等化问题,如发表在《公共行政评论》2008年第5期上的《财政转移支付与中国地区间财力均等化分配模型》、《审计与经济研究》2010年第2期上的《中国地区间财政能力差异及财政转移支付政策取向》、《经济研究参考》2010年第31期上的《地区间财政能力差异及财政转移支付政策的目标定位》等文。

　　中国地区间财政不均等形成的机制是什么?刚开始的研究与很多学者一样把地区间财政不均等化归咎于现行财政转移支付政策的不完善,但是后来通过定量研究发现中国地区间财力差异在很大程度上是由于地区间财政收入差异造成的,财政收入即财力的初次分配对地区间财力差异的形成起主要作用,中央转移支付即财力的再分配起次要作用。财政转移支付政策毕竟是一个再分配的手段,在财政收入的初次分配已经出现很大差异的情况下,难以通过财政转移支付政策实现"毕其功于一役"。我发表在《软科学》2009年第12期上的《既得利益与财政转移支付的均等化效应分析》一文,①充分论证了这样的观点。

许多研究将地区间财政均等化等同于地区间基本公共服务均等化,将基本公共服务不足的原因归结为地方政府财力不足,都认为要加大对地方政府财政转移支付的力度,但地方政府财力增加了,基本公共服务的投入水平并不一定能提高。为此,我提出了基本公共服务投入努力程度的概念,并对地区间基本公共服务投入努力程度的差异进行了度量,认为地区间基本公共服务投入努力程度存在一定差异。在某种程度上,一些地区的基本公共服务投入不足是由于地方政府对基本公共服务投入努力程度不够造成的,而不是财力不足。我发表在《教育科学》2009年第5期上的《地区间小学教育投入努力程度差异问题研究》一文,充分论证了这样的观点。

地区间财政转移支付影响因素是什么?过去的文献在考察政府间财政转移支付影响因素时,都没有考虑上年财政转移支付规模对当年财政转移支付政策的影响以及这一因素在多大程度上左右着当年的财政转移支付政策。事实上,上年财政转移支付规模是财政转移支付分配中的决定性的影响因素。这是当前财政转移支付政策的一个重要特征,也意味着财政转移支付政策对地方既得利益的考虑使得在一个相当长的时间内难以实现地区间财政均等化。

这里我要借此机会衷心感谢与本书出版有关的老师、亲人和朋友。

首先我要感谢我的博士生导师齐守印研究员。多年来,齐老师在学习、生活及工作等方面一直都十分关心、支持、鼓励我。尤其是我博士论文的写作,始终是在齐老师的严格要求和精心指导下完成的。在我撰写博士论文的过程中,从研究主题的确定到文章结构的安排,甚至论文中每个概念的准确界定,都倾注了他大量心血。师从齐老师三年,使我对何为学高为师、何为德高为范、何为严谨治学、何为厚德载物有了更深刻地领会。这种人格魅力对我产生的潜移默化的影响是深刻的,使我力戒浮躁、自强不息、潜心研究。对于齐老

---

① 参见胡德仁、刘亮:《既得利益与财政转移支付的均等化效应分析》,《软科学》2009年第12期,第50—56页。

师的感激之情,非只言片语所能表达,唯有永远铭记在心,长伴人生之旅,并报以日后的努力学习和工作!在日常的学习和工作上,他总是鼓励我们——"机会总是留给有准备的人,只有不断努力,才会等到收获的季节"。他像我的硕士导师经庭如教授一样,在我的心中占有崇高的地位,心性一致的师生之间的感情大概是世界上最纯洁、最高尚的感情之一。

我要感谢在我成长道路上提供了莫大帮助的沈卫国先生、王加林先生;感谢河北省社会科学界的孙世芳研究员、张平英教授、姚绍学研究员、段国旭研究员、李杰刚研究员、刘启生研究员、白志平研究员、蔡建军研究员、黄朝文研究员和王莉红博士等,他们为我能够顺利完成学业,提供了许多帮助。感谢同门的孟航鸿、陈国际、刘清亮、韩学丽等同学,与他们数年间的相互学习和相互帮助给我留下了美好的回忆。

我要感谢河北省社会科学界联合会对本书的资助,同时也要感谢许多没有谋面的编辑对本书前期研究成果的垂青,才能使得一些前期研究成果能够在一些杂志上公开发表。你们的认可是让我在研究这条道路上不断前行的动力。

最后,我要感谢我的父母和岳父母,是他们在背后的默默支持和无私关怀,让我能够克服各种困难,顺利完成博士学业;尤其要特别感谢我的妻子刘亮女士,感谢她多年来对我的理解、支持和鼓励,感谢她多年来默默承担起许多的家庭重任,让我能免除后顾之忧,为我在工作、学习和科研上取得一些成绩创造了必要的家庭环境。

真诚地感谢大家!

胡德仁

2011 年 2 月 11 日于石家庄

责任编辑:吴继平
封面设计:肖 辉
版式设计:程风琴

图书在版编目(CIP)数据

中国地区间财政均等化问题研究/胡德仁 著.－北京:人民出版社,2011.7
ISBN 978－7－01－009955－2

Ⅰ.①中… Ⅱ.①胡… Ⅲ.①社会服务-财政制度-研究-中国 Ⅳ.①C916
②F812.2

中国版本图书馆 CIP 数据核字(2011)第 103388 号

中国地区间财政均等化问题研究

ZHONGGUO DIQUJIAN CAIZHENG JUNDENGHUA WENTI YANJIU

胡德仁 著

人民出版社 出版发行
(100706 北京朝阳门内大街 166 号)

北京市文林印务有限公司印刷 新华书店经销

2011 年 7 月第 1 版 2011 年 7 月北京第 1 次印刷
开本:710 毫米×1000 毫米 1/16 印张:18
字数:282 千字 印数:0,001－3,000 册

ISBN 978－7－01－009955－2 定价:38.00 元

邮购地址 100706 北京朝阳门内大街 166 号
人民东方图书销售中心 电话 (010)65250042 65289539